KB127795

이 책은 지방 위기론에 감춰진 도시 중심의 정의와 셈법을 파헤친다. 정의란 누구의 관점이냐에 따라 이처럼 거꾸로 뒤집어야 제대로 보일 때도 있다. 일본 사례를 번역한 글이지만 지명만 바꾸면 바로 우리의 이야기로 들린다. 어쩌면 한국 사회가 더 닮은 초상화일 수도 있겠다. 최근 도시와 농촌을 도시와 비(非)도시라는 대립 구도 속에 놓고 지역의 통폐합을 추진하거나 갈수록 심각해지는 일자리와 대학의 서열화 정도 역시 일본의 그것을 능가하기 때문이다.

하지만 지역은 구조조정의 대상이 될 수 없다. 지역 발전은 도시와 농촌의 상호 의존성을 깨닫고 개성 잃은 획일적 성장에서 탈피해 다양성을 회복해 가는 것이 아닐까? 저자 역시 인구 감소의 원인을 경제중심주의, 신자유주의 경쟁의 심화, 권력 집중화에서 찾고 있다. 인구 감소와 수도권 집중을 탈피해 '지방회생'으로 나아가는 길은 이제까지 경험하지 못한 도전이고 우리 세대가 극복해야 할 시대적 과제인 만큼, 뜻있는 분들과 함께 이 책을 읽고 토론하며 새로운 길을 만들어 나가고 싶다.

— **윤동진**, 농림축산식품부 농업생명정책관

2015년 9월, 인구 감소로 연쇄 붕괴하는 도시와 지방의 생존 전략을 담은 마스다 히로야의 《지방소멸》이란 책을 접했을 때의 충격은 말로 표현할 수 없을 만큼 컸다. 멈추지 않는 인구 감소로 일본열도 절반에 이르는 896개 지자체가 소멸한다고 하니, 일본보다 더 빠르게 인구 감소가 진행되고 있는 우리나라의 미래는 과연 어떻게 될까 지자체에 몸담고 있는 한 사람으로서 꽤 심각하게 고민하고 걱정했던 기억이 난다.

특히 인구 5만의 도시임에도 불구하고 우리 군은 소멸 가능 지자체 1순위로 지금까지 사람들의 입에 오르내려 군민들은 불안과 걱정을 떠안고 살아가고 있다. 나는 불안해하는 군민들에게 결코 그럴 일은 생기지 않을 것이라는 확신을 주기 위해 군청 직원들과 함께 밤낮을 가리지 않고 대안을 찾고자 애썼고, 그 노력은 지금도 현재진행형이다. 그동안, 아니 지금까지도 우리나라 소멸 가능 지자체 1순위로 거론되는 지자체를 이끌어가는 지자체장으로서 이 책《지방회생》은 오로지 지방의 관점에서 지방의 지속가능성을 다루고 있다는 점에서 매우 반가운 책이 아닐 수 없다.

- **김주수**, 의성군수

이 책은 우리가 알게 모르게 '도시'와 '서울'을 기준으로 사고하는 것이 농촌과 지방 도시를 어떻게 망치고 있는지를 깨우쳐준다. 우리보다 앞서서 이를 경험한 일본이 이러한 문제를 해결하기 위해 추진했던 '지방창생정책'을 새로운 시각으로 해석하고 평가한 이 책은 우리에게 앞으로 벌어질 상황에 대한 하나의 사례가 될 수 있다.

오늘날 현대 도시가 사람이 살고 있는 장소로서의 도시 중심이 아니라 경제와 산업 우선의 도시는 아닌지, 게다가 그런 정책이 지방으로까지 스며들고 있지는 않은지 생각해 보아야 할 시점이다. 그런 측면에서 이 책은 도시적 사고와 인식이 초래한 문제를 지방창생의 경험을 토대로 지방의 도시화에 대한 막연한 기대가 어떤 결과를 초래할지, 지방의 생존 전략은 어떠해야 할지, 거주자·전문가·공무원 등 관계된 많은 사람들이 함께 고민하고 생각해야 할 이유를 말해 준다.

이 책을 통해 지방의 인구 감소는 극복할 수 있는지, 인구 감소를 중단하기 위해 지방이 할 수 있는 전략은 어떠해야 하는지 함께 논의할 수 있는 장이 열리리라 기대한다. 이 책을 번역한 세 분의 여성 학자는 우리나라를 대표하는 농촌 전문가이다. 이 책을 계기로 농촌학계에도 더 많은 여성 학자들이 활약하기를 기대한다.

– **남해경**, (사)한국농촌건축학회 회장, 전북대학교 건축학과 교수

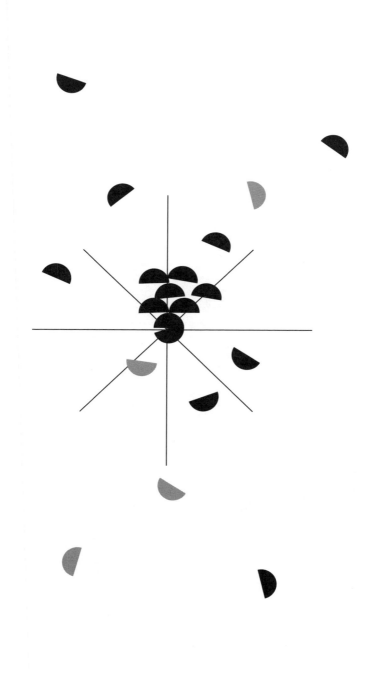

지방회생

초판 1쇄 발행	2019년 11월 11일
초판 2쇄 발행	2023년 11월 20일

지은이	야마시타 유스케
옮긴이	변경화 이윤정 박헌춘

펴낸곳	이상북스
펴낸이	김영미
출판등록	제313-2009-7호(2009년 1월 13일)
주소	경기도 고양시 덕양구 향기로 30, 106-1004
전화번호	02-6082-2562
팩스	02-3144-2562
이메일	klaff@hanmail.net

ISBN 978-89-93690-67-5 (03330)

지방회생

인구 감소와 수도권 초집중 극복의 길

야마시타 유스케 山下祐介

변경화 · 이윤정 · 박헌춘 옮김

이상북스

* 일러두기: 본문의 각주는 모두 옮긴이의 것이다. 단행본은 《 》, 보고서 및 정기·부정기 간행
물은 〈 〉, 논문과 칼럼, 정부 정책집은 " "로 구분해 표기했다.

저출산과 고령화, 그리고 그것을 부추기는 수도권의 인구 과잉 집중으로 인한 인구 균형의 상실은 사회를 유지해 나가는 데 있어 큰 걸림돌입니다. 그러나 인구 문제야말로 정책으로 해결하기 어려운 과제이고 잘못 대응하면 상황을 더 악화시키는 요인이 됩니다. 최근 몇 년 동안 일본에서는 이와 같은 잘못된 대응이 있었습니다.

21세기 초에 일본은 인구감소 사회로 돌입했습니다. 그 원인은 수도권인 도쿄권으로 과잉된 일극 집중에 있다고 분석되고 있습니다.

그 대응책으로서 2014년부터 지방창생정책이 시작되었지만 부끄럽게도 정치·행정·여론이 서로 얽혀 '(돈을)버는 힘'과 로컬아베노믹스(Local Abenomics),* 지자체 간 경쟁 강화 등 본래의 인구정책에서 벗어난 기이한 대책이 난무하는 사태에 빠져버렸습니다.

이 책은 그러한 일본의 지방창생 경위를 쫓고 현행 정책을 비판하는 동시에, 비판을 넘어 필요한 인구대책 및 지방정책의 올바른 방향에 대해 제언한 것입니다.

현재 일본 사회에서 도쿄일극집중과 인구감소 문제는 국가를 뒤흔드는 핵심 사안이지만 대응하기가 지극히 어려운 난제인 것 같습니다. 그 원인을 사회학 관점에서 살펴보고 어려움에서 빠져나가는 길을 찾아본 이 책은 본래 일본인을 대상으로 쓴 것입니다. 하지만 한국 독자들도 이런 일본의 실태를 보고 결코 웃을 수 있는 상황은 아닐 것입니다. 거기에는 두 가지 의미가 있습니다.

첫째, 한국은 일본을 넘어서는 기세로 출산율 감소가 진행되고 있습니다. 2016년 합계특수출산율†로 보아도 일본이 1.44인데 비해 한국은 1.17로, 놀라운 초저출산율입니다. 수도 서울의 일극집중도 도쿄를 웃돕니다. 한국 국민이 안고 있는 과제는 일본 이상으로 크다고 할 수 있습니다.

둘째, 이 인구감소 문제야말로 향후 동아시아 여러 국가 간의 관계를 악화시키는 최대의 원인이 될 수 있다는 것입니다.

이 책을 출판한(2018년 6월) 이후 한·일 관계는 빠른 속도로 악화의 길을 걸었습니다. 저는 그 위험성을 걱정하는 사람입니다만,

---

* 2014년에 발표한 아베 신조(安倍晋三) 일본 총리의 지방활성화대책을 말한다.
† 연간 출생자 수를 여성 한 명이 전 생애에 낳는 아이의 수로 환산한 것

그리고 일본 측 태도에 문제가 있지만, 그 배경에는 멈추지 않는 저출산 현상으로 '아이가 태어나지 않는 사회'로 돌입한 일본이라는 나라 전체의 균형이 크게 무너지기 시작했다는 징조에서 비롯된 위기감과 공포감이 있다는 것을 이해했으면 합니다. 지금 일본인들은 미래에 대해 상당히 심각한 불안 속에 있습니다. 이대로는 사회가 파탄난다, 연금을 포함해 자신들의 인생계획도 붕괴될 수 있다는 불안에 휩싸여 그 희생양으로 혐한 감정에 불을 붙이며 외교상 크게 잘못된 판단을 했을 가능성이 높습니다.

'아이가 태어나지 않는 사회'는 한국에게도 눈앞에 닥쳐온 미래입니다. 아니 이미 실감하고 있을 것입니다. 한국에서도 동일한 불안의 연쇄작용이 이상한 여론을 낳고 정책을 흔들고 있지는 않은지요? 양국의 대립은 각각의 내정 문제에 기인하고 있을 가능성이 있고, 거기에 대한 자각이 필요하다는 것이 이 책에 숨겨진 메시지입니다. 진짜 문제는 상대가 아닌 자신의 발밑에 있다는 것입니다.

국가(state)와 (인구)통계(statistic)가 같은 어원인 것은 잘 알려져 있습니다. 반대로 말하면, 인구 문제를 올바로 마주하는 자세를 갖는 것이 국가 간의 긴장을 완화시키고 상호 협조와 새로운 성장 및 발전을 만들어내는 기초가 됩니다. 문제는 그러한 인구안정화 방안을 최종적으로 어떻게 찾아낼 수 있는가인데, 그것이 최대의 난제이기도 합니다.

제2차 세계대전 후 경제성장으로 아시아의 선봉에 선 일본은 저성장으로 돌아선 뒤 과소과밀, 저출산·고령화, 환경 문제라는 경제성장에 뒤따르는 문제에서도 선두에 있었습니다.

일본은 앞서서 그 대책에도 몰두해 왔지만, 이 책에서 보여주 듯이 최근 그 대책이 올바른 길에서 크게 벗어나 '선택과 집중' '경쟁과 도태'와 같은 기이한(또는 이상한) 덫에 갇혀 있습니다(덧붙이면, 환경 문제에서는 2011년 도쿄전력 후쿠시마 제1원전 사고라는 있어서는 안 될 사태를 일으켰으면서도 원자력 발전을 부정하지 못하고 있습니다).

이에 비해 한국 정부는 애초부터 '균형'을 내걸고 수도의 기능을 이전하는 등 일본과는 다른 노선을 걷고 있는 점이 주목됩니다. 다만 구체적으로 보면 그 노선에도 의문점이 없는 것은 아닙니다만, 어쨌든 국책에 실수가 있어서는 안 되는 이상, 각국은 이웃 나라의 인구정책을 보고 자국 정책을 적절히 수정하며 확실한 길을 찾아가는 것이 중요합니다. 아시아 각국은 비슷비슷한 가족·사회·문화 구성을 가지고 있기 때문에 유럽과 미국에서 배우는 것보다 서로를 알고 이해하는 것이 앞으로 점점 더 필요하게 될 것입니다.

막다른 골목에 다다른 일본의 인구감소대책에 비해 한국의 인구정책은 안정화를 실현할 수 있을까요? 일본이 탈출하기 어렵게 된 인구 감소와 수도권 과잉 집중의 덫을 한국이 교훈으로 눈여겨보고 다른 길을 찾아 극복한다면, 그것은 일본을 비롯해 다른 아시아 국가들에게도 생각하지 못한 행운이 될 것입니다. 이 책의 분석이 그 길을 찾는 데 하나의 실마리가 되었으면 합니다.

일본의 지방창생은 2019년도부터 '관계인구'를 그 대책의 한 축으로 자리매김시켰습니다. 2018년에 발행된 이 책에서는 이에 대해 언급하지 않았지만, 이 관계인구라는 개념이야말로 저를 포함한 일본의 과소연구학계에서 쌓아온 연구의 성과이며, 이 책의 후반부와 저의 다른 저서인 《한계취락의 진실》(치쿠마신서, 2012)에서도 다룬 지방창생의 주요 논리입니다.

즉 "인구를 '양'으로 판단해 일희일비하는 것이 아니라, 사람들 '관계'를 정확하게 파악하고 그것을 풍부하게 하는 것이야말로 중요하다"는 생각입니다. 결혼도 출산도 육아도 모두 풍부한 사회관계로 실현됩니다. 수도와 도시로의 과잉 집중은 그 풍부함을 사람들에게서 빼앗는 것 같습니다. 아시아는 경제적으로는 풍족해졌지만 출산율 감소가 멈추지 않는 것을 보면 아무래도 사회와 사람들의 마음이 급속도로 가난해진 것 같습니다. 우리는 지금 진정한 풍족함이 무엇인가를 진지하게 돌아보고 그것을 되찾아야 합니다.

일본에서도 이렇게 조금씩이나마 논의가 진전되어 그에 따른 성과(귀농·귀촌을 통한 지방 이주, 오지의 아동 수 회복 등)가 나타나고 있습니다. 한국에서도 이 문제에 관한 논의가 활발해지기를 기원합니다.

2019년 9월 15일,
일본에서는 경로의 날에 야마시타 유스케 씀.

한국어판 저자 서문   9

주요 키워드   16

시작하며   19

제1장 '지방창생' 검증

1. 일본창성회의에서 시작된 '지방소멸론'   27

2. 정부의 지방창생론   46

제2장 도시화가 초래한 인구 감소

1. 인구감소 사회의 정체   73

2. 도쿄일극집중의 본질   82

3. 전후 일본의 저출산 흐름   98

4. 세대교체와 지방·중앙의 관계   118

제3장 도쿄에서 바라본 '지방창생'

1. '도쿄만 애쓰고 있다'는 오해   133

2. 수도권에서 본 지방창생   147

3. 의존 사회로서의 도시   158

제4장 도시의 정의가 지방을 파괴한다

1. '지방소멸' 이후 4년의 경험   167

2. 도시의 정의에서 다양성의 공생으로   198

3. 지방창생사업 점검   216

4. 순환이 이루어지는 '도시의 정의'로   254

제5장 인구 감소를 극복하기 위한 '지방창생'

1. 모두가 부담하고 모두가 누리는 제도   263

2. 지방창생의 문제해결 사이클   281

3. 인구비전으로 해야 할 일   289

마치며   309

역자 후기   313

지방창생(地方創生)

2014년 9월 3일 제2차 아베 신조 내각이 발족할 때 총리 기자회
견에서 발표된 정책으로, 도쿄일극집중을 해소하고 지방의 인구
감소를 막아 일본 전체에 활력을 불어넣는 것이 목적이다. 아베
신조는 같은 날 내각회의에서 마을·사람·일자리창생본부를 설
치하기로 결정했고, 같은 해 11월 23일에는 마을·사람·일자리
창생법과 개정지역재생법이 개정되었다.

마스다 보고서

2014년 5월 8일에 열린 일본창성회의의 인구감소문제검토분과
회에서 발표된 것으로, 일본창성회의의 초대 좌장 마스다 히로야
(增田寬也)가 계산하고 발표함에 따라 그 이름을 따서 통칭 '마스
다 보고서'라고 한다.

도쿄일극집중(東京一極集中)

일본의 정치·경제·문화·인구 등 사회 자본과 자원 및 활동이
도쿄 또는 수도권 중에서도 특히 1도 3현[도쿄도를 필두로 한 가나
가와현(神奈川県), 사이타마현(埼玉県), 지바현(千葉県)]에 집중되는
현상을 말한다.

공생과 포용

경쟁력 있는 특정 분야와 영역을 골라 거기에 인재와 자원 등을 집중적으로 투자하는 경영 이론인 '선택과 집중'에 수반되는 문제로서 저자가 이 책에서 지적한 '경쟁과 도태'에 대립되는 개념이다.

분산과 순환

경제 분야에 치중되고 도쿄에 집중된 정책을 재분할해 분산시켜 다극화된 것들을 서로 연계해 상호 순환시킴으로써 전체적인 정책이 점진적으로 통일되어 간다는 주장이다.

도시의 정의, 마을의 정의

이 책의 핵심이 되는 개념으로 도시 중심적인 사고를 가리킨다. 그 내용을 저자는 '선택과 집중' '인구보다 재정과 경제' '객관주의' '경쟁과 토대'로 설명했다. 또한 도시의 정의를 정치지상주의, 경제지상주의, 국가지상주의라고 비판했다. '도시의 정의'에 상반된 개념으로 '마을의 정의'를 제시하는데, 이는 '지방의 정의' '공동체의 정의'로 '공생과 포용' '분산과 순환'이 주요 내용이다.

시작하며

어떤 사람들이 당연하게 여기는 가치나 정의가 실제로는 전체를 파괴하는 내용일 때가 있다. 이 책에서 말하는 '도시의 정의(正義)'*가 표현하려는 것이 바로 그것이다.

2014년 9월에 시작된 '지방창생'(마을·사람·일자리창생)은 도시의 정의가 노골적으로 지방으로, 그리고 농·산·어촌 지역으로 파고들어간 첫 행보였다. 이 책은 지난 4년 동안의 지방창생을 총체적 관점에서 평가해, 중앙(지방의 상대어 개념으로)과 지방, 도시와 농촌의 관계를 보다 나은 방향으로 제시하고자 한다.

나는 이미 지방창생(마을·사람·일자리창생)본부가 창설된 직후

---

　* 이 책의 일본어판 제목은 《도시의 정의가 지방을 파괴한다: 지방창생의 난관을 뚫고》(都市の正義が地方を壊す: 地方創生の隘路を抜いて)이다.

(2014년 12월)에 《지방소멸의 올가미》라는 책을 출판해 일본 사회에 질문을 던졌다. 그 책을 계기로 전국의 많은 사람들과 이에 대해 이야기하며 생각을 정리해 나갔다. 이 책 《지방회생》의 내용은 지난 3년 반 동안 내가 경험한 지방창생이다.

이 책의 독자는 지방창생에 관여하는 지자체 공무원과 관련법을 만들어가는 국회의원, 지방창생과 관련한 다양한 프로젝트를 수행하는 기업, 민간, 지방의 거주자들을 대상으로 한다. 또한 '지방창생은 나와 관계없다'고 생각하는 도시민들도 염두에 두었다. 왜냐하면 지방창생이 해결하려는 문제는 지방이나 농촌만의 문제가 아니라 도시와도 밀접하게 관련되어 있기 때문이다.

지방창생의 애초 목표는 무엇보다 빠르고 급격하게 진행되는 현재의 인구 감소를 멈추게 하는 것이었다. 먼저 인구 감소의 원인인 도쿄를 정점으로 한 일극 집중을 막기 위한 논의에서 시작했다.

일본 사회의 인구 감소는 지방뿐만 아니라 수도권을 포함해 전국적으로 나타나는 문제다. 그리고 도쿄일극집중 자체가 국가의 구조적 문제나 다름없기 때문에 '수도 도쿄'야말로 문제의 핵심이라고 볼 수 있다.

그럼에도 국민 대부분은 지방창생을 마치 강 건너 불구경하듯 '지방이여, 힘내라' 하며 인구감소 문제를 지방에서 책임져야 하는 일처럼 방관하거나 무작정 밀어붙인다. 지방에서 힘써야 한다고 재촉하고 지방과 농촌을 불쌍한 약자로 보며 고향납세*나 지역

* 납세자가 거주지가 아닌 지방자치단체에 기부금을 보내면, 기부 금액의 절반만큼

상품 구입으로 지원하자는 식의 '위에서 바라보는' 시선으로 현재 당면한 문제를 이해한다. 그리고 그것으로 자신의 역할을 다 한 것처럼 생각하는 것 같다.

　전체 중 어느 일부에게만 책임을 전가하는 이런 방식으로는 일본이라는 국가가 안고 있는 문제를 결코 해결할 수 없다. 오히려 목적에 맞지 않는 사업이나 정책을 현장에서 무리하게 추진하게 된다. 이것은 경우에 따라 폭력적이라 할 수 있을 만큼 강압적으로 전개되기도 한다. 그래서 중앙과 위에서 바라보는 시선인 일방적인 도시의 정의(正義)로 시작된 지방창생은 이러한 폭력성(강압성)이 항상 따라다니며 떨어지지 않게 되는 것이다.

　이 책에서 가장 고민한 것은 '도시의 정의'야말로 멈추지 않는 인구 감소를 일으킨 한 원인이며 도쿄일극집중의 본질이라는 것이다.

　다시 말하지만, 우리가 알게 모르게 도시나 도쿄를 기준으로 사고하는 것을 당연하게 여기는 가치관이야말로 도쿄일극집중을 강화하고 인구 감소가 멈추지 않게 된 본질이다. 많은 사람들이 도쿄일극집중과 이것이 초래한 인구 감소를 경제적인 문제로만 인식하는데, 그것은 착각이다. 모든 것은 가치의 문제이고 사고의

　　그 지역의 특산물을 답례품으로 받을 뿐 아니라 지방세에서 그만큼 공제해 주는 제도. 일본 정부가 2004년에 도입했다. 고향에 세금을 내는 것과 같은 효과가 있다고 해서 '고향 납세'라고 한다.

문제로, 잘못된 도시적 인식이 초래한 올가미인 것이다. 이 책은 이러한 도시적 사고와 인식이 초래한 문제를 지방창생의 경험을 토대로 서술하였다.

국민 한 사람 한 사람이 우리 사회가 안고 있는 문제의 핵심에 눈을 돌리고 현실을 직시하는 것이야말로 잘못된 '도시의 정의'의 폭주를 막고 진정한 지방창생 및 국가 재생을 위한 첫 걸음이 될 것이다. 인구 감소를 멈추게 하고 지방창생을 실현하기 위해서는 반드시 중앙과 도시에서 생활하는 사람들의 올바른 자기인식 또는 국가인식이 형성되어야 한다.

나는 지방창생(마을·사람·일자리창생)이 시작되었을 때부터 지속적으로 관심을 갖고 들여다보았다. 일본창성회의 보고서가 발표된(2014년 5월) 지 벌써 5년, 지방창생이 본격적으로 시작된 (2015년 4월) 지는 4년이 지났다. 인구 감소와 도쿄일극집중에 대응하기 위해 시작된 이 정책이 다양한 의혹과 욕망이 반영되어 이제는 복잡기괴한 것으로 변해버리고 말았다. 정책은 이미 너무나 뒤틀려 지자체에서 이것을 바로잡는 것은 쉽지 않을 것 같다. 그러나 또한 지방창생의 핵심 논점에서 보면 이 또한 해결하지 않으면 안 되는 우리 사회의 장래에 관한 중요한 사안이기도 하다. 엉킨 실타래를 풀고 적절하고 바람직한 지방창생의 모습을 찾아가야 한다.

그렇다면 지방창생을 통해 해결하려는 과제는 무엇인가. 지금 단계에서는 먼저 그것을 확인하는 것부터 시작해야겠다. 사실 지방창생은 시작부터 이상했고 그 해결 과제도 애매해져 귀중한 시간을 낭비하는 것 같지만, 그래도 먼저 그것을 이야기하지 않으면 안 될 것 같다.

제1장

'지방창생' 검증

1. 일본창성회의에서 시작된
'지방소멸론'

인구감소 문제의 공론화 계기

지금으로부터 5년 전, 2014년 5월 8일 황금연휴가 끝난 다음날로 이야기는 거슬러 올라간다. 마스다 히로야를 좌장으로 한 일본창성회의(日本創成会議)*에서 작성한 〈성장하는 21세기를 위해: Stop 저출산·지방활력전략〉(이후 〈마스다 보고서〉로 통칭함)에 대한 기자회견이 일본생산성본부에서 있었다.

> * 동일본대지진 발생 직후인 2011년 5월에 일본생산성본부를 중심으로 발족된 민간 정책자문 조직. 초대 좌장은 과거 이와테현 지사와 총무장관을 역임한 마스다 히로야였고, 구성원으로는 경제인과 노동계 대표, 대학 교수, 전 관료 등 지식인이 포함되었다. 에너지 문제와 인구 문제 등에 대한 정책자문을 했고, 현재는 활동하지 않는다.

이 보고서는 2040년까지 일본의 지방자치단체(이후 지자체로 통칭함) 중 약 절반에 해당하는 896개가 사라질 수 있다고 주장한 것으로, 보고서에는 그 숫자뿐만 아니라 '소멸가능도시'로 표현된 해당 지자체의 리스트까지 언급되어 큰 화제가 되었다. 이후 이 보고서는 관련 기사와 함께 화제의 인물이 된 마스다 히로야와 전문가들의 대담을 담아 《지방소멸》*이라는 책으로 발간되었고, 23만 부가 넘게 팔렸다.

하지만 이야기의 발단이 된 이 보고서에 대한 비판 또한 적지 않다. 보고서 발표 직후부터 오다기리 도쿠미(田切德美)의 《농촌은 사라지지 않는다》(한울아카데미, 2018), 다무라 슈(田村秀)의 《지자체 붕괴》, 오카다 도모히로(岡田知弘)의 《'지자체 소멸'론을 넘어》 등의 비판서가 쏟아졌고, 나 역시 《지방소멸의 올가미》로 반론을 시도했다. 또한 '소멸가능도시'로 지명된 지자체의 반발도 거셌다.

어쨌든 이 보고서는 그때까지는 '있지만 없는' 듯 다루어져 온 인구감소 문제를 공론화시켰다는 점에서 높게 평가할 수 있다는 입장도 있다. 실제로 이 보고서가 나오기 전까지는 인구감소 문제에 대해 지자체도 연구자도 '다루고 싶지 않다' '관여하기 싫다' 등의 이유로 회피해 온 것이 사실이다. "인구감소 문제는 나라의 근간을 뒤흔드는 큰 문제이기 때문에 시선을 돌려 회피해서는 안

---

* 국내에서도 같은 제목으로 2015년에 번역·출간되었다.

된다"는 이 보고서의 경고 메시지는 분명 인구감소 문제를 정면으로 대응하게 한 계기로서 의의가 있다.

〈마스다 보고서〉의 모순

문제는 이 보고서가 인구감소 문제를 제대로 고민하고 해결책을 제시했다고 볼 수 없다는 것이다. 그래서 보고서에 대한 비판도 이런 점에 집중되어 있다.

인구감소 문제는 상당히 복잡 다양한 현상이 얽혀 나타난 것으로, 국민 정서나 가치관과 연관되어 있고, 가족이나 지역 그리고 직장 등과도 깊이 관련되어 발생하는 것이다. 정책을 만들고 실현하는 것은 지극히 어렵고, 어설프게 다루면 '무조건 낳아라, 늘려라'로 받아들여져 '결혼하지 않는 것도 자유다'라는 의견이 대두되기 십상이다. 또한 여러 가지가 미묘하고 복잡하게 얽혀 있기 때문에, 애써 세운 대책이 엉뚱하게 작용해 상황을 악화시킬 위험성마저 내포하고 있다. 그래서 좀처럼 아무도 손을 댈 수 없었던 것이다.

그렇다고 〈마스다 보고서〉가 이렇게 미묘한 문제인 인구 감소에 대해 제대로 된 태도를 보였다고도 말할 수 없다. 보고서는 오히려 모순된 이야기가 종종 눈에 띄는 아주 이상한 내용이다.

단지 '이제는 못 본 척할 수 없다' 등의 상당히 강한 어조(혹은 각종 미디어에서의 마스다 히로야의 말투)에 이끌려 보고서 내용을 명쾌하고 논리적이라고 착각하는 것 같다.

모순된 이야기란 예를 들어 이런 것이다. 보고서 어느 한 부분에서는 "지방 일은 지방에서 정해야 한다"고 하고 다른 부분에서는 지방 분권은 "좁은 틀"이라고 부정한다(《지방소멸》, 와이즈베리, 2015, 63쪽). 또 '지방을 지킨다'고 얘기하고는 "모든 촌락을 대상으로 충분한 대책을 실시할 수 있을 만큼 재정이 풍족하지 못"하다며(《지방소멸》 60쪽) 지역 존속을 부정한다. 한쪽에서 A라고 했다가 다른 쪽에서 바로 A를 부정한다. 기회만 살피면서 한 입으로 두말하는 격이다. 저출산 문제에 대해서도 한쪽에서는 아이를 낳는 여성의 수가 줄어들고 있는 것을 '직시하라'고 하면서 다른 쪽에서는 "생산연령인구가 감소하기 시작한 가운데 여성은 '최대의 잠재력'"(《지방소멸》 96쪽)이라며, 여성을 노동력으로만 보고 여성만이 아이를 낳을 수 있다는 사실을 간과한다.

지방핵심도시를 방위선으로

무엇보다 이 보고서는 논의의 출발점과 결말이 다르다. 〈마스다 보고서〉의 논의의 출발점은 '인구감소 문제에서 시선을 돌리지 말라'이다. 그리고 인구 감소가 '도쿄일극집중'의 원인이라고 한다. 도쿄일극집중의 원인이 인구 감소라고 하는 데는 동의할 수 없지만, 현 시점에서 이에 대해 문제제기를 하는 데에는 이견이 없다. 인구 감소와 도쿄일극집중의 관련성에 대해서는 제2장에서 다룰 것이다.

그런데 그 문제 해결을 위한 제언 내용은 아무리 봐도 이상하다. 도쿄일극집중을 저지하기 위해 〈마스다 보고서〉에서 주장하는 중심 대책은 지방중핵도시(인구 20만 명 정도의 지방 도시)를 설정해 이것을 방위선으로 한다는 것이다. 지방중핵도시란 "규모가 가진 장점을 살려 인재와 자원이 그곳에 집중되어 부가가치가 창출되는 '재생산 구조'를 가진"지역이라고 한다. 그러나 결국은 인구 규모를 기준으로 재정 투자를 하고 '선택과 집중'을 통해 남기는 지역과 없애는 지역을 정하자는 것이다.

이러한 〈마스다 보고서〉의 내용은 곧 농촌을 정리하자는 말과 다름없었기 때문에* 일부에서 이를 강하게 비판했다. 그러나 그 목적이 도쿄일극집중을 막아 지방을 지키고 인구 감소에 제동을 걸기 위한 것으로 여겨져 많은 사람들이 현혹되었던 것 같다.

그러나 인구가 감소하는 과정에서 지방중핵도시에 자원을 집중시키고 그곳에 의도적으로 인구를 모아가면, 결국 밑에서부터 도태가 시작되고 점점 집중이 진행되어 그 방향은 한 점인 도쿄

---

* 오다기리 도쿠미를 비롯해 몇몇 지식인이 〈마스다 보고서〉의 논리를 '농촌정리론'이라고 비판했다.

로 더욱 강하게 집중된다. 이 보고서에서는 '도쿄일극집중'을 막기 위해 '집중'하고 '꼬리 자르기'를 하자는 완전히 모순된 이야기가 아무렇지도 않게 전개되고 있다(이 논의가 왜 문제인지 제3장에서 좀 더 자세히 언급할 것이다).

저출산 문제를 풀 열쇠

또한 보고서는 인구감소대책도 일·생활·균형 등에서 다양하게 내놓았지만, 결국은 대기아동* 문제를 해소해야 한다는 것에 그쳤다. 〈마스다 보고서〉는 '희망출산율 1.8 실현'을 제시하며 핵심 정책의 하나로 내세웠다. 인구 안정을 위해서는 출산율이 2.0이어야 하지만 우선 1.8을 실현 목표로 설정했고, 나도 여기에 동감한다. '낳아라, 늘려라'가 아닌, 원래 국민들의 '희망'이기 때문이라는 논리도 대단히 설득력이 있다.

그러나 보고서는 대기아동 문제만을 이야기한다. 대기아동 문제를 해소하는 것으로 어떻게 출산율을 회복할 수 있을까? 이에 대해 특별히 보고서에는 명확히 나와 있는 것이 없다. 오히려 이 보고서는 앞서 언급했듯이 여성에 대해서 육아 문제 이전에

---

    * 정원이 차거나 시설 부족, 보육 희망시간 조정 등의 이유로 인가받은 어린이집에 들어가지 못하고 대기 상태에 있는 아동을 가리킨다.

'노동력으로서 중요하다'는 논리를 앞세우고 있다. 그래서 일·생활·균형을 말하며 어린이집 문제를 들었던 것이다.

그러나 저출산 문제를 푸는 열쇠는 〈마스다 보고서〉에서 명확히 말한 "아이를 낳을 수 있는 것은 여성뿐"이라는 사실을 직시하는 것이다. 최초의 논지에서 보면, 정말로 얘기해야 할 것은 '일하지 말고 낳아 달라. 아이를 낳을 수 있는 것은 여성뿐이기 때문이다. 혹시 그것 때문에 남성보다 불리해지는 상황이 생긴다면 그것을 바꿔야 한다. 남성이나 아이를 낳지 않는 여성이 좀 더 부담하고 보충하는 제도로 바꿔가자'여야 한다. 그러나 경제계를 배려한 것인지 아니면 실제로 일하는 여성들을 배려한 것인지, 결국은 이해할 수 없는 애매한 제언만을 내놓았을 뿐이다.

가스미가세키* 비선 대책본부

〈마스다 보고서〉는 인구 감소와 도쿄일극집중을 막아야 한다는 중요한 제안을 하면서 왜 그것에 대한 대책은 전혀 없는 이상한 모순으로 가득 차 있을까? 오히려 이렇게 묻는 것이 더 좋을지도 모르겠다. 조금만 생각해 보면 알아차릴 수 있는 모순을 확실히

* 도쿄도 치요다구 일대 외무성을 비롯한 여러 관청이 있는 곳. 관료사회를 상징한다.

인식하지 못한 채 당당하게 세상을 향해 제언하게 된 이유는 도대체 무엇일까? 그 배후에 숨겨진 것은 무엇인가?

이 질문에 대해 두 가지 답을 들 수 있다. 하나는 이 보고서가 목표로 삼는 것은 사실 인구감소 문제를 해결하는 것이 아닌 다른 데 있다는 것이다. 여기에는 보이지 않는 의도가 숨겨져 있다. 일본창성회의는 민간인인 마스다 히로야가 민간 지식인들과 함께 일본생산성본부를 거점으로 조직한 것으로, 어떤 의미에서는 자유롭게 활동할 수 있는 조직이다. 무엇을 말해도 법에 저촉되지 않는 한 문제가 없다.

그런데 발표 당시부터 이 보고서에 몇 명의 현역 관료가 깊이 관련되어 있다는 말이 떠돌며 정부와 관계가 있다는 소문이 있었고, 회의 구성원에 내각 관방* 고문의 이름도 포함되었다. 이와 관련해 전 총무장관인 가타야마 요시히로(片山善博)가 〈세계〉(世界)와의 대담에서 이야기한 것에 주목해 보자(2015년 5월호).

〈마스다 보고서〉는 민간 전문가 보고서라는 형태를 띠고 있습니다만, 분명히 어떤 생각과 의도를 가진 그룹, 아마도 가스미가세키의 비선 대책본부가 제출한 것이라고 생각합니다. 마스다가 단장을 맡은 일본창성회의 인구감소문제검토분과회의 구성원만 봐도 총무성이나 재무성의 전직 간부가 포함되어 있고,

---

* 일본 정부 기관 중 하나로, 내각을 이끄는 총리를 돕는 내각부 소속의 기관이다. 주로 내각의 서무와 주요 정책의 기획·입안·조정, 정보 수집 등을 담당한다.

실제 작업에는 처음부터 관료가 관련되었습니다. 그들은 보고서 작성 당시 정권이 여기까지 가세하리라고는 생각하지 않았을 것이라 여겨집니다만, 세상에 충격을 주는 보고서를 내놓음으로써 자기들의 정책을 진척시키기 쉬운 토대를 만들려고 한 의도가 있었던 것은 분명합니다.

그렇다면 구체적으로 누가 무엇을 하고 싶었던 것일까? 제 추측대로라면, 첫째, 콤팩트시티(compact city) 만들기입니다. 이것은 마을 만들기와 도시 재개발, 고층빌딩 건축을 담당한 건설성의 건축계 또는 도시공학계 전직 기술관료들의 이해관계가 반영된 것입니다.…두 번째는 총무성의 의도입니다. 총무성에는 시정촌(市町村)* 합병을 더욱 진행하고 싶어하는 관료가 적지 않습니다.…세 번째는 재무성과 재정 당국도 '선택과 집중'을 철저히 함으로써 전국 구석구석까지 공공 투자하는 '낭비'…를 줄이기 위해 핵심이 되는 도시에 집중적으로 투자하려는 의도가 있었다고 생각합니다. 네 번째는 후생노동성도 인구 문제로 정부 내에서 존재감을 높이려는 목적이 있었을 것입니다. 이와 같이 예전 건설·운수성을 포함한 국토교통성, 총무성, 재무성, 후생노동성 등 네 부처의 의도가 합쳐진 것이 〈마스다 보고서〉라고 생각됩니다.

가타야마 전 총무장관이 이야기한 것을 구체적으로 정리해 보

---

* 일본 행정구역 단위로서 우리나라의 시·읍·면과 비슷하다.

면, 실제 보고서 작성 작업에는 적어도 네 명 이상의 현역 관료가 관련되었다. 그들은 국토교통성, 총무성, 재무성, 후생노동성 관료이고, 아마도 가타야마는 구체적인 이름도 알고 있다고 생각한다. 나도 관련자 이름을 몇 명인가 들었지만 가타야마가 지적한 것 중 가장 중요한 것은 그들이 무엇 때문에 여기에 관계되었는가 하는 이유다. "세상에 충격을 주는 보고서를 내놓음으로써 자기들의 정책을 진척시키기 쉬운 토대를 만들려고 한 의도가 있었던 것은 분명"하다. 그리고 진짜로 중요한 목적은 인구 감소를 막는 것이 아니라 오히려 '인구감소 쇼크'를 이용해 새로운 개혁을 시도하려(멈춰 있는 개혁을 다시 하려) 한 것은 아닐까 하는 것이다. '인구감소 쇼크'를 이용하기 위해 이러한 부처들의 숨겨진 의도들이 모인 것이라면, 보고서의 논리 구조가 인구 감소 저지를 목적으로 하지 않았다는 점도 납득이 간다.

그러나 정말로 필요한 정책이라면 각 부처에서 철저한 논의를 거쳐 내놓았다면 좋았을 것이다. 그것을 정공법이 아닌 '소멸가능 도시'와 같은 과격한 표현을 사용해 일부러 충격을 주려 한 것은 무슨 이유일까? 그것은 보고서에서 말하는 것이 각 부처의 생각 자체가 아닌 부처 내 일부 세력의 생각이기 때문일 것이다. 예를 들어 총무성의 경우, 보고서를 작성할 당시에는 시정촌 합병을 더 이상 진척하려는 분위기는 없었을 것이다. 오히려 헤이세이*의 시

---

* 헤이세이(平成 へいせい)는 일본의 시대 구분으로, 아키히토 왕 재임 시기인 1989년 1월 8일부터 2019년 4월 30일까지의 기간을 가리킨다.

정촌 합병으로 후유증이 심해 더 이상의 개혁은 안 된다고 생각하는 쪽이 더 강했던 것은 아닐까[실제로 합병 때문에 거점 마을을 잃어버린 가장 하부단위 마을에서는 의료와 쇼핑 등을 위한 장소가 없어지고 과소화를 막지 못해 최근의 '작은 거점' 사업으로까지 이어졌다(제4장 참조)].

이 보고서는 이러한 지나친 개혁을 반성하는 분위기를 없애고 새로운 무엇인가를 실현하기 위해 내놓은 것이라고 볼 수 있다. 따라서 이 보고서가 단지 숨겨진 의도들이 합쳐져서 전체적으로 모순투성이가 되었을 뿐이라면 그다지 걱정할 필요가 없다.

문제는 각 부처가 의도한 것이 제각각이라도 그 안에 공통된 논리와 가치관이 잠재되어 있고, 어떤 일관된 관점이 들어 있다는 것이다. 그리고 그 관점이 사실은 문제가 되는 인구 감소와 도쿄일극집중을 저지하는 것과 근본적으로 모순된 것이기 때문에, 보고서 전체 논의의 출발점과 결말이 다른 이상한 구조가 된 것이다. 해결하고자 하는 문제를 해결할 수 없는 잘못된 관점에서 출발했다는 것, 이것이 '왜 이 보고서가 모순투성이인가'에 대한 또 다른 해답이다.

'가스미가세키 비선 대책본부'설에 대해서는 이 책에서 더 이상 언급하지 않겠다. 여기에서는 두 번째인 지방창생이 이상한 관점에서 시작된 것이 아닐까 하는 시각으로 내용을 전개하고자 한다. 우선 이 장에서는 이 〈마스다 보고서〉의 배후에 있는 가치를 끌어내고자 한다.

선택과 집중(도시의 정의 1)

〈마스다 보고서〉를 읽을 때 특히 눈에 띄는 것은 인구 문제를 직시하라고 하면서 실제로는 끊임없이 경제와 산업 문제를 거론한다는 것이다. 이 보고서의 진짜 관심은 재정 문제에 있는 것 같다. '인구 문제를 직시하라'고 하면서도 실제로는 인구 감소에 직면한 나라의 재정을 얼마나 유지하고 경제 활력을 어떻게 지속할 것인가에 관심을 둔다. 이 보고서의 견해는 다음과 같이 생각해 볼 수 있다.

인구가 줄어들고 있다. 인구가 줄어들면 경제가 축소되고 재정(세입)이 감소한다. 이로 인해 지금까지와 같은 동일한 재정 규모를 유지하는 것은 어렵기 때문에 이제 모든 지역을 지킬 수는 없다. 따라서 '선택과 집중'으로 남길 지역과 남기지 않을 지역을 구분하고, 남길 수 없는 지역은 일찌감치 날려버리고 남길 지역에 인구를 집중시켜 전체적으로 살아남을 생각을 하자.

그렇다면 남길 지역과 남겨서는 안 되는 지역을 구분하는 기준은 무엇일까? 그것은 첫째 '인구 규모'다. 일정 정도의 인구 규모와 인구밀도를 갖춘 지역에 자원을 집중시킨다. 반대로 일정 규모 이하의 지역에는 더 이상 자원을 지원하지 않고, 지속할 수 없으면 그대로 소멸시킨다. 즉 일정 규모 이하의 지역에는 '이제 더 이상 비용을 들일 수 없다'라고 하는 셈이다. 보고서 본문에 따르면, "모든 촌락을 대상으로 충분한 대책을 실시할 수 있을 만큼 재정이 풍족하지 못"하다(《지방소멸》 60쪽)라는 얘기가 되는 것이다.

둘째는 높은 산업 성장을 실현하고 있는가이다. 생산성이 높고 다른 지역보다 경제가 크게 육성하고 세금이 확보되어 지속가능한 재정 시스템을 확립한 지역은 살아남는다는 것이다. 그런데 이 일정 이상의 인구 규모와 밀도를 가지며, 육성된 산업이 모인 장소가 바로 '도시'다.

20세기 초 시카고학파의 도시사회학에서는 도시화(Urbanism)를 다음과 같이 정의한다. 도시화는 인구 규모와 밀도 증대로 생겨난다. 이것을 도시의 생태학적 정의라 한다. 거기에는 규모의 경제도 출현하고, 여러 가지 육성 산업이 나타난다. 이에 비해 '마을'(농·산·어촌)은 그 구조상 인구가 분산되어 인구밀도가 낮은 것이 당연하다. 따라서 어떤 지역권에서 인구가 집중되고 육성 산업이 집적한 장소, 그것이 곧 도시인 것이다.

이렇게 일정 규모의 인구를 고밀도로 유지하는 장소가 곧 도시이고, 이것을 바람직한 것으로 간주하고 인구 과소지역은 바람직하지 않은 것으로 간주하는 사고법을 '도시의 정의'라고 한다면, 〈마스다 보고서〉 전체를 지배하는 가치가 바로 이 '도시의 정의'인 것이다. 게다가 이 '바람직하다'라는 말은 도시생활이 인간집단에게 이상적이며 그래서 사회는 이러한 집단으로 통일되어야 한다는 의미를 담고 있다.

인구보다 경제와 재정(도시의 정의 2)

그렇다면 과연 '선택과 집중'으로 인구 감소가 멈출까? 이 보고서의 문제를 다시 한 번 되짚어 보면, 이러한 도시의 정의를 내세우기만 하고 '인구 감소를 막기 위해서는 어떻게 해야 할까?'라는 질문에는 아무런 대답이 없다는 점이다.

〈마스다 보고서〉의 논리는 이렇다.

'인구 감소를 직시하라'고 하면서 정작 적극적으로 인구 감소를 막으려 하지 않는다. 인구 감소는 막을 수 없는 것이기 때문에 그것을 받아들이고, 인구 감소를 견뎌내기 위해 '선택과 집중'으로 도시화를 진행시키고 규모의 경제를 발생시켜 재정을 유지하자는 논리다. 그러나 경제를 발전시켜 재정을 유지한다고 해도(그것이 정말 '선택과 집중'으로 달성될 수 있는지도 의문이지만), 그것으로 정말 인구 감소가 멈출지는 알 수 없다. 보고서에는 인구 감소에 대한 어떤 정책도 명시되어 있지 않다. '젊은층에게 매력적인 고용 기회를 늘리고, 젊은이들의 대도시 유입을 막자' 라는 주장도 있지만(《지방소멸》 67쪽), 이것도 인구감소대책으로 논의된 것은 아니다(지방으로부터의 유출을 막아도 일본 전체 인구는 동일하다). 인구 문제로 시작된 논의가 그 대책과는 연결되지 않고 어느새 경제·재정대책으로 전환되었다. 물론 경제·재정을 유지하는 것은 나름대로 중요하다. 그러나 논의의 시작은 '인구 문제를 직시해야 한다'는 것 아니었던가? 인구 문제를 직시한다는 것은 경제와 재정 문제는 제쳐두고라도 우선적으로 '인구' 회복과 유지에 초점을 두고 대응하는 것이다. 그래서 이 논리가 궤변이라는 것이다.

하지만 이 책에서는 왜 이러한 정의가 생겼는가를 우선 생각해 보기로 하자.

나는 도시를 기반으로 한 생활이 사회의 주류가 되어가는 과정에서 필연적으로 생겨난 논리라고 생각한다.

1차 산업을 기초로 한 농·산·어촌에서는 생업을 위해 자연환경을 이용한다. 그래서 이 환경 속에서 살 수 있는 인구 규모가 지속 요건이 된다. 이때 인구는 너무 많아도 안 되고 지나치게 적어도 안 된다. 적정한 규모가 요구되는 것이다.

이에 비해 도시는 2·3차 산업이 모여 있는 장소이며, 정치·행정·국가 기관의 거점이다. 도시의 생명은 자연환경이 아닌 경제와 재정에 의해 유지된다. 그것이 마을과 다른 점이다. 경제·재정지상주의는 인구 집주(集住) 및 규모의 경제와 함께 '도시 정의'의 또 다른 모습이다.

또한 도시의 경제와 재정을 유지하기 위해서는 가능한 한 인구는 많은 것이 좋다. 도시에서도 당연히 환경수용력과의 관계로 인구 증가에 한계가 있지만, '도시의 정의'에 의하면, 인구 증가는 경제성장으로 이어지고 재정 규모를 증대시켜 지속적인 성장으로 연결되므로 바람직한 것이 된다.

이렇게 인구 증가를 바람직한 것으로 여기는 도시가 인구감소 사회에 직면해 그 인구 효과를 유지하기 위해 '선택과 집중'을 주장하기 시작한 것이다. 가장 하부 조직인 마을의 끝에서부터 끌어 모아 인구 규모를 유지하려는 것이다.

그러나 나는 이런 '선택과 집중'이야말로 일본 전체의 인구 감소를 더욱 가속화시킨다고 생각한다. 이 생각에 대해서는 다음 장에서 설명하겠지만, '선택과 집중'이 인구 감소로 이어진다는 것을 이해하기 위해서는 논리를 축적할 필요가 있다.

우선 여기에서는 '선택과 집중'에도 포함되는, 도시 정의에 있어 또 하나의 중요한 요소에 대해 언급하려 한다.

객관주의(도시의 정의 3)

그것은 '객관주의'이다. 물론 사물을 객관적으로 보는 것 자체는 나쁜 것이 아니다. 사람은 자기 일을 객관적으로 볼 수 있을 때 자신의 결점을 발견하고 반성하여 바꿀 수 있다. 경우에 따라서는 지금까지 깨닫지 못했던 것을 알아차림으로써 정신적인 병이 치유되는 경우도 있다. 한편 이러한 객관화가 사람에게 '따뜻한' 이유는 그 객관화가 어디까지나 당사자의 주관에 의한 것이기 때문이다.

이에 대해 보고서에서 말하는 '선택과 집중'은 '차가운 객관주의'다. 그것은 어디까지나 타인의 눈이며 그 대상의 삶과 죽음에 대해 주관을 넘은 냉철한 판단이 내려지는 것이다. 당사자에게 있어 자신의 '삶'은 소중한 것이지만 다른 사람에게는 오히려 그 삶이 없어지는 것이 바람직한 경우가 있다. 〈마스다 보고서〉에서 말하는 것은 바로 이것이다.

어느 지역을 가리켜 '더 이상 지킬 수 없다. 없어져 달라'라고 하거나 평범하게 생활하고 있는 어떤 사람들을 가리켜서 '당신들에게는 이제 더 이상 비용을 쓸 수 없다. 없어지든지 복지 대상이 되어 달라'고 한다. '선택과 집중'을 포함한 도시의 정의가 내포하고 있는 것은 이러한 객관주의에 의한 '삶=주관'의 부정이다. 대규모 인간 집단은 바람직하고 살아갈 가치가 있지만 소규모 집단은 부적절하고 살아갈 가치가 없다는 것이다.

바로 이런 시점에서 896개의 시정촌을 '소멸가능도시'로 지명했기 때문에 관련된 많은 지자체로부터 반발을 산 것이다. 최근에는 '소멸가능도시'로 지명되지 않은 곳으로부터도 자주 〈마스다 보고서〉를 비판하는 목소리가 전해진다.

이런 지적에도 여전히 '그것이 무슨 문제인가. 통치자로서 지킬 수 있는 것과 지킬 수 없는 것을 명확히 하는 것은 당연하지 않은가'라고 생각하는 사람도 있을 것이다. 그러나 일단 여기서는 아래 사항에 대해서만 언급하고 다음 논리로 넘어가고자 한다.

'이제 당신들에게는 비용을 쓰고 싶지 않다'라는 것은 국민들

중 어떤 사람들을 배제의 대상으로 삼는다는 것이다. 다른 국민
에게는 비용을 들이지만 당신들은 더 이상 자격이 없다고 말하는
것과 같다. 이런 주장을 할 수 있는 것은 그 배제 대상에 자신은
포함되지 않는다고 안심하는 마음이 있기 때문이다. 자신이 그
배제 대상이 될 거라고는 꿈에도 생각하지 않기 때문에 배제할
수 있는 것이다. 그리고 그 안도감은 인구 규모(다수결에서 다수파)
에 의해 자신이 지켜지고 있다고 믿는 것과 같다.

그러나 이 안도감에는 근거가 없다. 도시사회의 인간 집단은
인구가 많기 때문에 서로 각자의 모습은 보이지 않는다. 객관에
서 주관으로 되돌릴 수 없는 환경이며 객관적인 양에 의해서만
안심할 수 있다. 사실은 구체적인 누군가와 누군가가 서로 떠받
쳐주고 있는 것이 아니기 때문에 조건에 따라서 자신조차 그 배
제 대상이 될 수 있다. 그런 당사자 주관이 결여된 타인의 시선과
근거 없는 안도감으로 도시의 정의가 성립되어 있는 것이다.

만약 당신이 그런 발상을 바람직하다고 생각하거나 적어도
부정할 수 없다고 생각한다면, 먼저 그 생각이 가진 위험성을 알
아차려야 한다.

이러한 '차가운 객관주의'에 의한 경제·재정지상주의의 '선택
과 집중'이라는 도시적 가치에 따른 문제해결 방식이 일본창성회
의에서 다양한 모순된 제언을 만들어낸 근원이 된 것 같다. 거기
에 살고 있는 사람의 주관성을 고려하지 않고, 인구 회복도 생각
하지 않고, 객관적인 기준에 맞지 않으면 잘라버리고 밀도라는

효율화를 따져 인구 감소를 극복하려 한다. 그러나 이렇게 해서는 문제가 해결되지 않는다. 보고서에 인구감소 문제를 극복하는 길은 없었다. 이런 제언을 그대로 받아들여서는 안 된다. 또한 정부의 정책으로 채용해서도 안 된다.

나는 그렇게 바랐지만 그후 정부의 지방창생 활동을 보면 어떤 면에서는 채용되었고 어떤 면에서는 별도의 형태로 전개된 것 같다. 물론 지방창생은 〈마스다 보고서〉와 같은 것이 아니다. 다른 내용을 가지고 있다. 그러나 4년이 지나 보니 역시 그 당시에 우려했던 결과가 그대로 초래되었다.

〈마스다 보고서〉에 대한 비판적 분석은 이 정도로 끝내고 정부의 지방창생 내용을 검토해 보자.

2. 정부의 지방창생론

지방소멸에서 지방창생으로

정부는 〈마스다 보고서〉를 발표하고 약 4개월 뒤인 2014년 9월 3일, 내각회의에서 결정해 '마을·사람·일자리창생본부'를 설치했다. 그리고 11월 21일에는 '마을·사람·일자리창생법' 외에 지방창생 관련 두 법안이 성립되어 창생본부가 법적으로 제도화되었다. 그해 연말에는 "마을·사람·일자리창생 장기 비전"과 "마을·사람·일자리창생 종합전략"이 내각회의에서 결정되어 정책이 구체적인 방향성을 갖고 추경예산으로 사업이 시작되었다.

현 정부의 지방창생과 〈마스다 보고서〉와의 관계에 대해서는 앞에서 언급한 가타야마 요시히로의 말을 우선 살펴보자.

〈마스다 보고서〉가 사회적으로 큰 반향을 불러일으켰음을 간파한 아베 정권은 그것을 정치적으로 이용할 가치가 있다고 생각했습니다. 그도 그럴 것이 아베 정권은 TPP* 참가 교섭을 비롯해 신자유주의적 정책으로 지방을 괴롭혀왔습니다. 2015년 4월의 통일지방선거를 앞두고 표면적이나마 위로책과 융화책을 취하지 않으면 피해가 크다고 생각했을 것입니다. 그것이 바로 〈마스다 보고서〉에 따른 '지방창생'이었던 거죠. (〈세계〉 2015년 5월호)

흥미로운 분석이다. 2012년 12월 26일, 민주당 정권을 쓰러뜨리고 다시 정권을 잡은 자민당과 제2차 아베 정권은 신자유주의 정책으로 지방과 1·2차 산업에 부담을 강요했다. 그 정부가 그후 지방선거(2015년 4월 통일지방선거)에서 좋은 성적을 얻기 위해 '지방'과 관련되어 있다는 것만으로 〈마스다 보고서〉라는 신자유주의적 정책 제안을 채용했다는 것이다.

당시 2014년 5월에 발표된 〈마스다 보고서〉가 총리실과 사전 협의 뒤 발표되었다는 신문 기사도 있고, '지방소멸'에서 '지방창생'으로의 변환은 확실히 지방에 대한 선거 대책으로서 시간을 들

---

* 환태평양경제동반자협정(Trans-Pacific Partnership Agreement). 아시아·태평양 지역의 관세 철폐와 경제 통합을 목표로 추진된 협력 체제. 미국과 일본이 주도하다가 보호주의를 주창하는 도널드 트럼프(Donald Trump) 대통령이 탈퇴를 선언하면서 총 11개국이 명칭을 CPTPP로 변경한 후 자국 내 비준을 거쳐 2018년 12월 30일 발효되었다.

여 용의주도하게 계획한 것처럼 보인다.

또한 마스다 히로야도 그후 지방창생과 관련된 여러 직책을 맡은 것으로 보아 정부와의 관련성은 명확하다. 마을·사람·일자리창생본부에 설치된 마을·사람·일자리창생회의의 구성원이 된 것도 그중 하나이다.

물론 모든 것이 관련된 것은 아니다. 예를 들면 지방창생 장관에는 마스다 히로야가 아닌 이시바 시게루(石破茂)가 임명되었다. 또한 정부의 지방창생에서는 앞에서 언급한 비선 대책본부로 거론된 4성(재무성, 국토교통성, 총무성, 후생노동성) 가운데 국토교통성이 미디어로부터 '재정뿌리기정책'으로 비난받아 추락하면서('재정뿌리기정책 반대'는 지방창생의 기본 방침 중 하나가 된다), 처음 4성에 속하지 않았던 경제산업성의 산업 정책이 널리 채용되었다. 이른바 비선 대책본부는 적절히 이용당한 것에 지나지 않지만, 모든 것이 잘되지 않았다고 해도 그것 나름의 일정한 목적을 달성했다고 할 수 있었다.

그 후에 일어난 하나의 예를 보면 양자관계를 보다 이해하기 쉬울지도 모른다. 이 〈마스다 보고서〉는 제2탄이 있었다. 이후 《도쿄소멸》(추코신쇼, 2015)이라는 책에 수록된 제언 '도쿄권 고령화 위기 회피 전략'(2015년 6월 발표)이다.

당시 왜 갑자기 '지방소멸'에서 빠른 속도로 진행되는 도쿄의 고령화 문제와 거기에 필요한 의료·간병인력·시설 부족이라는 문제를 '도쿄소멸'이라는 형태로 언급한 것일까? 잘 모르겠다고 하는 사람이 많았다. 하지만 지금 돌아보면 이 제언에 앞서 2015년 2월 25일부터 정부의 '일본판 CCRC(Continuing Care Retirement Community)* 구상 전문가 회의'(단장 마스다 히로야)가 시작되었는데, 〈마스다 보고서〉 제2탄은 이 회의가 목표로 하는 CCRC 사업을 지방창생에서 할 수 있도록 지원 사격하는 것이 목적이었다는 것이 확실하다. CCRC란 '계속적인 의료보호를 받을 수 있는 은퇴자 커뮤니티'인데, 이른바 도쿄권의 고령자를 빠른 시기에 지방으로 이주시켜 도쿄권에서 고갈될 수 있는 의료·간병 자원을 확보한다는, 실효성 없는 예산 낭비에 불과한 사업 제안이었다.

제2 보고서 발표 직후 같은 해 6월 30일 내각회의에서 결정된 "마을·사람·일자리창생 기본방침 2015"에 '일본판 CCRC 구상 추진'이 포함되었고, 반년 후인 같은 해 12월 11일에는 '생애활약 마을 구상(최종보고)'이 정해졌다. 그리고 12월 24일 내각회의에서 결정된 "마을·사람·일자리창생 종합전략(2015개정판)"에 CCRC가 포함되며 사업화가 확립되었는데, 그 나흘 전인 12월 20일에 신간 《도쿄소멸》이 간행된 것이다.

이와 같이 정부와 일본창성회의가 CCRC를 둘러싸고 이상할 만큼 관련되어 있다는 것은 명백하다. 당시 왜 이러한 것이 필요했는지는 다음과 같이 생각하면 잘 알 수 있다.

* 은퇴한 사람이 제2의 인생을 건강하게 즐길 수 있는 마을로서, 미국에서 생긴 개념이다. 건강할 때 지방으로 이주해 필요할 때 의료와 케어 및 요양 보호를 받으며 생활할 수 있는 장소를 뜻한다. 일본 정책에서는 생애활약마을이라고 하며 우리나라의 실버타운과 비슷하다.

예를 들어, 앞서 언급한 비선 대책본부로 드러난 부처 중 총무성은 지방이주사업 등으로 확실히 이득을 얻을 수 있었다. 그런데 후생노동성이나 국토교통성은 명확한 이득을 보지 못했고, 대신 원래 관계가 없었던 경제산업성이 이득을 보게 되었다. 'CCRC 정도야'라고 생각했던 것 같다. 그것을 정부와 일본창성회의가 하나의 공로에 대한 보상으로 공감하며 확실한 것으로 만들려고 한 것 같다. 그래서 제2차 제언은 그것을 확실히 살리려고 한 움직임이었다는 것이다.

확실히 구분되는 정부의 "장기 비전"

문제는 지방창생의 내용이다. 분석하기가 상당히 어렵지만 단순화하면 정부와 〈마스다 보고서〉 모두 인구 감소와 도쿄일극집중을 막아야 한다는 공통된 문제의식을 가졌다. 또한 본부를 설치하고 장기 비전과 종합전략을 결합한 것 등도 〈마스다 보고서〉의 설계대로다. 그러나 정부는 정책 방향성에서 〈마스다 보고서〉의 '선택과 집중'을 채용하지 않았고, 구체적인 정책과 사업 방향도 다르다. 또한 정부의 지방창생은 〈마스다 보고서〉와는 그 목적부터 다르다. 그러나 결국은 〈마스다 보고서〉와 같은 과오에 빠졌던 것 같다.

여기에는 도시의 정의가 다른 형태로 나타난다. 2014년 12월 27일 내각회의에서 결정된 "마을·사람·일자리창생 장기 비전"과 "마을·사람·일자리창생 종합전략"을 바탕으로 그 내용에 대해 분석해 보려 한다.

2014년 말 내각회의에서 결정된 두 문서 중 그 개념의 전제가 된 것이 "마을·사람·일자리창생 장기 비전"(이하 "장기 비전")이다. 이 장기 비전에 근거해 "마을·사람·일자리창생 종합전략"(이하 "종합전략")이 책정되었고(내각 관방·내각부 지방창생 홈페이지 참조), 이것이 지방창생 개념의 원점이다. 나는 이때 한 신문사로부터 코멘트를 요청받아 당일까지 전문을 읽고 있었다. 그 때의 기억을 되살려 간결하게 기술한다.

우선 이 문서들에서는 〈마스다 보고서〉와 같은 어투가 눈에 띄었다. 같은 사람이 썼다고 해도 이상하지 않을 만큼 문체가 닮았다. 물론 문체가 닮았다고 해도 두 문서의 논리가 완벽하게 동일하지는 않았다. 게다가 '마을·사람·일자리창생'의 이념편에 해당하는 "장기 비전"에는 지금까지 정부의 지방 정책을 답습해 지역의 지속가능성을 지키고자 하는 기본 자세가 나타나 있어 〈마스다 보고서〉에서 느낀 위화감은 없었다.

"장기 비전"은 3부로 구성되어 있다. 먼저 'I. 인구 문제에 대한 기본 인식'에서는 인구 감소가 기본적인 문제이며 이것을 풀기 위해 도쿄일극집중을 해소해야 한다는 인식을 강하게 드러낸다.

문제의식은 명확하다. 인구 감소와 도쿄일극집중 간에는 깊은 관계가 있고 이것을 막지 않으면 일본 경제 자체가 위태로워진다. 즉 인구 문제와 지방 문제를 해결함으로써 비로소 경제 문제를 해결할 수 있다는 논리다. 이 부분은 앞서 소개한 〈마스다 보고서〉의 내용과도 일치한다. '일본의 인구는 지나치게 늘어났으며, 인구 감소는 오히려 바람직한 것이다'라고 논할 수도 있지만, 이 책에서는 그러한 논의보다는 먼저 인구 감소에 대한 문제의식을 공유하고 논의를 계속해 나가고자 한다.

"장기 비전"에서는 이 기본 인식에 이어 문제 해결을 위한 'Ⅱ. 앞으로의 기본 시점'으로 다음 세 가지를 들었다. ①도쿄일극집중 시정, ②젊은 세대의 취직·결혼·육아에 대한 희망 실현, ③지역 특성에 맞는 지역 과제 해결.

먼저 주목할 것이 '③지역 특성에 맞는 지역 과제 해결'이다. 이것이야말로 하향식 '선택과 집중'에서 벗어나 지역과 정부가 협력해 가기 위한 큰 전제 이념이기 때문이다. 그리고 지역 과제를 해결하기 위해 "지방으로 이주하고자 하는 희망에 대응하여 지방으로 새로운 사람들의 유입을 만든다"라고 선언한 것도 〈마스다 보고서〉를 비판하는 쪽의 주장에 호응한 것이라고 할 수 있다. 오다기리 도쿠미의 논의를 필두로 한 '전원회귀·고향회귀'는 〈마스다 보고서〉 비판에 대한 대안으로서 가장 중요한 것이 되었다. 그것은 〈마스다 보고서〉를 무작정 받아들이지 않고 그 비판에 대해 정확히 대응했다(이후 지방 이주는 지방창생사업의 큰 정책 중

하나가 되었다).

'②젊은 세대의 취직·결혼·육아에 대한 희망 실현'에 관해서는 '아이쿠, 이런!' 하고 생각했다. 결혼과 육아에 대한 희망을 실현하기 위한 전제조건이 고용 확보와 경제적 기반 확보가 되면서, 육아를 중시하는 것이 아닌 육아와 취직을 양립하라고 주장하고 있기 때문이다. 인구 문제 해소를 목표로 하지 않고 인구 문제와 경제 문제의 양립을 목표로 하는 〈마스다 보고서〉와의 공통점이 나타난 부분이다. 어쨌든 이런 관점으로 진행되는 "장기 비전"의 'Ⅲ. 목표로 해야 할 장래 방향'은 〈마스다 보고서〉를 비판하는 쪽에서 보아도 수긍할 수 있는 내용이다. 그중에서도 '지방창생이 가져올 일본 사회의 모습'으로 그 첫머리에 "스스로 지역자원을 활용한 다양한 지역사회 형성을 목표로 한다"고 명시되어 있는 점은 주목해야 한다. 그 내용은 다음과 같다.

지방창생이 목표로 하는 것은 지역에 사는 사람들이 자기 지역의 미래에 대한 희망을 갖고 개성이 넘치고 풍요로운 생활을 영위할 수 있도록 지역사회를 형성하는 것이다. 인구 확대기의 천편일률적인 따라하기식 대처가 아니라 지방 스스로 지역 자원을 개발하고 그것을 활용한 대응이 필요하다. 또한 지방분권 확립이 그 기반이 된다.

지방이 희망을 갖고 활동할 수 있는 기반을 정부가 만들고 지방분권을 진행시킴으로써 각 지역이 그 다양성을 살리면서 활기찬 생활을 실현해 가는 것, 이것이 지방창생이 목표로 하는 것이다(이렇게 씌어 있다). 그러한 지역사회가 실현됨으로써 지방으로 사람들이 돌아오고 도쿄일극집중을 해결하여 인구 회복(또는 유지)이 이루어진다는 것이다.

정부의 "장기 비전"에서는 내가 우려했던 〈마스다 보고서〉의 치명적인 사상적 결함(지역 문제에 '선택과 집중'을 적용한 것과 지방분권을 부정한 것)이 정확히 해소되어 있었다. 여기까지만 읽었을 때는 〈마스다 보고서〉와 정부가 동일한 사고에 근거해 움직이고 있다고는 생각되지 않았다. 하지만 논리는 이 "장기 비전"과 같은 날 책정된 "종합전략"에서 완벽하게 변질된다. 그것은 정말 괴상한 전환이었다.

"종합전략"의 논리 바꾸기

"장기 비전"이 작성된 후 구체적으로 진행될 향후 5개년 전략을 그린 "종합전략"에도 일단은 다음과 같이 'I. 기본적인 사고방식'이 제시되어 있는데, 무엇보다 "장기 비전"의 사고를 답습해 "종합전략"이 수립되었다는 것을 알 수 있다.

"일자리가 사람을 불러들이고 사람이 일자리를 불러들이는 선순환을 확립하고 그 선순환을 유지하는 마을에 활력을 가져온다." 즉 마을·사람·일자리가 악순환에 빠져 있기 때문에 그 관계를 선순환으로 되돌리자는 것이다. 선순환이라는 말에서 마을·사람·일자리의 상호관계 균형을 잡는 것이 중요하고, 무언가를 강하게 추진하는 것이 아니라 서로의 관계를 배려하여 전체 관계를 개선하는 것이 목표인 듯한 인상을 받는다.

"종합전략"이 세워지기 전인 2014년 11월쯤 한 연구회에서 정부 관계자가 "마을·사람·일자리에서 '사람'이 가운데 있는 것은 사람이야말로 중심이기 때문이다"라고 해설하는 것을 들었다. 정부는 처음부터 선순환의 중심에 '사람'이 있다고 생각하고 "사람이 일자리를 만들고 마을을 만든다"라는 종합전략을 세우려 했다고 해석할 수 있다. 처음부터 인구감소 문제가 모든 것의 발단이고 그것을 해결하는 것이 목적이기 때문에, '사람' 문제가 기본이며 '사람'을 축으로 전략이 전개되는 것이 본래의 줄기였다.

그런데 이런 기대는 여기까지 읽고 갑자기 배신당한다.

"종합전략"의 본문을 자세히 살펴보면, 사실 이 '선순환'에는 "장기적으로는 ㅇㅇㅇ가 필요"하다는 유보 단서가 붙어 있다. '장기적'이란 말의 정확한 의미는 무엇일까 의문이 드는 중에 "종합전략"은 다음과 같은 억지 논리로 전환된다. 즉 'Ⅲ. 앞으로의 시책 방향'이라는 구체적인 사업에 논리를 반영하기 직전에 갑자기 이렇게 말하기 시작한다.

기본목표 ①지방에 안정된 고용을 창출한다: '일자리'와 '사람'의 선순환 만들기를 확립하기 위해 우선은 **지방에서의 '일자리' 만들기부터 착수한다.**…그것을 위해서는 지방에 매년 젊은 세대 10만 명에 해당하는 안정된 고용을 만들어낼 수 있는 튼튼한 지역산업의 경쟁력을 강화시키는 것에 열을 올릴 필요가 있다(강조는 필자의 것임).

'마을' '사람' '일자리'의 선순환 이야기가 아니었던가? 그런데 갑자기 '우선은 일자리'로 주장이 변질되었다. 즉 '사람'(인구 문제)이 아니고, '마을'(마을 만들기)도 아니고, '일자리'(경제 문제) 중심의 전략으로 진행한다고 갑작스레 이야기를 살짝 바꾼 것이다. 이 '논리 살짝 바꾸기'는 지극히 중요하고 동시에 작위적으로 보인다. 여기에는 어떤 의도가 들었다. 그렇게밖에 볼 수 없다. 지금까지 용의주도하게 논리를 구축해 와놓고는 살짝 논리를 전환했다. '사람'에서 '일'로 논리를 전환함으로써 "종합전략"은 "장기 비전"이 가지고 있던 논리에서 크게 벗어나 별도로 전개되기 시작했다.

이미 이 시점에서 추경예산을 근거로 제시된 '정책 패키지'를 보아도 "종합전략"이라고 하면서도 이상하게 산업 정책에 특화된 것이었다. 구체적인 사업 대부분이 산업 부문이다. 그것도 농림수산업과 같은 지방 기간산업의 유지·육성이 아닌 벤처나 이노베이션이 강조되고 해외 자본의 직접투자 촉진까지 명문화되어 있어, 글로벌 자본주의 안에서의 생존·경제 경쟁을 지역이나 1차 산업에 강요하는 전략이다.

더욱이 반년 후 이 '우선은 일자리' 정책은 2015년 6월 30일 내각회의에서 결정된 "마을·사람·일자리창생 기본방침"에 따라 로컬아베노믹스와 수익력이 지방창생에 추가되었다. 이렇게 본래는 '마을' '사람' '일자리'의 선순환이었던 것이 '지방이여, 벌어라' '생산성을 높여라'로 전환되었다.

그 생각이 명확히 드러나 있는 자료(《그림 1-1》)를 하나 소개한다. 이것은 2017년 11월 단계에서 마을·사람·일자리창생사업의 전체상을 나타낸 정부의 자료. 여기에는 분명히 "지방의 '평균소득 향상'에 의한 '일'과 '사람'의 선순환 만들기"라고 기재되어 있다. 소득이 늘어나면 사람이 늘어난다는 이 논리에 대해서는 제2장에서 비판적으로 검토할 것이다.

왜 논리를 살짝 바꾸었을까

한편 지방분권은 어떻게 되었는가?

"장기 비전"에서 명문화된 지방분권은 "종합전략"에서는 뒤로 빠지고 단지 '중요한 주제'라고 한 마디 언급될 뿐이다. 게다가 본래의 목적이었던 '지방인구감소 문제'를 해결한다는 내용도 사라지고 경제 문제만 해결하면 인구 문제도 지방 문제도 모두 해결된

〈그림 1-1〉 마을·사람·일자리창생의 전체 개념도

마을·사람·일자리창생 종합전략

주요 시책	주요 시책과 KPI

주요 시책

① 생산성 높고 활력 넘치는 지역경제 실현을 위한 종합 활동
- 지역 기술의 국제화(로컬이노베이션), 지역의 매력을 브랜드화(로컬 브랜딩), 지역 일자리 고도화(로컬서비스 생산성 향상)
- 사업승계 원활화를 위해 세무사 지식을 M&A에 활용한 실증적 사업
- 지역경제를 이끄는 지역미래견인사업을 지원하기 위해, 법적 틀을 비롯해 새로운 세제·보조제도, 금융, 규제 완화 등 다양한 정책 수단을 조합해 집중 지원

② 관광업을 강화하는 지역에 연계체제 구축
- 일본판 DMO후보 법인등록제도의 효과적 운용에 따른 우수 사례의 수평 전개 등을 실시, DMO의 안정적인 재원 확보 검토
- 스포츠 투어리즘 추진, 전통민가 등 역사적 자원 활용
- 관광소비 확대 등을 위한 환경 정비

③ 농림수산업의 성장산업화
- '농림수산업·지역활력창조플랜' 개정(생산자재 가격 인하, 유통·가공 구조 개혁, 생우유 유통 개혁, 토지개량제도 재검토, 수입보험제도 도입, 수출 인프라 정비)
- 재외공관, 재팬하우스[1]를 활용한 농림수산물과 식품 수출 확대
- 농공법 재검토 등으로 지방창생에 이바지하는 농가 민박과 위성 사무실, ICT, 바이오매스, 일본판 CCRC 추가

④ 지방으로의 인재 유입, 지방에서의 인재 육성, 고용대책
- 전문인재 유입 가속화, 도시부 대기업과의 연계 강화로 다양한 인재 교류

① 정부 관계기관의 지방 이전
- 착실히 정부 기관의 이전 추진, 위성사무실 가능성 검토

② 기업의 지방거점 강화, 기업 등의 지방 채용·취업 확대

③ 지방 이주 추진
- 어린이를 포함한 도시와 농산어촌 교류 추진, 농가 민박, '생애활약마을 (일본판 CCRC)' 추진
- '지역살리기 협력대' 확충

④ 지방대학 진흥 등
- 지식의 거점으로서의 지방대학 강화 플랜, 지역출신학생 정착 플랜, 지역재교육성 플랜
- 지방대학 진흥, 지방고용 창출, 도쿄 내 대학 신·증설 억제 및 지방 이전 촉진 등 검토

⑤ 지방창생 인턴십 추진

① 저출산정책에 있어서 '지역 접근' 추진

② 젊은 세대의 경제적 안정

③ 출산·육아 지원

④ 지역 실정에 맞는 '일하는 방식의 개혁' 추진
- '지역의 일하는 방식 개혁회의'의 일하는 방식 개혁 추진(포괄적 지원, 적극적 지원, 지방취업·자립 지원 등의 활동 보급)

① 마을 만들기, 지역 연계
- 빈점포대책에 대한 보상과 벌금 양면 검토
- 크라우드펀딩 등을 통한 빈 점포 재생을 위한 부동산 특정 공동사업 제도의 재검토

② '작은 거점' 형성(마을생활권 유지)
- 지역운영조직의 지속적 활동을 위한 농협과 상공회 등과의 연계, 지역 연고형 조직의 법인화에 적합한 제도의 바람직한 방안 검토

③ 도쿄권을 비롯한 대도시권의 의료·간호 문제 저출산 문제에 대한 대응

④ 주민이 지역방재를 책임지는 환경 확보

⑤ 고향 만들기 추진

⑥ 건강하게 장수해서 스스로 생계를 유지해 갈 수 있는 마을 만들기 추진

⑦ 온실효과와 가스배출을 없애는 지역 만들기

주요 시책과 KPI

지방의 평균소득 향상에 따른

○ 농림수산업의 성장산업화
- 6차산업화시장 10조 엔: 5.1조 엔(2014년도)
- 농림수산물 수출액 1조 엔: 7,451억 엔(2015년)

○ 관광업 강화 지역의 연계체제 구축
- 방일외국인여행 소비액 8조 엔: 3조 4771억 엔(2015년)

○ 지역핵심기업과 후보 지원
- 3년간 2,000사 지원 로컬이노베이션 분야에서 지역핵심기업 후보의 평균 매상고를 5년간 3배(60억 엔)
- 고용자수 8만 인 창출: 0.1만 명(2015년도)

○ 지방 이주 추진
- 연간 이주 알선 11,000건: 약 7,600건(2015년도)

○ 기업의 지방거점기능 강화
- 거점강화 건수 7,500건 증가: 1,403건※ · 고용자수 4만 명 증가: 11,560명※
※ 지역재생계획(2018.11)에 기재된 목표치

○ 지방대학 활성화
- 출신지역 대학으로의 진학자 평균 비율 36%: 32.2%(2016년도)

○ 젊은 세대 경제적 안정
- 청년 취업률 79%로 향상: 76.1%(2015년)

○ 임신·출산·육아의 지속 지원
- 원하는 임신부에 대한 지원 실시 100%: 86.4%(2015년도)

○ 일하는 방식의 개혁과 일·생활·균형 실현
- 남성의 육아휴직률 13%: 2.65%(2015년)

○ '작은 거점' 형성
- '작은 거점' 형성 수 1000개소: 722개소(2016년도)
- 주민활동조직(지역운영조직) 형성 수 3,000단체: 1,680단체(2015년도)

○ '연계중핵도시' 형성
- 연계중핵도시 형성 수 30권역: 17권역(2016년 10월)

○ 기존 스톡 메니지먼트 강화
- 중고·리모델링 시장규모 20조 엔: 11조 엔(2013년)

※ 출처: '지방창생 활동에 대해' 내각 관방 마을·사람·일자리창생본부 사무국·내각부 지방창생추진사업국 자료(2017년 11월

(2016 개정판) (~2019년도)	장기 비전

<table>
<tr><td>기본 목표(성과지표 2020년)</td><td>중장기 전망
(2060년 목표)</td></tr>
</table>

일자리와 사람의 선순환 만들기

① **지방 일자리 만들기, 안심하고 일할 수 있는 환경 만들기**
- ◆ 청년고용창출수(지방)
  2020년까지 5년간 30만 명 현황 : 9.8만 명
- ◆ 젊은 세대의 정규직 비율
  2020년까지 모든 세대와 같은 수준
  15-34세 비율: 93.6%(2015년)
  전체 세대의 비율: 94.0%(2015년)
- ◆ 여성 취업률 2020년까지 77%: 71.6%(2015년)

② **지방으로 새로운 사람들의 유입 형성**
- ◆ 지방·도쿄권 전출입 균형(2020년)
  · 지방 → 도쿄권 전입 6만 명 감소
  · 도쿄권 → 지방전출 4만 명 증가
  현황: 연간 12만 명 전입 초과(2015년)

③ **젊은 세대의 결혼·출산·육아에 대한 희망 실현**
- ◆ 안심하고 결혼·임신·출산·육아를 할 수 있는 사회라고 생각하는 사람들의 비율 40% 이상: 19.4%(2013년도)
- ◆ 첫아이 출산 전후 여성의 계속취업율 55%: 53.1%(2015년)
- ◆ 결혼희망실적지표[2] 80%: 68%(2010년)
- ◆ 자녀수 예정(2.12) 실적지표 95%: 93%(2015년)

선순환을 유지하는 마을 활성화

④ **시대에 맞는 지역 만들기, 안정된 생활을 지키고 지역과 지역을 연계하기**
- ◆ 입지적정화계획[3]을 작성한 시정촌 수
  150시정촌 : 4시정촌(2016년)
- ◆ 입지적정화계획으로 지정된 유도시설에서, 시정촌 전체에 있는 해당 시설 수에 대해 도시기능 유도구역 내에 입지한 해당 시설수가 차지하는 비율이 증가한 시정촌 수: 100시정촌
- ◆ 시정촌 전체 인구에 대해, 거주 유도구역 내에 거주하는 점유인구 비율이 증가한 시정촌: 100시정촌
- ◆ 대중교통이 편리한 구역에 거주하는 인구비율
  (3대 도시권)　　　90.8%　　　: 90.6%(2015년도)
  (지방중핵도시권)　81.7%　　　: 79.1%(2015년도)
  (지방도시권)　　　41.6%　　　: 38.7%(2015년도)
- ◆ 지역 대중교통 재편 실시계획 인정 총수 100건: 13건(2016년 9월 말)

I. 인구감소 문제 극복
◎ 2060년에 1억 명 정도의 인구 유지

- ◆ 인구감소 제어
  · 국민의 희망이 실현된 경우의 출산율(국민희망출산율) = 1.8

- ◆ '도쿄일극집중' 시정

II. 성장력 확보
◎ 2050년대 실적 GDP성장율 1.5-2% 정도 유지(인구 안정화, 생산성 향상이 실현된 경우)

※주
1) 외무성 주관으로 전략적인 대외 소통 강화를 위해 해외에 설치한 정보발신거점.
2) 18-34세 중 기혼자와 5년 이내 결혼을 희망하는 사람의 합계에 대한 5년 후인 23-39세 기혼자의 비율.
3) 도시의 중심부에 거주 및 각종 기능을 집약시킨 고밀도 마을을 형성하는 콤팩트시티 개념. 지방 도시의 활성화를 위해 도시 소형화 및 대중교통망 재구축을 통한 교통 네트워크 형성과 광역적 기능을 연계하고자 함.

다는 말만 하고 있다. 그래서 오히려 글로벌 자본주의를 지방에 관철시키는 것이 목적으로도 보인다(지금 생각하면 현 정권은 '국가전 략특구'*라는 선택적 제도개혁사업 도입을 정말로 지방분권이라고 생각한 것 같다).

결국 지방창생의 뚜껑을 열어보면 이념은 꽤 알차 보이지만 구체적으로 진행하는 것은 '지방의 일자리 만들기'이며, 지금까지 개입할 수 없었던 지방산업 영역에 새로운 자본을 도입하는 셈이 다. 산관학금노언†라는 말도 사용되었듯이, 모든 것을 비즈니스 기회로 만들려는 것 같다. 논리를 살짝 바꾸어 본래의 목적인 인 구감소 문제는 어디론가 사라져버리고 지방창생이라는 이름을 빌린 중앙경제계의 지방진출전략이 전개되었다고 해석할 수 있 다.

이렇게 '마을·사람·일자리창생'에 숨겨진 논리를 해석한 뒤 앞의 "장기 비전"을 다시 꼼꼼히 읽어 보면, 인구 감소를 저지한다 는 본래 의도와 먼 기묘한 내용이 들어 있다는 것도 알게 된다. 예 를 들면 다음과 같다.

"지역과 국내에 한정하지 않고 해외 시장과 연결됨으로써 농

---

* 일본경제재생본부에서 제안하여 제2차 아베 내각이 성장 전략의 하나로 내세운, 국가전략특별구역법 2조에 따라 지역 진흥 및 국제경쟁력 향상을 목적으로 규정 된 경제 특별지역이다.

† 아베 신조 정권이 내세운 캐치프레이즈로서, 지역창생 활동에 중심이 되는 산업계, 관청, 대학, 금융기관, 노동단체, 언론계 등 6개 영역의 각 대표글자를 딴 말이다.

림수산업과 관광 등에서 큰 비약적 기회를 만들 수 있다."" "지방의 풍부한 지역 자원과 ICT(Information and Communication Technology, 정보통신기술)를 이용해 새로운 이노베이션을 일으킴으로써 활력 있는 지역사회 창생이 기대된다."

'지방소멸'이 인구감소 쇼크를 이용해 사람들의 이목을 끌고, 그리고 나서 교묘하게 논리를 살짝 바꾸어 일부 사람들의 생각을 달성하고자 하는 의도를 내포한 것이었다면, '지방창생'도 그렇다. 그것이 처음부터 의도된 것이었는지 모르겠지만 결과적으로 그렇게 봐도 무방한 것이 되어버렸다. 어쨌든 이것이 지방창생의 시작이다.

이런 식의 지방창생을 추진하면 도쿄일극집중은 점점 가속화되고 인구 감소도 계속될 것이다. 도대체 누가 이런 논리 전환을 행한 것일까? 어쩌면 단순한 논리 맞춤이었을지도 모르지만, 국가의 큰 비전을 세우는 데 이런 잔꾀를 부려도 될까? 간과할 수 없는 성의조차 없는 '살짝 바꾸기'라고 할 수 있다.

PDCA사이클과 KPI의 잘못된 사용법

준비된 지방소멸의 올가미는 이것뿐만이 아니다. 여기에는 앞에서 말한 객관주의와도 통하는 묘한 수법이 들어가 있다. 바로

PDCA사이클과 KPI(Key Performance Indicator)*다.

현재 정부 시책 곳곳에 들어 있는 수법이지만 적어도 지방창생에서는 대단히 나쁜 방향으로 갈 수 있는 구조다. 이것에도 주의해야 한다.

그뒤 정부의 "장기 비전"과 "종합전략"에 대응해 각 지자체에 일 년 정도 시간을 들여 지역판 인구비전과 종합전략을 세우도록 했다. 게다가 전략으로서 PDCA사이클에 준해 사업을 전개하도록 요구했다.

PDCA사이클이란 사업을 관리·운영해 가는 수법으로서, 기업경영 현장에서 시작해 행정경영에서 응용되는 것이다. Plan(계획)→ Do(실행)→ Check(평가)→ Act(개선) 등 4단계로 이루어지고, 이것을 되풀이함으로써 업무를 계속적으로 개선한다. 그리고 계획과 평가 단계에서 KPI를 설정하고 계획을 눈에 보이는 형태로 목표화해 그 달성도를 적절하게 평가함으로써 개선할 수 있다는 것이다. 사업 목표를 수치화하고, 그것을 위해 PDCA를 확립하고 눈에 보이는 형태로 사업을 체크하며 확실하게 진행해 가자는 것이다. 지방창생 핵심의 하나인 이러한 객관주의 방식에도 주의하자.

PDCA와 KPI는 사용법만 맞으면 지방창생에서도 적절한 사업운영에 도움이 된다. 그런데 지방창생은 앞에서 언급한 것처럼

---

* 핵심성과지표. 목표를 달성하기 위해 핵심적으로 주시하고 관리해야 하는 지점들에 대한 성과지표를 말한다.

'지방 일자리 만들기' 사업이 되어버렸다. 지방창생이 '일자리 만들기'로 방향이 정해지자 KPI는 당연히 창출된 고용자 수나 소득액 증가와 같은 것이 되었다. 게다가 지방창생이 어느새 '지자체간의 경쟁'이 되어 중요한 PDCA가 정상적으로 순환되지 않고 각지자체의 경쟁을 부채질하는 장치로 왜곡되었다. 어떻게 된 일인가?

PDCA 기법을 적용할 경우에는 시행착오나 실패는 당연한 것이다. 실패를 인정해야만 비로소 적절한 정책을 유도할 수 있다. 그러나 그것이 경쟁으로 부채질되면서 지자체는 어떻게든 결과를 보이며 '이만큼 됐으니 평가해 달라'고 하게 되었다. 그리고 성적이 좋은 곳은 정부로부터 더 많은 재원을 지원받게 되는 보조금획득 경쟁으로 확대되었다.

PDCA는 경쟁과는 맞지 않는다. 정책 '평가'는 지자체가 하면 되는 것으로, 그것을 정부가 위에서 개입하면 지자체의 PDCA는 제대로 시행되지 못한다. 그렇다면 왜 지방창생이 이러한 경쟁이 되어버렸는가? 거기에는 당시 장관의 존재가 있다. 우리는 신중하게 이때 무슨 일이 있었는지 확인하지 않으면 안 될 것이다.

경쟁과 도태(도시의 정의 4)

"장기 비전"과 "종합전략" 발표 직후인 2015년 1월, 이시바 시게루 장관이 지자체 간 경쟁의 필요성을 강조하는 발언을 되풀이했다. 그때의 발언 내용을 단적으로 전하는 기사를 보면 다음과 같다.

> 이시바 시게루 지방창생 장관은 블룸버그* 뉴스(Bloomberg News) 인터뷰에서 각 지자체에 경쟁 원리를 도입하는 것이 지방 활성화에 불가결하며, 결과적으로 격차가 생기는 것도 어쩔 수 없다는 인식을 표명했다.
>
> 이시바 지방창생 장관은 지자체들에게 "경쟁하라는 것인가? 그렇다. 그렇다면 격차가 생기지 않는가? 당연하다"라고 말했다. 노력한 지자체와 노력하지 않는 곳을 똑같이 대하면 "나라 전체가 망한다"라고 말했다. 정부 관여는 교육과 사회복지 등 최저한도의 생활수준을 유지하는 내셔널 미니멈(national minimum) 보장에 그쳐야 한다고 말했다. (Bloomberg.co.jp, "이시바 지방창생 장관: 격차 '당연하다', 지방자치단체는 경쟁을", 2015년 1월 26일.)

* 금융시장의 뉴스와 데이터, 분석 정보를 서비스하는 미국의 미디어 그룹. 1981년 마이클 블룸버그(Michael Bloomberg)가 뉴욕에서 설립했고, 세계 금융가에서 신뢰받는 뉴스 매체로 성장해 91개국의 14만여 고객에게 전용 단말기를 통해 정보를 제공한다.

더욱이 이 기사는 이시바 장관의 발언을 해설하기 위해 다음과 같은 전문가의 목소리를 함께 담았다.

미즈호(mizuho) 종합연구소의 오카다 유타카(岡田豊) 주임연구원은 이시바의 정책에 대해 "주민에 대한 경고다"라고 지적, 가만히 있어도 10년, 20년 뒤에는 유지할 수 없는 지자체가 생겨난다, "늦기 전에 하자는 것이다"라고 진술했다. 지자체는 지금까지 무엇을 해왔는지 문제되고 있다며 "결과적으로는 자연도태될 가능성이 있다"라고도 이야기했다.

이시바 장관의 이와 같은 발언은 다른 보도에서도 알 수 있다. 이것을 읽으면 정말로 지방창생 대신 지방개혁의 신자유주의 노선을 긍정하고 추진하려는 것처럼 보인다. 또한 오카다 유타카는 이것을 "주민에 대한 경고다" "결과적으로는 자연도태될 가능성이 있다"라고 하여, 이시바 장관의 발언이 경쟁에 의한 지방소멸도 어쩔 수 없다는 뜻으로 받아들여지게 만들었다. 실제로 당시 많은 사람들이 그렇게 받아들인 것 같다. 그래서 '지자체 간 경쟁이다. 지면 파멸이다'라는 분위기가 조성되었다고 생각한다.

여기에서 이시바 장관은 '내셔널 미니멈', 즉 최저생활수준은 보장한다고 했다. 사실은 도태와 버리기를 인정한 발언이 아니다. 또한 이 시기의 아베 총리는 시정 방침 연설에서도 "고향을 소멸시켜서는 안 된다"라고 분명히 말했다. 자민당의 이 방침은 지금도 살아 있으며 결코 '경쟁→ 도태'는 정부의 방침이 아니다. 기사 후반부의 오카다 유타카의 발언에도 인용되었고, 기자가 장관의 발언을 선정적으로 쓴 결과 이런 이미지가 전개된 것 같다. 그리고 이것은 당시 미디어가 전개한 "지방창생은 새로운 재정뿌리기 정책인가"라는 과잉 비판에 이시바 장관이 지나치게 민감해져 경쟁 발언으로 이어졌다고 볼 수도 있다.

보조금획득 경쟁

이시바 장관의 발언은 아마도 이런 의도였을 것이다.

지방이 살아남기 위해 최소한으로 필요한 것은 정부가 확실히 돌봐준다. 그러나 지방 스스로 정책을 입안하고 지역 재생을 위해 능력을 갈고 닦아 사람을 모으고 키우는 프로세스가 작동하지 않으면 지방도 도쿄도 함께 쓰러져버린다. 우선은 솔선해서 움직이는 지자체가 이 문제 상황으로부터 돌파구를 열고 다른 지역을 끌고갈 필요가 있다. 그러기 위해서는 모든 곳에서 지방창생사업을 하는 것이 아니라 싹이 나올 가능성이 있는 곳에 집중적으로 재정과 인재를 투입해 지방과 중앙이 함께 살아남는 확실한 길을 찾아가고 싶다.

그러나 '자치단체에 경쟁을 촉구한다'는 장관의 의향은 전문

가의 반응을 보면 알겠지만 그러한 의도를 넘어 "이 경쟁에서 살
아남지 못하는 지자체에는 더 이상 예산을 주지 않겠다"라는 말로
받아들여졌다. 이시바 장관은 최저생활수준을 지킨다고 말했는데
도 경쟁 부분만 확대해석되었다. 그리고 그것은 많은 국민의 의식
을 반영한 것이었다고 생각된다.

지금 기억을 떠올려보면 마침 이 발언 직후였다고 생각한다.
역시 지방창생 연구회에서 내각 관방의 총무성 관계자 설명이 매
우 마음에 걸렸던 것을 기억한다. 그는 "재원이 모자란 지자체를
지원하는 것이 대안이라고 생각한다. 그러나 경쟁 방식이기 때문
에 앞으로는 (인구 등의 수치로) 성과를 낸 지자체로 보다 많은 재원
을 지원하게 된다"라고 말했다.

지역을 재생하고 지키기 위한 지방창생이 아닌 지역 간 경쟁
을 촉구하기 위한 지방창생이 되어버린 순간이라고 할 수 있다.
그리고 이 '경쟁'은 당시 이미 정부에서도 (도태까지는 아니더라도)
지자체 간에 적어도 주민이 얻을 수 있는 서비스에 차이가 생기는
것을 시인한 것이었다.

국가 재원을 중앙이 쥐고 있어서 그 배분에 각 지방의 사활이
걸려 있을 때, 수도꼭지를 닫고 경쟁을 요구하면 어떻게 될까? 그
것도 '벌어라'라고 강요하면서 말이다. 인구가 줄고 젊은층도 뺏
긴 상태에서 정부로부터도 버려지지 않으려면 벌기 이전에 고향
납세든 뭐든 우선 돈을 모아오는 수밖에 없다. 각 지자체는 냉정
하게 인구증가대책을 생각하기 전에(정책 경쟁을 궁리하기 전에) 우

선 보조금을 따와야 하기 때문에 보조금획득 경쟁이 중요해졌다.

재원은 원래 인구를 회복한 곳에 지원하는 것이기 때문에 결국 이주든 뭐든 전입만 많으면 좋은 것이 되어, 지자체들이 다른 지역의 사람들을 자기 동네로 이사 오길 바라는 이주정책에만 집중하게 되었다. 이렇게 인구획득 경쟁이 시작된다. 인구감소대책을 위해 시작된 정책이 KPI나 PDCA라고 하지만, 오히려 이것들 때문에 수치로 보여주는 경쟁이 심화되었다. 결국 실제로는 각 지자체의 재원 확보와 그것을 위한 산정 기준이 되는 인구확보 경쟁으로 전환되어 버렸다.

인구 감소의 정체

지금까지 '지방소멸론'에서 정부의 '지방창생'으로의 과정과 논리 전개를 쫓아왔다. 지방소멸도 지방창생도 목적은 인구 감소를 저지하는 데 있고, 그 때문에 인구 감소의 원인이 되는 도쿄일극집중을 막는 것에서부터 시작되었다. 그러나 왠지 지방소멸도 지방창생도 정면에서 인구 감소와 도쿄일극집중에 몰두하지는 않았다.

지방소멸은 20만 명 정도의 사람들이 도시에 집중하도록 했고, 지방창생의 중심은 '지방에 새로운 일자리 만들기'로 귀결되었다. 공통되는 것은 사람(인구) 이야기를 하면서 돈(경제·재정·산업) 이야기를 하고 있다는 것이다. 게다가 이 모든 것을 도쿄 본부에서 명령한다. 도쿄일극집중을 도쿄의 명령으로 저지한다. 또한 경쟁을 시킨다. 자연도태될 가능성도 있지만 경쟁을 시켜 오히려 소멸을 재촉한다.

민간에서 말하는 지방소멸론이 다소 이상한 이야기가 되었지만 그건 그것대로 괜찮다. 오히려 그 비판을 포함해 다양한 이론들이 논의된다면, 문제에 대한 국민 의식이 높아지고 생각하는 계기가 되는 등 플러스 효과가 있었다고 인정해야 할 것이다. 이에 비해 정부의 정책 내용이 성실하지 않은 것은 불행한 일이다. 이 나라에서는 아직 인구 문제 해결이 목적이 아니다. 최근 몇 년째 주장하는 것 같지만 지방창생은 뭔가 다른 목적을 위한 수단인 것 같다. 요컨대 인구 문제는 '쇼크 독트린'(Shock Doctrine)*으로 이용된 것에 지나지 않는다. 그래서 정책 내용이 모순되었어도 정책 현장에서는 그 자체가 문제시되지 않는 것이다. 그리고 PDCA사이클도 KPI도 그 정책 목적에 인구 문제 해결이 없기 때문에 전혀 다른 작용을 하게 된다.

그러나 이 책에서 논하고 싶은 진짜 문제는 단지 이러한 '도시의 정의로 움직이는 지방창생이 이상하다'에서 끝나지 않는다. 여

---

* 대참사를 이용해 실시되는 과격한 시장원리주의 개혁을 의미한다. 2007년에 발간된 캐나다 출신의 저널리스트 나오미 클라인(Naomi Klein)의 책 제목에서 유래했다.

기서 '도시의 정의'라고 일괄하고 있는 것이야말로 정말로 멈추지 않는 인구 감소의 본질이 아닐까 하는 것이다.

　이 나라는 지금 인구 감소를 막기 위해 다양한 것을 현장에 요구하고 있지만 그것이 바로 인구 감소를 일으키는 원흉은 아닐까? 도시의 정의에 끌어들여진 지방창생이야말로 오히려 도쿄일극집중을 일으키고 지방을 쇠퇴시켜 결국 인구 재생산을 저해하고 있다고 분석할 수 있다. 이것을 알아차리기 위해서는 우선 문제가 되고 있는 인구 감소가 왜 멈추지 않는지 그 원인을 밝혀낼 필요가 있다. 이것이 도쿄일극집중과 깊이 관계되어 있다고 하기 때문이다. 다음 장에서는 이 인구 감소의 정체에 대해 살펴보자.

제2장

도시화가 초래한 인구 감소

1. 인구감소 사회의 정체

아이가 태어나지 않는 사회

인구 감소는 왜 발생하는가? 〈그림 2-1〉이 보여주듯이 일본의 인구피라미드는 제2차 베이비붐 세대인 1971-1974년생을 정점으로 그 이후 점점 축소되는 형태를 띠고 있다. 아이들이 태어나기 어려운 사회가 오히려 정상인 것처럼 되어, 해를 거듭할수록 태어나는 아이들이 줄어들어 인구 감소화가 멈추지 않게 되어버렸다. 이렇게 계속 가면 얼마 지나지 않아 아이들이 태어나지 않는 사회가 되고, 결국 인구피라미드는 근본부터 무너질 것이다.

인구 감소에 직면해 우선 왜 이런 상황이 발생하는지 그 메커니즘을 제대로 알아볼 필요가 있다. 물론 일본 인구 1억 2천만 명

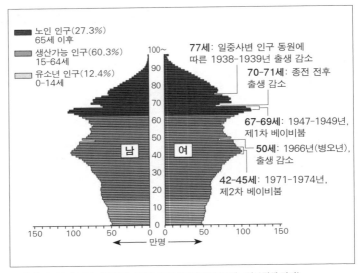

※ 출처: 2018년 일본 인구동태, 후생노동성 정책총괄관(통계 · 정보정책 담당)

〈그림 2-1〉 **일본의 인구피라미드(2016년 10월 1일 현재)**

이라는 집단에서 발생하는 출생의 비밀을 간단명료하게 설명하는 것은 쉽지 않다. 또한 이것은 국민 개개인의 삶의 방식, 그리고 가족과 관련된 매우 민감한 문제이기 때문에 현실적으로 간단하게 접근할 수 있는 것도 아니다. 실제로 다양한 원인이 복잡하게 얽혀 있고 중첩되어 있다.

중앙정부와 일본창성회의에서도 인정한 '인구 감소와 도쿄일극집중' 간의 관계를 살펴보면, 현재 진행되는 인구 감소의 과정이 어떻게 이루어지는지 전체적인 흐름을 파악할 수 있다.

이에 제2장에서는 왜 인구 감소가 멈추지 않는지에 대한 여러 주장을 비교해 보고자 한다. 특히 "도쿄일극집중이 인구 감소의 원인"이라는 주장이 어떤 사실을 전제로 해서 도출된 것인지 명확히 살펴보려 한다.

인구밀도가 높은 지역일수록 출산율이 낮다

〈그림 2-2〉는 '인구 감소와 도쿄일극집중'의 관계를 설명하는 데 자주 사용되는 그래프로, 일본의 47개 도도부현(都道府県)*의 출산율을 비교한 것이다. 여기에서는 2015년(헤이세이 27년)의 '기간 합계특수출산율'을 기준으로 하는데, 기간합계특수출산율은 아이를 낳을 수 있는 여성 15-49세까지의 연령별 출산율을 합한 것이다. 즉 특정 기간 한 해에 여성 한 명당 출산한 자녀수를 집계한 것이다(이하 합계특수출산율 또는 출산율로 약칭함).

그런데 이 수치는 사회 구성원의 재생산을 위해 여성과 남성 둘이 있어야 함에도 불구하고 남자는 포함되지 않고 여성 한 명당만을 기준으로 한다. 또한 사회 구성원의 재생산은 출생(출생의 용이성과 어려움)과 사망(사망의 용이성과 어려움)에 따라 결정되므로,

---

* 일본의 광역 자치단체인 도[都(토, 도쿄도)], 도[道(도오, 홋카이도)], 부[府(후, 오사카부와 교토부)], 현[県(켄, 나머지 43개 현)]을 묶어 이르는 말이다.

〈그림 2-2〉 도도부현별 합계특수출산율(2015년)

도도부현	2015년 (a)	2014년	2010년 (b)	증감율 (a-b)
홋가이도	1.31	1.27	1.26	0.05
아오모리	1.43	1.42	1.38	0.05
이와테	1.49	1.44	1.46	0.03
미야기	1.36	1.30	1.30	0.06
아키타	1.35	1.34	1.31	0.04
야마가타	1.48	1.47	1.48	0.00
후쿠시마	1.58	1.58	1.52	0.06
이바라키	1.48	1.43	1.44	0.04
도치기	1.49	1.46	1.44	0.05
군마	1.49	1.44	1.46	0.03
사이타마	1.39	1.31	1.32	0.07
지바	1.38	1.32	1.34	0.04
도쿄	1.24	1.15	1.12	0.12
가나가와	1.39	1.31	1.31	0.08
니가타	1.44	1.43	1.43	0.01
도야마	1.51	1.45	1.42	0.09
이시카와	1.54	1.45	1.44	0.10
후쿠이	1.63	1.55	1.61	0.02
야마나시	1.51	1.43	1.46	0.05
나가노	1.58	1.54	1.53	0.05
기후	1.56	1.42	1.48	0.08
시즈오카	1.54	1.50	1.54	0.00
아이치	1.57	1.46	1.52	0.05
미에	1.56	1.45	1.51	0.05
시가	1.61	1.53	1.54	0.07
교토	1.35	1.24	1.28	0.07
오사카	1.39	1.31	1.33	0.06
효고	1.48	1.41	1.41	0.07
나라	1.38	1.27	1.29	0.09
와카야마	1.54	1.55	1.47	0.07
돗토리	1.65	1.60	1.54	0.11
시마네	1.78	1.66	1.68	0.10
오카야마	1.54	1.49	1.50	0.04
히로시마	1.60	1.55	1.55	0.05
야마구치	1.60	1.54	1.56	0.04
도쿠시마	1.53	1.46	1.42	0.11
가가와	1.63	1.57	1.57	0.06
에히메	1.53	1.50	1.50	0.03
고치	1.51	1.45	1.42	0.09
후쿠오카	1.52	1.46	1.44	0.08
사가	1.64	1.63	1.61	0.03
나가사키	1.67	1.66	1.61	0.06
구마모토	1.68	1.64	1.62	0.06
오이타	1.59	1.57	1.56	0.03
미야자키	1.71	1.69	1.68	0.03
가고시마	1.70	1.62	1.62	0.08
오키나와	1.96	1.86	1.87	0.09
전국	1.45	1.42	1.39	0.06

※ 출처: 2017년판 저출산사회대책백서, 내각부 홈페이지, HTML판.

사망률도 반영해 그 사회마다의 인구치환 수준을 계산한다. 일본의 경우 합계특수출산율의 인구치환 수준은 약 2.07이다.

한편 2015년 일본의 출산율은 1.42로 회복 경향이 있지만 아직 2에는 미치지 못하고 있다. 게다가 도도부현의 출산율을 비교해 보면, 도쿄의 출산율이 이상하게 낮은 것을 알 수 있다. 2015년 도쿄의 출산율은 1.24인데, 그것은 네 쌍의 남녀(8명)에서 5명의 아이밖에 태어나지 않았다는 말이다. 즉 어느 세대가 다음 세대를 구성하는 데 있어 자신들의 절반 정도밖에 재생산하지 않았다는 것이다.

물론 이러한 출산율을 산정하는 데 있어 15세부터 49세를 하나의 범주로 묶어 계산하는 것이 바람직한가에 대해서는 문제를 제기할 수 있다. 또한 일정 기간의 출산율뿐만 아니라 코호트(cohort, 같은 시기에 출생한 사람들의 집단)별로도 면밀하게 비교해 볼 필요도 있다.

문제는 아이가 제일 태어나지 않는 도쿄에 가장 많은 육아세대가 생활하고 있으며, 현재도 여전히 많은 젊은이들이 지방에서 '도쿄로, 도쿄로' 몰려들고 있다는 것이다. 그러다 보니 가장 많은 젊은이들이 모여 있는 도쿄의 출산율이 가장 낮다. 일본 전체적으로 아이가 태어나지 않는 사회로 변해 가는 것은 어쩌면 당연한 일일지도 모른다. 그래서 도쿄로의 집중 현상이 멈추면 인구감소 문제도 극복할 수 있다고 하는 것이다.

하지만 출산율이 낮은 것은 도쿄만이 아니다. 도도부현별로 출산율을 살펴보면, 도쿄에서 특히 극단적으로 낮은 것은 사실이 지만 도쿄뿐만 아니라 수도권 심지어 거대 도시가 있는 도부현에 서의 출산율이 전반적으로 낮다.

일반적으로 도시가 농·산·어촌에 비해 출산력이 낮다는 것은 역사인구학 등의 연구 결과에 부합하는 사실이다. 에도시대 아동 인구의 구성을 보면, 도시는 과소하고 농·산·어촌은 과잉해 도 시와 농촌을 합쳐 균형을 맞추었다고 한다. 이것은 국제적으로 인 정하는 아동의 인구구조이며, 현재도 대체로 동일하다. 예를 들 어, 시구정촌(市区町村)별로 살펴보아도 도시화(인구 총계 및 인구 밀도의 증가)와 인구재생산능력은 반비례한다는 것이 법칙이라고 해도 좋을 정도다.

그런데 아이가 태어나기 제일 어려운 도쿄나 대도시에 젊은이 들이 흡수되어 집중적으로 거주하고 있다. 반대로 아이가 태어나 기 쉬운 농·산·어촌에는 고령자들만 남았다. 이와 같은 현상에 인구 감소가 발생하는 구조가 숨겨져 있다. 결국 인구가 많고 인 구밀도가 높은 지역일수록 출산율이 낮은데, 인구가 많고 고밀도 인 장소는 도시이기 때문에 (시카고파 도시사회학·인간생태학의 정의 에 따르면) '도시화'의 정도가 심화될수록 인구재생산능력은 떨어 진다고 말할 수 있다.

그래서 도쿄일극집중과 인구 감소의 관계는 도쿄만의 문제가 아니라 거대 도시화와 깊은 관계가 있음을 먼저 생각해야 한다.

도시화가 출산율을 낮추고 인구 감소를 일으킨다. 이것을 인구 감소의 도시화 원인설이라 정의하자.

인구 감소를 극복하기 위해, 도시화 원인설에 근거하면 ㉠도시화가 진행되어도 출산력이 떨어지지 않게 하는 것과 ㉡도시로 인구가 흡수되는 원인을 제거하는 것이 핵심 대책이 될 것이다. 그런데 ㉠은 이미 농·산·어촌에서도 합계특수출산율이 2.0을 밑도는 곳이 대부분이기 때문에, 도시와 농촌 모두에 필요한 대책이다. 그리고 ㉡에 대해서는 인구가 집중하는 도시와 수도권에 초점을 맞추게 된다.

지방경제가 취약하기 때문에 인구가 감소한다

두 번째는 인구 감소의 원인이 지방경제의 취약성 때문에 발생한다는 것이다. 그러나 지방창생에서는 실제로 이에 대한 대책은 마련하지 않고 오히려 지방에 일자리 만들기를 강조한다. 이것은 인구 감소가 도시화 때문이 아니라 경제력이 취약한 것에 기초한다고 여기기 때문이다.

지방에 일자리가 없기 때문에 젊은이들이 남아 있지 않다. 그래서 인구가 줄어든다. 그렇기 때문에 '먼저 일자리를 만들고' 다음에 로컬아베노믹스가 추진하는 '돈 버는 힘' '일억총활약사회'*

* 일본 정부는 2016년 5월 '1억 총 활약 플랜'을 발표했다. 일억총활약사회는 50년

로 나가자는 것이다.

그러나 출산율 저하가 경제력 때문이라고 하는 논리에는 문제가 있다. 물론 어느 지역에 고용이 늘어나 젊은이들이 많아지면 그 지역의 출산율이 증가할 수도 있다. 그러나 이것은 이동에 따른 효과이지 출산력(율) 자체의 회복과는 다른 문제다. 실제로 인구급증 지역의 출산율이 낮은 경우도 많다.

원래 인구감소 현상은 선진국에서 발생하는 것이고 오히려 저개발 국가에서는 인구가 증가하기 때문에 경제성장과 출산력은 반비례 관계임을 먼저 인지해야 한다. 생각해 보라. 일자리가 가장 집중되어 있는 도쿄 수도권에서 인구재생산능력이 가장 낮은 현실을 말이다. 즉 이것은 지방에 일자리를 만들면 인구 감소가 멈출 것이라는 논리가 잘못되었다는 것을 의미한다.

오히려 도시화(인구 증가와 고밀도화)와 경제성장은 정비례 관계이므로 앞에서 설명한 바와 같이, 도시화가 진행될수록 경제 규모가 확대되고, 경제 규모가 확대될수록 인구 감소는 더욱 심화된다고 할 수 있다.

결국 ①도시화 원인설과 ②취약경제 원인설은 서로 상반된 논리가 된다. 그런데 실제로 지방창생정책을 수립하고 실현하기 위해서는 첫 번째인 도시화 원인설을 취할 수밖에 없다. 왜냐하면 도쿄일극집중이 인구 감소를 초래한다는 전제로부터 지방창생정책

뒤 일본 인구 1억 명을 유지하고, 여성과 고령자를 포함해 1억 명이 모두 활발하게 경제활동에 참여할 수 있는 사회를 만들겠다는 의미다.

이 시작되었기 때문이다. 그러다 보니 지방창생에 대한 정부의 논리는 이상하다. 어떻게 봐도 논의의 입구와 출구가 모순인 것이다.

무엇보다 인구 감소의 이유를 들어 보면 "일자리가 없기 때문"이라고 지방에서는 분명하게 대답한다. 나는 지방의 과소화 문제를 전문적으로 연구하기 때문에 지금까지 많은 과소화 지역을 돌아다녔는데, 어디에서든 대답은 한결같았다. 그래서 '지방 일자리 창생'은 이러한 지방의 목소리를 단순하게 반영한 것이라고도 할 수 있다.

그렇다면 다음 두 가지에 대해 깊이 논의해 보아야 한다.

많은 사람들이 아이들이 태어나지 않는 이유를 일자리가 없기 때문이라 생각한다면, 그렇다면 ①왜 수도권에는 일자리가 많은데도 불구하고 출산율이 낮은가? 그리고 다른 한편으로 ②지방에 일자리가 없다고 하는데, 정말 일자리가 없는 것일까? '일자리가 없다'는 것은 무엇을 의미하는 것일까?

먼저 "수도권에는 일자리가 많은데도 불구하고 출산율이 낮은" 이유부터 생각해 보자.

2. 도쿄일극집중의 본질

출산과 육아는 경제력으로 하는 것이 아니다

수도권은 일자리가 존재하는데도 불구하고 왜 출산율이 낮은 것일까? 대도시에는 일자리는 많지만 그 일자리라는 것이 가족이나 지역사회와의 관계, 그리고 출산이라는 프로세스에서 볼 때 오히려 '악조건'이 되기 때문이다.

　일터와 가정의 분리로 인한 장거리 출퇴근, 맞벌이 부부, 과도한 잔업 등 업무 중심의 노동, 그리고 이와 같은 노동방식이 우선시되는 도시에서는 결혼과 출산을 위한 가정과 지역의 관계 형성에 필요한 시간을 빼앗아간다. 따라서 당연히 아이를 낳는 것도 키우는 것에도 걸림돌이 될 수밖에 없는 것이다.

결국 도시화(인구 증가와 고밀도화)가 진행되면 될수록 경제 효율성은 높아지겠지만, 반대로 가족과 지역 생활, 그리고 개인 생활에 필요한 시간과 에너지를 투자할 여유도 없고 생활 문제를 해결할 능력도 저하된다. 그래서 도시화가 진행될수록 가족과 지역이 가진 출산력이 억제되는 것이다.

원래 결혼과 출산 및 육아는 경제력으로 하는 것이 아니다. 그것은 인간관계이며 가족과 지역에서 이루어져야 하는 것이다. 그래서 도시에서도 가족이나 지역 또는 직장에서 인간관계가 원활하고 부부가 육아 지원을 받기 쉬운 환경이 갖추어져 있으면 출산율이 자연스럽게 높아진다. 실제로 대도시권에서도 지역 커뮤니티가 활발한 곳이나 직역(職域)사회*가 발달한 기업도시에서는 출산율이 높은 경향이 있다.

행정과 시장에 의존하는 도시의 삶

한편 이런 현상에 있어 도시화에 대한 다음 내용을 함께 생각해야 한다. 도시사회학에서는 도시화의 효과로 '생활의 사회화'†를 중

---

* 직장과 거주지가 분리되지 않은 사회를 말한다.
† 스즈키 에이타로(鈴木榮太郞), 쿠라사와 스스무(倉沢進) 등의 학자들이 주장했다.

시하는 논의가 있다. 도시화는 단지 인구가 집중된 현상만을 말하는 것이 아니라 사람들이 집중됨으로 인해 (혹은 반대로 사람들을 집중하기 위해) 그 생활방식이 촌락과는 다르다는 점에 기초한 것이다.

도시화는 사회와 사람들의 생활방식을 가족과 공동체 중심(촌락형)에서 공공 서비스와 시장 이용의 효율성에 중심을 두는 방식으로 전환시켰다. 행정과 시장에 대한 의존성이 강한 도시는 가정이나 지역 생활에서 문제해결 능력이 낮아진다. 행정이나 시장에 의존함으로써 행정이나 시장이 대신해 주기 때문에 도시민은 다양한 자유를 누리지만, 이것은 또한 역으로 행정이나 시장이 해주지 않으면 스스로 문제를 해결할 수 없음을 의미한다(예를 들면, 도로 관리 및 방재 등이다).

인구가 집중된 고밀도화 도시에서의 삶은 가까운 사람들과의 직접적인 관계나 교류가 없어도 지탱이 가능하다. 도시는 낯선 사람들과의 교환의 장인 시장과 많은 사람들이 살아가는 장소 등을 설계하고 배치해 운영하는 행정 기구인 것이다. 그것이 도시화의 전제이며, 이런 조건이 갖추어지고 사람들이 모이면 모일수록 도시적 생활방식은 더 발달하고, 다시 도시화는 더 빠르게 진행된다. 이렇게 삶의 과정이 공동체에서 이탈하는 것(행정화, 공공화, 시장화)을 '생활의 사회화'라고 한다.

이에 비해 지방과 농촌은 스스로 자신의 삶을 꾸려나간다. 그런데 중요한 것은 행정 조직의 발달과 시장경제의 확대로 인해 인구가 집중되면서, 이러한 생활의 사회화가 도시를 넘어 농촌과 마을에도 침투하고 있다는 것이다. 그래서 결국 지금은 전국이 '총도시화'된 상황이며, 행정 서비스 및 시장경제와 상관없었던 농촌(마을) 생활은 이제 일본에서 찾아보기 어렵게 되었다.

바로 이런 변화가 본래 풍요로웠던 농·산·어촌의 출산력까지 감소시켰다. 농·산·어촌 지역에 살고 있는 사람들 대부분도 도시로 일하러 가고 도시에서 소비를 한다. 또한 마을에서의 생활도 행정 서비스에 푹 빠져 이루어지고 있다. 이제는 마을에도 도시적 생활방식이 폭넓고 깊게 스며들었다. 대도시에 비해 상대적으로 여전히 공동체적 특성이 남아 있는 것은 확실하지만, 어떤 의미에서 이제 그것은 정도의 차이일 뿐이다.

이런 상황들을 종합해 보면, 도시화는 경제와 연관되어 있으며 인간관계를 약화시키고 가족과 지역이 가진 능력을 떨어뜨린다. 또한 행정과 시장 서비스에 대한 의존을 강하게 한다. 그래서 본래 가지고 있던 인간의 자기재생산능력을 감퇴시켜 버렸다.

인구 감소에 대한 이러한 설명에서 보면, 인구 감소의 원인을 ①도시화와 ②취약경제로 보는 것은 모순이고 이율배반이다. 그럼에도 불구하고 이 중 하나를 취해야 한다면 당연히 ①도시화 원인설을 선택하게 될 것이다. 애초에 도시화 원인설을 선택함으로써 지방창생이 시작되었기 때문에, 취약경제 원인설에 입각해 지방창생 사업의 방향을 설정하면 커다란 논리적 결함이 발생하기 때문이다.

한편 47개의 도도부현 중 출산율이 도쿄도만 크게 낮은 배경은 좀 더 면밀하게 살펴볼 필요가 있다. 사람들은 취업과 교육(대학 진학)을 계기로 대도시와 도쿄로 이동한다. 하지만 사람들이 이동하는 또 하나의 큰 계기는 가족 형성이기도 하다. 결혼과 육아를 계기로 사람들은 일하기 좋은 도심에서 살다가 환경이 좋은 교외로 이동한다. 출산율이 낮기 때문에 도쿄가 특히 육아도 힘든 곳이라고 강조하는 것은 옳지 않다. 분명히 그러한 면도 있지만 도쿄의 낮은 출산율은 구조적인 측면도 있다.

젊은이들이 원하는 일자리가 없다

다음은 지방과 농·산·어촌에 '일자리가 없다'는 것이 무엇을 의미하는지 생각해 보자.

앞에서 언급한 바와 같이, 지방에서 인구 감소의 원인을 물어보면 가장 먼저 나오는 말이 "일자리가 없어서"이다. 하지만 정말 일자리가 없는 것일까? 여기에서 말하는 '일자리가 없다'는 것은 도대체 어떤 의미일까? 우리는 이를 보다 깊이 들여다볼 필요가 있다.

왜냐하면 지방에는 지금도 일자리가 있기 때문이다. 그리고 이 주장은 정부의 '마을·사람·일자리' 창생회의의 구성원 중 한 명인 도야마 카즈히코(冨山和彦) 등이 강조해 온 것이다.

첫째, 농업에서 휴경지가 증가하고 있다. 휴경지란 이용할 수 있음에도 불구하고 경작자가 없는 농지다. 농업에는 지금 사람이 부족하다. 농업 후계자 문제는 특히 심각하고 생산지 직거래를 통해 고수익을 창출하고 있어도 일손이 없어 해외에서 온 농업 연수자가 이를 담당하는 곳도 적지 않다.

그리고 예전에는 농가에서 겸업으로 토목건설업을 많이 했는데, 이제는 토건업에도 일손이 부족한 상황이다. 갑작스럽게 재해가 발생하면 대응할 수 없는 사태가 이 분야에서 빈번하다.

마찬가지로 일반적인 제조업과 서비스업에도 일자리가 있지만 일손이 없다. 또한 최근에는 교통·운송 산업에도 일손이 부족하고, 택배 배송이나 이사에 필요한 인력을 확보하지 못하는 경우도 종종 있다. 첨단기술과 특허가 있어 제품 공급처를 안정적으로 확보한 우수한 중소 공장조차 일손 부족으로 어려움을 겪고 있다.

그리고 무엇보다 향후 고령 사회에서 절대적으로 필요한 간호와 간병 인력도 부족하다. 대기아동 문제가 해결되지 않는 원인도 보육교사의 부족이었다. 일자리는 지방에도 많다. 오히려 일하려는 사람이 없어서 곤란한 상황이다. 일자리가 없는 것이 아니라 '원하는 일자리, 젊은 사람들이 생각하는 일자리가 없다'는 것이 정확한 진단일 것이다. 즉 지역에서 필요로 하는 일자리와 젊은이들이 희망하는 일자리에서 불일치가 발생하는 것이다.

문제는 이 불일치가 무엇 때문에 발생했는지, 그리고 그것을 어떻게 해결할 것인지, 애초에 해결할 수 있는 것인지에 대한 것이다. 나는 이런 상황이 발생한 원인을 '직업권위의 서열화'라는 관점에서 설명하려 한다.

직업권위의 서열화 때문이다

직업권위의 서열화란 무엇인가?

직업에는 서열이 있다. 사회학에서는 이것을 직업권위의 배열에 의해 분석한다. 직업을 단순히 직종의 차이나 소득의 많고 적음에 따라 분류하는 것이 아니라, 그 권위에 따라 서열을 매기고 인식한다. 그리고 그러한 직업권위가 그 사람의 사회적 지위와 역할을 결정하고, 그 권위에 따라 사람들은 행동하고 또 다양한 결정을 한다.

농림어업의 권위는 낮다. 이에 비해 샐러리맨(화이트컬러)은 중간 수준에 위치하고, 그들의 관리직 권위는 더 높다. 학자나 의사, 변호사 등과 같이 소위 '선생님'이라 불리는 사람들이 또 그 위에 존재한다. 공무원의 권위는 예전에는 낮았으나 2000년대 이후 상대적으로 높아졌다.

이러한 직업권위와 소득은 반드시 일치하는 것은 아니다. 권위는 높지만 소득이 그만큼 높지 않은 경우도 많다. 나 역시 대학

교수로 이른바 '선생님'이지만 공립학교 급여 체계를 적용받기 때문에 외부에서 생각하는 만큼 많은 급여를 받는 것은 아니다. 공무원도 권위의 높이에 비해 급여가 많은 편은 아니다. 마찬가지로 권위가 낮은 직업이라고 실제 수입이 낮기만 한 것은 아니다. 대학 교수의 월급과는 비교도 안 될 정도로 많이 버는 사람이 지방의 시골에도 흔하게 있다.

여기에서 논하고 싶은 것은 직업권위의 관점에서 중앙과 지방, 도시와 농·산·어촌과의 관계다.

잘 생각해 보자. 여기에도 분명한 서열이 있을 것이다. 동일한 내용의 업무라 할지라도 수도권에서 일하면 권위가 더 높아지고 지방에서 하면 낮아진다. 그런 관계가 형성되어 있지 않은가?

또한 같은 일자리라 하더라도 농촌보다 도시에서의 권위가 더 높고, 같은 도시라도 인구 규모가 큰 도시일수록 일자리의 권위가 더 높아진다. 공무원도 기업도, 대학도 마찬가지로 도쿄에 위치하면 일류이고, 다음에는 각지의 거점 도시, 그다음은 작은 도시, 작은 읍·면, 그리고 마을로 갈수록 그 권위는 점점 낮아진다.

그리고 이러한 권위의 서열화가 진학과 취업에서 젊은이들의 이동 방향을 결정한다. 수도권이나 대도시로의 접근성은 향상되고 개선되지만, 반대로 수도권에서 지방으로, 도시에서 농촌으로의 이동 접근성은 떨어진다. 진학과 취업에 있어서의 이동은 이렇게 기본적으로 상승 이동을 목표로 하고, 마을에서 읍·면 단위로, 읍·면 단위에서는 도시로, 작은 도시보다는 보다 큰 도시로

이동하려 한다. 그리고 그 반대로 어떤 사람이 큰 도시에서 어떤 이유로 작은 마을로 되돌아오면 '낙향'(都落ち)*이라 하며 숙덕거리기도 한다. 이 단어가 지역 간 서열관계의 확고한 단면을 단적으로 보여준다.

'수도권=중앙'으로 사람들이 향하는 것은 중앙에서의 일자리의 격(지위)이 지방보다 높다고 생각하기 때문이다. 이는 단지 젊은이들에게만 한정된 인식은 아니다. 많은 사람들이 높은 지위를 향해 올라가기 위해 노력하고, 한번 높은 지위에 올라가면 거기에서 떨어지지 않고 그 지위에서 살아남기 위해 노력한다. 경우에 따라서는 지방으로 이동하는 것이 경제적·사회적으로 유리한 조건일 때에도 이 서열관으로 인해 무리를 해서라도 대도시에 계속 거주하려 한다. 이 모든 것이 말이 안 되는 것 같지만, 일상적으로 어느 곳에서나 발견되는 일반적인 현상이다.

즉 '지방에 없는 일자리'란 말은 권위가 높은 직업이 없다는 것이다. 수도권을 최정상으로 해서 대도시, 지방 도시, 농·산·어촌 순으로 서열화된 이 사회와 인식구조에서는 권위가 높은 일자리를 지방에서 찾기란 쉽지 않다. 게다가 2000년대 이후 시·읍·면·농협 합병을 비롯한 지역의 기초 조직에서의 직무 슬림화는 이 서열의식을 더욱 부추겼다. 전쟁 시기와 고도 경제성장기 이상으로 상하관계가 강해지는 이와 같은 현상 때문에, 그리고 이

---

* 미야코오찌: 엄밀하게 낙향과는 차이가 있다. 도시에서의 실패 등의 이유로 고향으로 되돌아오는 것을 의미한다.

런 서열화 경향이 변하지 않는 한, 아무리 지방에 산업을 일으켜도 '일하고 싶은 일자리'와의 불일치는 해결되지 않을 것이다. 그렇기 때문에 중앙과 지방 간 서열관계가 해결되지 않으면, 지방에 새로운 일자리를 만들어도 역시나 그 일자리의 서열은 낮은 상태 그대로일 것이다. 뿐만 아니라 이렇게 계속되면 반드시 필요한 업무에도 일손이 없게 되고, 모두들 누구나가 하고 싶어 하는 일에만 취직하려 한다면 나라의 존립 자체가 위태로워질 것이다.

전국 총 도시화 · 전 도쿄화에 따른 귀결

이상 언급한 두 가지 질문에 대한 답을 정리하면 다음과 같다.

수도권과 대도시에는 서열이 높은 일자리가 몰려 있으며, 그 서열 높은 직업에 종사하기 위해 전국에서 인재들이 모여든다. 이 구조에서 도쿄를 중심으로 대도시, 중소 도시, 기타 지방의 서열 구조가 형성된다. 그리고 이런 서열에 따라 점점 더 많은 사람들이 도쿄를 목표로 몰려들기 때문에 도쿄나 대도시의 인구 규모는 더욱더 팽창하고, 경제 규모 또한 증가하고, 그러면서 더 많은 직업이 생겨나게 되는 것이다.

대도시권은 시장이 발달해 다양한 상품과 서비스가 쏟아져 나와 한때는 가족이나 지역에서 자체적으로 생산해 왔던 것들조차 시장이 담당한다. 이렇게 시장이 다양한 것들을 떠맡고 있기 때문에 사람들이 가정이나 지역을 떠나 일하러 나올 수 있게 되는 것이다. 한 예로서, 집안 청소를 하청업체 등에 맡기는 경우, 여기에는 지금까지는 없었던 부가가치가 추가된 고액의 서비스가 붙을 수 있다. 도시는 이러한 것들을 소비할 수 있을 만큼 부를 축적한 사람들이 있는 곳이다. 즉 격차 사회가 성립된 장소이기도 하다.

그리고 이러한 시장을 비롯해 많은 사람들이 밀집해 살기 위한 장치를 만들고 유지하기 위해서라도 거대한 행정 조직이 필요하고, 또한 만들어진다. 이것에 대한 하나의 사례가 상하수도다. 수도권을 비롯한 대도시에서는 시정촌 범위와 도도부현 경계를 넘어 거대한 상수도 공급을 위한 물 확보에 노력하고 있다. 그리고 하수도 시설을 포함한 불필요한 유기물의 적절한 처리를 통해 생활환경의 위생을 유지하기 위해 노력한다. 그리고 이에 대한 대가를 지불하는 것으로 대도시에서의 생활이 유지되는 것이다.

또한 도시의 화려한 소비문화도 많은 인구가 모여 있기 때문에 성립한다. 도시사회학의 개념으로 말하면 다음과 같다. 인구가 증가하면 인구의 총합에 동반해 하위문화가 증가한다. 소수 인원으로는 개성에 불과했던 성향이나 취향이 소비하는 인원이 일정 정도 갖추어지면 일시적인 것이 아닌 지속적인 제품이 된다. 도시는 대중문화의 중심이지만 또한 다양한 하위문화의 중심이기도 하다. 때로는 제품이나 물건에 따라 세계적 규모가 되기도 한다. 그리고 하위문화의 형성은 새로운 흐름과 유행을 창출하며 도시의 매력을 형성한다. 경제도 이러한 소비 확대에 따라 파도처럼 커져간다.

하지만 이런 인구 증가와 밀도 심화, 그에 따른 경제 활성화, 그리고 소비의 거대화는 사람들에게 아이를 낳기 어려운 환경을 제공하는 것 같다. 어쨌든 이렇게 아이가 태어나기 어려운 도시의 생활방식이, 무엇보다 그 절정이라 할 수 있는 도쿄의 모습과 이미지가 대도시나 수도권을 넘어 널리 확대되어 마을로, 지방으로, 전국으로 두루 퍼져나가면서 일본 사회 전체가 아이 낳기 어려운 체질로 변화되어 버린 것이다.

지역의 과잉 서열화가 지나치게 진행되면서 전국의 총 도시화는 모든 지방을 도쿄의 말단으로 전환시켜 버렸다. 현재의 상황을 이렇게 분석하고 싶다. 이렇게 주변이 중심과 밀접하게 연결됨으로써 사람들은 언뜻 보면 떨어져 사는 것 같지만, 일본이라는 하나의 거대한 도시에 거주하는 것과 같은 효과를 갖게 한다. 그리고 그 중심은 더욱더 중심화되고, 그 중심화에 의해 다시 필요 이상으로 모두가 '도쿄로, 도쿄로' 몰려들고 있다. 총 도시화 및 전 도쿄화로 인해 일본은 도쿄를 정점으로 한 서열화라는 틀에 완전히 맞추어졌고, 이것이 아이들이 태어나지 않는 사회의 정체(본질)라고 설명할 수 있다.

그렇다면 도대체 무엇 때문에 도쿄를 중심으로 한 서열화가 만들어진 것일까? 그 원인을 찾아야 한다.

지방과 중앙의 서열을 만들어낸 것

직업권위의 서열화와 지역 간 서열화를 만들어낸 것은 무엇인가?

우선은 일본의 정치행정 구조가 그렇게 되어 있기 때문이다. 특히 중앙정부 및 부처와 지자체의 관계에서 서열이 더욱 강하게 나타난다. 읍·면보다는 시가, 단순한 시보다는 중핵시*나 정령지정도시,[†] 그리고 도도부현이 그 위에 있고, 그 위에 중앙정부가 있다. 예를 들어, 중앙정부에서 현으로 공무원을 파견할 때는 아무리 젊어도 종종 'OO장'의 업무가 부여되는 반면 시나 현에서 중앙으로 파견할 때는 연령을 뛰어넘는 인사가 이루어지지 않는다. 왜 그럴까? 이는 대등해야 할 중앙과 지자체의 관계가 제도적으로나 실제 운영 면에서는 대등한 관계가 아니기 때문이다.

도쿄를 정점으로 한 이런 서열화에 따라 산업계도 비슷한 구조를 형성한다. 도쿄에 주요 기업 본사의 대부분이 몰려 있는 것도 서열을 따르는 이러한 구조 때문이며, 그 시작을 따라 올라가 보면 중앙에 국가기관이 집중된 것도 이와 같은 이치다.

지방에서 출발한 기업도 크게 성장하면 본사를 도쿄로 옮긴다. 또는 도쿄에 본사를 둔 대기업 산하에 들어가 안정적인 활동

---

* 중핵시가 되려면 인구 30만 이상이어야 한다.

† 일본 지방자치법 "대도시에 관한 특례" 252조 19로 지정된, 법령에서 지정하는 인구 50만 이상의 시. 2019년 현재 전국적으로 20개가 존재한다.

을 시도한다. 각지에 공장이 있어 거기에서 생산을 하는 기업도, 전국 각지를 대상으로 영업을 하는 기업도 모두 기업 네트워크의 중심은 역시 도쿄에 두고 지방을 왕래한다. 작은 기업들도 의도적으로 도쿄 2~3구(이쵸구, 산쵸구 등 기업 본사들이 집중되어 있는 곳) 내 혹은 그 주변에 본사를 두려 하는데, 그것이 회사의 권위를 높인다고 생각하기 때문이다.

정부나 관청, 그리고 기업 활동 모두가 이러한 방식을 따르지만, 국민들은 단지 중앙과 지방의 관계 속에서 일상적인 생활을 할 뿐이다. 그리고 그 결과가 '도쿄일극집중과 서열화'로 집대성된 것이다.

권위를 부여하는 것은 국가다

그렇다면 이 권위는 대체 누가 부여한 것일까?

답은 간단하다. 그것은 곧 국가다.

지금까지는 일반적인 표현에 따라 '도쿄일극집중'이라는 용어를 사용했지만, 사실 이것은 정확한 표현이 아니다. 좀 더 정확히 표현하면, 도쿄에 국가일극집중 또는 중앙일극집중이라고 할 수 있다.

도쿄에는 있지만 지방에 없는 것은 무엇인가? 그것은 도쿄의 중심에 존재하는 것이다. 그것은 무엇인가?

그것은 국회의사당이며, 중앙정부기관이고, 황궁이다. 그것들은 나가타초에 있고, 가스미가세키에 있으며, 치요다구 일번지에 있다. 국가의 주권과 그것을 행사하여 권위가 덧붙여지는 이 세트. 이 나라를 실체화하는 장치가 도쿄에만 있고 지방에는 없는 것이다.

국가가 거기에 있고, 그것에 이끌려 사람들이 모여들고, 회사가 모이며, 돈이 모이고, 일자리가 쏠린다. 그리고 이 국가기관의 지방 출장소가 각 도도부현의 현청 소재지다. 그래서 그 현청 소재지에는 다시 도도부현 청사와 의회가 있는, 곳곳에 작은 도쿄를 형성한다. 전국 각지에 미니도쿄일극집중화 현상을 일으키는 것이다. 심지어 파견 기관은 말단 조직까지도 도쿄 방식이 넓게 퍼져 있다. 예를 들면 매우 작은 마을의 우체국(민영화되었지만)까지도 도쿄일극집중 방식으로 구성되어 있다. 그리고 이러한 서열 형성이 또한 중앙에 권위를 부여해 더욱더 도쿄일극집중을 강하게 한다. 물론 수도가 국가의 중심에 있어야 하는 것은 당연하다. 또한 권력을 수도에 집중시킴으로써 국가를 운영할 수 있기도 하다. 중심이 없고 힘이 분산되면 국가라는 몸체를 형성하지 못하기 때문이다.

농·산·어촌이 가진 자원을 도시를 통해 국력으로 효율적으로 연결하는 것 역시 국가가 해야 할 중요한 일이다. 그러한 국가의 통합능력과 중재능력이 없으면 농·산·어촌에서의 삶과 산업도 성립되지 않는다.

한편 국가의 권위는 국민의 신뢰를 토대로 형성되는 것이지 단지 국가가 형성되었다고 당연하게 생겨나는 것은 아니다. 외국의 예를 보더라도 정부가 원한다고 해서 그냥 그렇게 쉽게 확립되는 것은 아니다. 일본의 경우, 이러한 권위서열을 국민들이 적절하게 확립해 왔기 때문에 장기적으로 국가가 안정적으로 유지되어 온 것이다. 그것은 메이지유신 이후만이 아니라 더 이전 역사로 거슬러 올라가도 마찬가지다.

그러나 중요한 것은 현재의 권위서열이 지나치게 극단적이고 멀리 와버렸다는 것이다. 과도하게 도쿄에 집중되면서 결국 멈추지 않는 인구 감소로 전개되어 버렸다.

문제는 무엇이든 도쿄로 몰려드는 이런 구조 자체에 있는 것이 아니다. 이 구조 어딘가에 과도한 것이 발생해 지나치게 수도로 몰려드는 것이 문제다. 그러므로 우리가 질문해야 할 것은 그 지나친 것이 어디에서 어떻게 발생했는가이다.

즉 균형이 무너져버린 것이다. 왜 무너졌을까?

3. 전후 일본의 저출산 흐름

2000년대의 개혁과 제3차 베이비붐의 부재

균형의 붕괴를 가져온 전환점을 찾아보면, 우선 1990년대에 시작되어 2000년대에 본격적으로 진행된 다양한 행정·재정 개혁이라고 짐작할 수 있다.

지금 돌이켜 보면 2000년대의 개혁은 고효율화, 경쟁주의화, 시장화에 따라 경제의 안정화와 행정 및 재정의 안정성을 확보하려는 것이었다. 작은 정부를 지향해 우편 및 도로공단의 민영화가 이루어지고, 규제 완화와 무역자유화도 기본적으로 이러한 선상에서 이루어졌다. 그런데 결국 이것이야말로 일본 전체의 총 도시화와 전 도쿄화 혁명을 도모한 것이 되었다. 이런 개혁에 따라 서열의 질서가 무너지고 도쿄일극집중이 멈추지 않게 되었다. 특히 이때 개혁의 핵심 중 하나였던 지방분권이 겉으로만 이루어져 소선거구제 도입과 정치 주도성 강화, 부처 개편을 거듭해 국회와 내각에 더욱 권력이 집중되었다. 결국 국회와 내각이 지나치게 강한 국가권력으로 변한 것이 균형의 붕괴를 가져온 커다란 이유다.

저출산과 관련해 빼놓을 수 없는 것이 이 개혁의 시기가 애초에 나타날 수 있었던 제3차 베이비붐의 발생 시기와 겹쳐버린 것이다. 2000년대에 규제 완화, 선택과 집중, 업무 효율화 등 다양한 개혁이 단행되었는데, 이런 개혁이 진행된 시기에 많은 젊은 이들의 재생산능력이 억제되어 버린 것은 아닌지 의문을 제기하고 싶다.

전쟁 후 출생아 수의 흐름을 보면, 전쟁 직후 제1차 베이비붐 시기(1947-1949년)에 태어난 세대(단카이 세대)가 1970년대에 이르러 23-25세가 되면서 이들이 제2차 베이비붐(단카이주니어 세대)을 일으켰다. 그런데 제2차 베이비붐 세대가 성인이 되었을 때 나타났어야 할 제3차 베이비붐이 발생하지 않았다. 이 제3차 베이비붐이 발생했어야 하는 시기가 2000년대 개혁이 진행된 시기였다. 그래서 2000년대 개혁의 산물인 전국 총 도시화와 제3차 베이비붐의 부재 사이에 어떤 관계가 존재하리라 예상하는 것이다.

이 제3차 베이비붐의 부재야말로 2000년대 초반 일본의 최대 실패라고도 볼 수 있다. 이것을 먼저 인식하자. 이것은 경제 분야

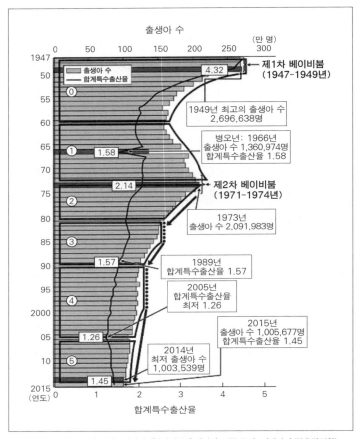

출생아 수

(만 명)

출생아 수
합계특수출산율

4.32 제1차 베이비붐
(1947-1949년)

1949년 최고의 출생아 수
2,696,638명

병오년: 1966년
출생아 수 1,360,974명
합계특수출산율 1.58

1.58

2.14 제2차 베이비붐
(1971-1974년)

1973년
출생아 수 2,091,983명

1.57 1989년
합계특수출산율 1.57

2005년
합계특수출산율
최저 1.26

2015년
출생아 수 1,005,677명
합계특수출산율 1.45

1.26 2014년
최저 출생아 수
1,003,539명

1.45

합계특수출산율

※ 출처:《2017년판 저출산사회대책백서》(내각부 홈페이지, HTML판, 저자가 수정해 작성함)

〈그림 2-3〉 **전후 일본의 출생아 수 추이**

에서의 "잃어버린 20년" 등과는 비교할 수도 없을 정도로 큰 손실
이다. 결국 제3차 베이비붐의 부재가 현재의 인구 균형에 매우
부정적인 영향을 미치고 있으며, 돌이킬 수 없는 사태를 일으켰다

해도 과언이 아니다.

미디어에서는 2020년대 이후 후기고령자*가 압도적 다수를 차지하게 될 제1차 베이비붐 세대를 둘러싼 장래 연금 수급과 사회보장, 의료 및 간병에 대한 불투명한 미래에 대해 자주 다룬다.

이런 세대 간의 관계를 보면, 일단 제1차 베이비붐 세대는 그렇게 많은 걱정을 할 필요는 없을 것 같다. 이 세대는 그들 나름대로 적절하게 아이를 낳아 키웠기 때문이다. 이 세대의 자녀 세대인 베이비붐주니어 세대가 형성되었기 때문에 재원은 말할 것도 없고 이들 고령자들을 지원할 만한 인구 규모가 확보되어 있다.

문제는 베이비붐주니어 세대인 제2차 베이비붐 세대다. 바로 나를 비롯한 지금의 기성세대라 할 수 있는 현재의 40-50대가 출산율 2.0을 잘라버린, 필요한 만큼의 아이를 낳지 않은 문제의 세대다.

이 세대는 당연히 나타났어야 할 제3차 베이비붐을 일으키지 않았다. 〈그림 2-3〉에서 보듯이, 이 세대는 그 다음 세대에 해당하는 헤이세이 세대를 충분히 재생산하지 않았다. 게다가 헤이세이 원년(1989년)의 1.57쇼크 이후 출산율은 더욱 감소해 결국 저출산 사회를 실현했다.

합계특수출산율은 그후 2005년에는 1.26까지 떨어져 바닥을 쳤고, 이후 조금씩 회복되고 있지만 가임여성의 수가 감소했기 때

* 노인 인구를 2단계로 구분해 65세 이상을 고령자로 분류한 경우 75세 이상의 노인을 가리키는 말이다.

문에 출생아 수 자체는 지금도 계속 감소하고 있는 실정이다.

이 문제의 세대가 현재 40대이다. 지금은 한창 왕성하게 활동하는 연령층이라 괜찮지만, 앞으로 이들의 부모가 80대를 넘어 노인 부양이 필요할 때, 그 고령자들을 지원할 인력이 이들 세대밖에 없다. 더 심하게 표현하면, 앞으로 30-40년 후 그들이 70-80대가 되었을 때, 그들의 부모들(제1차 베이비붐 세대)보다 재산이 없고, 가족도 없고, 아이도 없는 그런 사람들이 사회의 다수를 차지할지도 모른다. 이 나라에 지금 막연하게 퍼져 있는 불안의 정체가 있다면, 아마도 이것이 가장 큰 원인일 것이다.

그러나 이런 모든 책임을 2000년대에 진행된 개혁에 떠넘겨 이런 상황에 대해 정확한 분석을 하지 않는다면, 문제의 대응책이 다른 방향으로 변질될 수도 있다. 문제는 상황이 좀 더 복잡하다는 것이다. 먼저 저출산대책(정책)이라는 것 자체가 갖고 있는 어려움을 살펴본 후 전후 일본의 저출산정책을 분석해 보자.

저출산대책이 주요 과제가 되지 않은 이유

우리는 〈마스다 보고서〉의 '지방소멸론'이 나올 때까지 인구감소 사회가 도래할 것이라는 사실을 회피해 왔다. 그리고 지금도 그것을 문제화하는 것을 회피하고 있다. 그 이유 중 하나는 바로 선거에서 저출산대책은 표가 되지 않기 때문이다. 게다가 거대 양당제 확립이라는 목적 아래 소선거구제를 도입하고 정당정치가 정권 공약 중심이 되면서* 저출산정책에 대한 관심이 점점 사라져버렸다.

저출산·고령화 문제가 일본에서 대두되기 시작한 1990년을 전후해 일본 정부는 국가 대계(大計)의 두 바퀴라 할 수 있는 계획을 제시했다. 하나는 1989년의 '골드플랜'으로 특별양호 노인홈과 홈헬퍼 정비 등을 목표로 하는 고령자대책이고, 다른 하나는 1994년의 '엔젤플랜'으로 어린이집† 및 보육 서비스의 강화를 목표로 하는 저출산대책이다. 이 두 대책과 장애인대책을 포함해 복지 3계획이라고 한다. 하지만 그후 저출산대책에는 아무런 노력이나 힘을 들이지 않은 채 고령화정책만 중점적으로 진행해 현재에 이르렀다. 먼저 저출산대책과 고령자대책의 관계에 대해 알아보자.

고령화율이 상승하는 데는 두 가지 이유가 있다.

첫째는 인간의 수명이 연장된 것이다. 사람들이 과거처럼 일찍 사망하지 않게 되면서 평균수명 자체가 길어져 고령화되었다.

---

* 정당이 유권자들에게 정권 공약을 발표하고 이에 기초해 유권자가 투표할 정당을 선택하는 선거 스타일. 2003년 중의원선거에서부터 일본에서도 그 경향이 나타났는데, 매스컴에서만 떠들고 있을 뿐 의미 깊은 정권 공약을 읽고 있는 유권자는 지극히 극소수라는 비판도 있다.

† 일본에서는 보육소 및 보육원이라고 칭하는데, 우리나라의 어린이집과 동일한 의미이므로 어린이집으로 표기했다.

이것은 당연히 나쁜 것이 아니다. 사회에 공헌하며 건강하게 장수하는 것, 그리고 죽을 때는 병 없이 행복하게 죽는 것, 만약 이런 신체를 만들 수만 있다면 고령화대책은 충분할 것이다. 고령화로 인해 어떤 사람의 능력이 저하된다면, 그만큼 그 역할을 축소하면 되는 것이지 제로가 되는 것은 아니다. 그리고 실제로 지금도 신체적·정신적으로 건강하게 장수하는 사람들도 많다. 사실 따지고 보면 고령 사회가 특별히 문제가 되는 것은 아니다. 오히려 행복한 사회의 실현 가능성을 보여줄 수 있다.

문제는 다른 이유 때문이다. 저출산이다. 태어날 아이가 적을수록 사회 전체에서 차지하는 고령자의 수가 상대적으로 많아지는 패턴 때문이다. 그리고 저출산으로 인해 고령화율이 상승되면서 문제는 수명 연장에 따른 고령화가 동시에 나타난 2000년대까지 노인 세대와 젊은 세대의 비율 균형이 크게 붕괴된 것이다. 장래에 양호나 의료가 필요한 사람들이 증가되어 가는데, 그것을 부담할 사람의 수는 계속 감소하고 있다.

사실 차세대의 인구수만 충분히 갖추어진다면, 고령 사회는 오히려 풍요로운 사회가 될 수 있다. 따라서 고령 사회를 극복하는 필연적 수단은 저출산을 막아내는 방법밖에 없다. 보다 면밀히 말하면, 인구 문제의 핵심은 저출산이지 고령화 현상이 아니다. 즉 고령화는 저출산의 결과일 뿐이다. 우리는 20년 전 정부가 제시한 엔젤플랜에 좀 더 귀를 기울였어야 했다. 그 정책의 잘잘못에 대한 검토를 포함해 저출산 문제에 대해 확고하면서도 차분하게 대응했어야 했다.

하지만 저출산이라는 국가적 위기를 인식하고도 현재까지 대처가 늦은 이유는 무엇 때문일까? 1990년대 이후는 경제와 재정이 우선이었기 때문이라고 할 수 있지만, 다른 한편으로 보면 고령화대책만 과도할 정도로 추진되어 왔기 때문이다. 그 이유가 무엇인지 궁금해졌다.

태어나지 않은 아이들의 의견은 들을 수 없다. 이에 비해 지속적으로 증가하는 노인들은 현실에서 목소리를 크게 낼 수 있다. 아니, 보다 더 실제적으로 말하면, 선거에서 표를 의식해 유권자의 과반수를 차지하는 노인을 대상으로 하는 대응 정책만 일부러 확대한 것이다.

태어나도 유권자가 될 때까지 시간이 필요한 아이들을 위한 정책을 만드는 것은 선거를 통해 정책과 정치가가 만들어지는 현재의 민주주의제도 하에서는 거의 실현 불가능하다고 할 수 있다. 그런 의미에서 사실 현재의 정치제도는 시간 차이에 의한 비민주적인 제도다.

그래서 이런 선거제도의 결과로서 계속 증가하는 고령자를 지원하는 데 필요한 재원 확보를 위해 재무·행정 개혁과 기업 개혁이 진행되었고, 결국 이것이 그 당시의 아이들 세대와 육아를 담당하는 세대에게 직격탄이 된 것이다.

2000년대 긴박한 사회 분위기 속에서 단행된 재무·행정 개혁은 부모가 되어야 할 사람들의 삶의 질 향상과 가족 형성보다는 경제·재정의 재정비를 우선시했고, 이를 위해 그들은 단지 생산요원으로서 풀가동되었던 것이다. 예전에는 정규직으로 일했을 사람들이 비정규직 노동자가 되었고, 위험회피 및 생산관리가 지나치게 강조되어 실제 생산보다 관리와 그것에 대응하는 업무가 증가했다. 게다가 관리 업무에 몸과 마음을 헌신했음에도 불구하고 성과는 오르지 않았고, 그런 상황에서 새로운 관리 및 생산성 향상만 요구되었다. 그리고 2010년대 접어들어 문득 돌아보니 제3차 베이비붐은 한 조각도 발생하지 않았고 오히려 멈추지 않는 저출산 사회로 진입하고 있었던 것이다.

물론 사회에는 당연히 '혼자 있고 싶어하는' 사람도 존재하고, 모든 사람이 결혼해 육아를 해야 할 의무와 책임이 있는 것은 아니다. 하지만 현재처럼 미혼율이 높고 출산율이 낮으면, 사회는 성립되지 않고 결국 없어져버리게 된다. 하물며 결혼이나 육아는 인생의 행복이나 즐거움과도 깊이 연결되어 있는데, 그것을 전혀 원하지 않는 사람이 이만큼이나 많다는 것은 매우 심각한 일이다.

〈마스다 보고서〉에서도 원하는 자녀수를 조사하면 1.8로 나타났다. 그것이 실제 현실에서는 1.2까지 떨어지고 지금도 1.4 정도의 출산율밖에 되지 않는다. 이런 데에는 분명 무언가 나쁜 힘이 작용하고 있는 것이 아닌가 하는 생각마저 든다.

저출산은 왜 멈추지 않을까

그렇다 하더라도 저출산의 원인을 모두 2000년대의 개혁과 제3차 베이비붐의 부재로 귀결시킬 수는 없다. 왜냐하면 저출산 현상은 보다 더 일찍 나타났기 때문이다. 2000년대 개혁은 하나의 요인이기는 하지만 그 이전부터 이런 징후가 나타난 것도 사실이다. 좀 더 자세히 일본의 저출산 과정과 그 정체를 살펴보자.

앞의 〈그림 2-3〉의 ◎부터 ④까지의 범주를 자세히 살펴보자.

전쟁 후는 먼저 폭발적으로 인구가 증가한 제1차 베이비붐에서 시작되었다. 이때의 합계특수출산율은 그래프에서 보듯 4.0을 초과했다. 한 쌍의 남녀에서 네 명의 아이들이 태어나 그 아이들이 그대로 다 어른이 되면, 한 세대 후에는 거의 두 배가 된다는 계산이 나온다. 유아 사망은 다이쇼 말부터 크게 개선되어 전쟁 후 더 나아가 1970년대에는 100명당 한 명 정도로 급속히 감소했다. 따라서 합계특수출산율 4.0이라는 수치가 그대로 계속되었다면 전쟁 후의 인구 폭발은 오히려 감당하기 어려웠을지도 모른다. 그런 의미에서 이 후의 합계특수출산율이 4.0 정도에서 2.0 정도로 감소한 것은 정상적인 반응이라고도 할 수 있다(〈그림 2-3〉: ◎→①). 하지만 그것은 합계특수출산율 감소가 2.0에서 멈추어 소산소사(출산율과 사망률이 모두 낮은 상태) 상태의 인구 안정으로 정착될 때의 경우다.

이 안정이 손상을 입은 때는 먼저 1970년대 후반이다(《그림 2-3》: ②). 이때 제2차 베이비붐이 끝나 출생아 수가 다시 감소했고 마침 그 시기 합계특수출산율이 2.0에서 내려가기 시작했다. 즉 제1차 베이비붐 직후 세대(1950년대 전후 출생)부터는 점점 자신들 세대만큼 재생산하지 않은 것이다. 안정되었던 합계특수출산율 2.0이 끊어지기 시작한 이 시기를 **저출산 제 I 단계**라고 하자.

이 **저출산 제 I 단계**에서 인구감소 문제의 심각성을 깨달았으면 좋았을 것이다. 이때는 아직 출산율이 전체적으로 1.6에서 1.8을 유지하고 있었기 때문이다. 한편 이 시기 출생아 수의 급격한 저하는 출산 가능한 인구수가 감소한 것과도 관계가 있다. 그후 1980년대 전반에는 출산율이 회복되어 출생아 수가 회복되었다. 1980년대 후반부터는 1960년대 출생자들이 출산에 참여해 출산 가능한 인구수가 대폭 증가할 전망이었기 때문에 출산율이 다소 낮아도 이 시기에 적절한 대응이 있었다면 인구 자체는 어느 정도 회복될 가능성이 있었다.

그런데 1980년대 후반부터 출산율이 다시 떨어지기 시작해 출생아 수도 급속히 감소했다. 1985년 이후 발생한 이 변화를 **저출산 제 II 단계**라고 하자(《그림 2-3》: ③).

제 II 단계는 '1.57쇼크'라는 용어로 표현된다. 1.57쇼크란 1989년(헤이세이 원년) 출산율이 과거 최저인 1.58(1966년)을 밑도는 1.57을 기록한 데에서 붙여진 것이다.

1966년은 병오년(적말띠 해)에 해당하는데, 병오년에 태어난 아이는 성격이 거친 것으로 알려져 출산이 억제되었다. 그 여파로 대폭 출산율이 내려가 헤이세이 원년에 바로 그 기록을 밑돌게 된 것이다.

더욱 심각한 것은 낮은 출산율이 거기에서 멈추지 않고 여전히 추락을 계속하고 있다는 것이다. 그런데 출생아 수 자체는 일단 감소가 멈추어 안정적인 모습이 나타났다. 무슨 이유였을까? 그것은 1960년대 출생에 이어 인구수 자체로 매우 많은 1970년대 생들이 출산할 시기에 들어섰기 때문이다. 그래서 겉으로 보기에 저출산이 멈춘 듯 보이지만, 출산율은 점점 더 떨어져 급기야 2005년에는 1.26까지 떨어졌다(《그림 2-3》: ④).

그리고 큰 변동 없이 보합세를 보이던 출생아 수도 2000년 전후부터 다시 감소하기 시작해 회복 조짐 없이 계속 감소하는 흐름이 이어졌다. 이 2000년부터 현재까지를 **저출산 제Ⅲ단계**라고 하자.

그런데 이 출산율의 지속적 감소가 이어지는 1990년대 후반부터 2000년대 부모 세대의 대부분은 제2차 베이비붐 세대다. 제2차 베이비부머는 제1차 베이비부머에 이은 거대한 세대 집단인데, 이 집단이 부모가 되는 단계에서 출산율이 바닥을 쳤다. 원래는 이 단계에서 일정 정도의 인구 회복이 이루어졌어야 하는데, 제3차 베이비붐은커녕 오히려 지속적으로 출생아 수가 감소해 이상 사태로 들어가버린 것이다.

그리고 덧붙이면, 그후 ③의 1980년대 말부터 1990년대에 태어난 사람들이 아이를 낳기 시작할 연령에 들어갈 즈음(2006년)부터 드디어 출산율이 회복되기 시작했다(〈그림 2-3〉: ⑤). 이 1980년대 후반 이후에 태어난 세대(쇼와 말부터 헤이세이 태생)에 앞으로의 인구 안정을 기대하고 있다. 어쨌든 제3차 베이비붐의 부재는 2000년대에 갑자기 발생한 것이 아니라 1970년대 이후 급격한 사회변동 속에서 몇 개의 큰 흐름에 이끌려 순차적으로 나타난 현상이다.

정책 실패로 인한 인구감소 사회

저출산은 다음과 같은 순서로 진행되었다.

- **제 Ⅰ 단계, 1974-1980년**: 1970년대 후반의 출산율 저하(1.8 정도)로, 출산 가능한 인구수의 감소에 따른 출생아 수 감소.
- **제 Ⅱ 단계, 1985-1990년**: 더 심각해진 출산율 저하(1.57쇼크). 그러나 출산 가능한 인구수는 회복.
- **제 Ⅲ 단계, 2000년-현재**: 출산율 바닥(1.26). 게다가 출산 가능한 인구수도 감소(당분간 회복 전망 없음).

아이들이 매년 줄어들고 있다는 믿을 수 없는 사실이 현실이 되어, 출산율이 회복되지 않는 한 끝이 보이지 않는 문제의 상황에 들어와버렸다(다만 2006년보다는 출산율이 점차 회복되고 있다).

그런데 이런 저출산의 흐름을 거슬러 올라가 보면, 저출산은 전후 일본의 일관된 변화처럼도 보인다. 하지만 이것을 '문명화로 인해 발생된 피할 수 없는 사태'라고는 생각하지 않는다. 왜냐하면 여기에는 일종의 인위적인 '실패'가 관여되어 있기 때문이다. 2000년대 개혁이 그 실패의 전부는 아니라고 해도, 그 이전부터 유사한 정책이 서로 얽혀 있었기 때문이다.

이러한 각 단계의 저출산 배경에는 도대체 무엇이 있었을까?

우선 1970년대 제 I 단계에서는 이미 1960년대부터 시작된 농촌인구 과소와 도시 과밀의 파도가 많은 젊은이들을 매년 도시로, 도쿄로 보냈고, 어느새 이 흐름이 일시적인 것이 아니라 고착되어버린 것이다. 그 이전의 베이비붐 세대도 도시로 흘러 들어갔지만 인구가 많은 그 세대는 지방에 정착하거나 귀향(U턴)한 이들도 많았다. 전국 총 도시화 현상은 확실히 베이비붐 세대 이후에 정착된 것이다.

그런데 중요한 것은 이에 대한 국가의 대응이다.

이렇게 과도한 대도시화의 흐름에 대한 반성으로 1970년대 후반에는 지방이나 농·산·어촌을 중요하게 여기고 과소·과밀을 멈추게 해야 할 필요성이 명확해졌다. 예를 들어, 지역 부흥의 선구자로 알려진 오이타 현의 '일촌일품운동'(하나의 마을에 하나의 자원 창출) 등도 1970년대 말에 조명되었다. 이러한 지방시대로의 전환에 대한 희망과 요구는 이 시기 3전총(제3차 전국총합개발계획, 1977년)의 '정주구상'(定住構想)에도 잘 나타나 있다. 이때 제대로 검토해 '균형 잡힌 국토 만들기'라는 구상을 확고하게 실천했다면 좋았을 것이다.

1980년대 후반의 제Ⅱ단계에서 태동된 4전총(제4차 전국총합개발계획, 1987년) 또한 3전총을 이어받아 '다극 분산형 국토 구축'을 주장했다. 이 4전총을 채택한 나카소네 야스히로(中曽根康弘) 내각이 현재까지 이어지는 행정 개혁을 시작한 내각이다. 하향식 일극 집중형의 권력을 확립하고 현재까지 계속되는 경제성장과 재무·행정을 중시하는 체제 및 노사관계의 변화를 시작한 것도 이 정권이다. 지금 돌아보면, 국철을 비롯한 공기업의 민영화와 리조트법 제정, 판매세 도입 기획(이때는 실패하지만 후에 소비세로 연결됨) 등 다방면에 걸친 사회 환경의 강제적인 변화가 가정과 지역에서 육아와 충돌하며 새로 만들어졌다. 이것이 멈추지 않는 출산율 저하에 박차를 가해 1989년 1.57쇼크와 결합되었다고 유추할 수 있다.

그후 행정 개혁에 의한 사회 개조는 우여곡절을 겪는데, 1990년대 후반에 시작된 하시모토 개혁[하시모토 류타로(橋本龍太郎) 총리]은 2000년대 고이즈미 개혁[고이즈미 준이치로(小泉純一郎) 총리]의 '성역 없는 구조 개혁'으로 크게 확장되었다. 그리고 이것이 제2차 베이비부머의 출산·육아 기간과 겹쳤기 때문에,

이후 발생된 멈추지 않는 저출산의 원인을 제공한 것은 아닌지 앞에서 분석했다.

크고 급격한 개혁은 사회에 불안을 주고 사람들의 행동에 부정적인 영향을 미치는 것으로 알려져 있다. 즉 행정과 출산율이라는 양자의 관계가 개혁의 측면에서 보면 겉으로는 관련이 없어 보이지만, 오히려 이들 간의 강한 관련성을 파악해 보다 빠르게 대응했다면 지금의 상황까지는 이르지 않았을 것이다. 이런 의미에서 인구 감소는 역시 정책 방향과 밀접한 관계가 있다고 생각한다.

물론 이런 개혁은 어떤 면에서 보면 단행해야 할 개혁일 수 있다. 중요한 것은 만약 이런 것들을 할 수밖에 없다면, 이로 인해 어떤 일이 발생할지에 대해서도 검토했어야 한다는 것이다. 어쨌든 결과만 보면 이 일련의 행정 개혁이 장기간에 걸쳐 출산율 저하에 영향을 미치고 있다. 게다가 그 개혁이 최고조에 이르렀던 2000년대라는 시기가 인구 회복의 마지막 기회였던 제2차 베이비부머의 출산 및 육아 시기와 겹쳐 결국 지금에 와서는 돌이킬 수 없는 사태에 직면하게 된 것이다. 출산력이라는 인간의 매우 소중한 능력을 행정·재무 개혁의 희생양으로 날려버린 것 같다.

버블 붕괴와 국제 정세

과소·과밀 문제의 해소인가, 아니면 재정 안정화를 위한 경제성
장인가? 사람들의 생활을 보호하기 위한 노동환경의 안정화인
가, 아니면 정치 주도를 실현하는 권력 집중화인가? 지방과 농·
산·어촌을 안전하게 지켜야 하는가, 아니면 효율적인 도쿄일극
집중을 옹호할 것인가?

　이런 대립은 전후 일본 정치의 중심 주제였지만 1980년대 후
반 이후 전총(전국총합개발계획)과 같이 이상적인 국가상을 내걸면
서도 실제로는 '다극 분산형 국토' 등을 진정으로 추구하지는 않
았다. 오히려 권력의 국가 일극 집중과 경제·재정지상주의적 개
혁의 진행으로 2000년대에는 그것을 더욱 강하게 추진해 멈추지
않는 저출산과 인구 감소가 운명이 되어버렸다. 지금까지의 분석
을 이렇게 정리할 수 있다.

　도쿄를 정점으로 한 일극 집중, 국가주권 집중과 경제지상주
의, 효율주의 및 경쟁주의에 대해서는 그동안 끊임없이 다양한
비판이 이루어졌다. 1980년대 말부터 1990년대는 이른바 포스
트모던이나 환경 가치가 확산되고 시민사회론 등 사회 체제를 신
자유주의나 경제지상주의와는 다른 이념으로 재건하자는 기운이
싹트던 시기이기도 하다.

　또한 공공 토목사업을 중심으로 한 중앙 주도 정치로부터 전
환이 이루어진 것도 이 시기다. 자원봉사활동이 국민들 사이에

퍼져 NPO(특정 비영리활동법인)가 제도화된 것도 1990년대였다. 이때 획일적인 경제·재정지상주의에서 벗어나 이런 비판들을 통합하는 균형 있고 합리적인 정치 체제가 도입되었다면 좋았을 것이다. 양당제를 목표했던 것도 아마도 그러한 이유였을 것이다.

그러나 그런 균형이 어딘가에서 무너져 어느새 매우 편중된 원리만 국가 정책의 중심에 눌러앉았다. 균형이 무너진 원인은 1991년의 '버블 붕괴'가 또 하나의 계기일지도 모른다. 버블 붕괴는 세계 경제의 특정 금융재해와도 유사한 측면이 있기 때문에 이것으로 모든 정책의 실패라고 할 수는 없다. 2000년대 개혁은 분명히 필요에 의해 단행되었을 것이다. 하지만 그 노선이 적절했는지 여부는 다시금 반성할 필요가 있다.

필요 이상으로 국가를 중심에 놓고 사고하는 방식은 아니었을까? 경제나 재정적인 측면에서만 사회를 파악하고, 그로 인해 인간의 존재 방식을 경시하는 정책을 옳다고 하는 풍조가 만연했던 것은 아닐까? 그것이 사실 우리가 '신자유주의'라고 부르는 것의 본질은 아닐까? 그리고 신자유주의로 대표되는 '도시의 정의'야말로 국가의 균형을 무너뜨리고 저출산의 늪에 빠져들게 하는 정체(본질)가 아닐까?

우리는 왠지 모르게 인구 감소를 경제 문제라고 생각한다. 그러나 모든 것을 경제 중심으로 생각하는 사고방식 그 자체가 인구 감소를 일으키는 원흉이다. 인구 감소는 경제 문제가 아니다.

마음과 사회의 문제다. 인구 감소를 경제 문제라고 인식하는 근원에는 가치를 잘못 판단하는 문제가 있다.

'가치'는 단지 물건의 가격이나 값어치만을 표현하는 것이 아니다. 우리는 날마다 무엇인가를 향해 행동하고, 사회 또한 어떤 행위에 앞서 무엇인가를 목표로 해서 움직인다. 사람들에게 방향성을 제시하고 지향해야 할 사회의 이상적 자세와 태도를 표현하는 관념 세트, 그것이 가치다. 그런데 그런 가치에 경제와 효율성을 지나치게 중시하면서 국가 정책을 끌어당겼다.

하지만 가족을 형성해 아이를 낳아 키우는 것은 경제가 아니라 사람이며 사회다. 사람과 사회를 부정하는 가치가 내재된 정책이 사람을 육성하고 사회를 건전하게 이끌 리 없다. 가치를 잘못 인식하면, 사람도 사회도 국가도 행선지를 잃고 길을 헤매게 된다.

우리는 이런 당연한 것을 깨닫지 못하고 지나쳐버렸다. 그뿐만 아니라 정책 이념이 이미 '도시의 정의'에 완전히 중독되어 모든 것이 경제와 돈의 효율성 추구에 의해 판단되어 실제로 2000년대에 대개혁을 추진하기에 이르렀다. 그것이 결국 저출산 문제 해결의 마지막 기회를 빼앗아버린 것이다. 2020년대 저출산 사회의 정책 형성을 위해 먼저 이것을 깊이 반성하지 않으면 안 된다.

실패를 인정하는 데서 우리 사회의 진정한 재생이 가능해진다. 그러나 반성은커녕 이 2000년대 개혁에서 형성된 잘못된 이념과 가치가 하나의 흐름을 형성하는 것을 넘어 새로운 형태로 재연되는 움직임이 나타나고 있다. 그 한 축에 지방창생이 있는 셈이다.

4. 세대교체와
지방·중앙의 관계

생활양식의 변화와 저출산

정부의 모든 것이 나쁘다고 말하는 것이 아니다. 그리고 정책이
올바르면 이 나라의 문제가 당장 해결된다고 주장하는 것도 아니
다. 여기에서 논하고 싶은 것은 그렇게 단순한 원인과 결과론이
아니다. 오히려 강조하고 싶은 것은 여러 가지가 일체가 되어 예
상치 못한 곳으로 굴러가는 악순환의 구조가 실제로 국가 안에
존재하며 작동하고 있다는 것이다. 악순환이 시작되면 그에 대해
다른 형태로 반응해야 함에도 불구하고, 잘못된 반응을 계속 옹
호하는 실수의 사슬이 만들어진다. 그 잘못된 정책의 악순환이
지금도 계속되고 있다고 경종을 울리는 것이다.

그런데 이 악순환에 악순환만 남아 있어 그 요인이 정책이나 정치적인 면뿐만 아니라 국민들 안에도 숨어 있다. 지금까지의 주장과 모순되는 것 같지만, 여기에는 국민들과도 깊은 관계가 있다. 예를 들어 2000년대의 분석도 제2차 베이비부머를 피해자와 같은 시각으로만 보는 것은 충분치 않다. 이번에는 저출산을 국민의 입장에서 생활과 생활양식의 변화 측면에서 살펴보자.

여기에서는 베이비붐주니어 세대를 기준으로 세대를 분석해 저출산의 원인에 대해 좀 더 면밀하게 파악하고자 한다. 동일한 현상에 대해 재차 논하는 것이지만, 이번에는 국민들의 변화로 인해 전국의 총 도시화가 저출산 과정과 어떻게 밀접하게 관련되어 있는지 밝힐 것이다.

고령 세대일수록 권위가 낮은 업무에 종사

세대 분석이란 주요 세대 몇 개를 도출하고, 특히 부모·자녀·손자녀 관계를 가상으로 설정해 여기에서 발생하는 현상을 가족 이야기처럼 엮어 나가는 것이다. 나는 2012년에 출간한 《한계취락의 진실》에서 한계취락이 왜 발생하고, 또한 소멸한다고 하면서도 왜 끈질기게 계속 존재하는지에 대해서도 이 방법을 활용해 설명했다.

2010년대 후반에 들어 2018년 현재 최고 연령 세대는 다이쇼 말부터 쇼와 9년(1934년) 사이에 태어난 세대다(1925년생이 2015년에 90세가 되었다). 여기에서부터 이야기를 시작해 보자.

이 세대는 전쟁 전에 교육을 받은 마지막 세대이며, 또한 인구 전환의 이행기 세대라고도 한다. 다산다사(多産多死)에서 소산소사(少産少死)로의 전환기인 다산소사(多産少死) 시기의 세대가 이들이다. 그래서 저출산 제1세대라고도 할 수 있다. 전쟁 전 태어난 세대까지는 대부분 농림어업을 중심으로 가업을 그대로 물려받았다. 중앙과 지방의 권위 서열은 존재했지만 그 권위 서열이 이들의 직업 선택에 직접적인 영향을 미치지는 않아 그들의 생활을 그들의 방식대로 영위할 수 있었다.

이에 비해 전후에 태어난 그 자녀들인 단카이 세대*에 이르러서는 농촌에서 도시로, 지방에서 중앙으로, 그리고 농림어업에서 공업·상업·서비스업으로, 서열에 기반한 사회 이동이 이루어졌다. 전국 차원에서 도시로 향하고 도쿄로 향하는 사람의 이동과 분업 및 직업권위의 서열화가 진행되었다. 하지만 이 세대는 인구가 많아 지역에서 이동하지 않는 사람과 지방의 중소도시에 머무

---

* 제2차 세계대전 직후인 1947년부터 1949년 사이에 태어난 베이비붐 세대. 모두 680만 명으로 일본 전체 인구의 5.4퍼센트를 차지한다. '단카이'(だんかい, 團塊)란 '덩어리'라는 뜻으로, 이 세대의 인구수가 상대적으로 많아서 인구분포도를 그리면 덩어리 하나가 불쑥 튀어나온 것처럼 보인다고 해 이런 이름이 붙여졌다. 한편 이들 세대가 대량생산형 조직사회에 순응적이며 동세대끼리 잘 뭉치는 성향에 따라 붙여진 이름이라는 설도 있다.

는 사람도 많았다. 도쿄를 떠나 다시 현지로 돌아오는 이들도 있었고, 그들이 되돌아옴으로써 '지방의 시대'라는 인상마저 풍겼다.

이에 비해 그 자녀들인 단카이주니어 세대에서는 육아를 위해 도시로 이동하는 현상과 학력주의가 고착되었다. 고등학교 진학이 일반화되고 대학 진학률도 상승했다. 취업은 일찍부터 1·2차 산업 중심에서 3·4차 산업 중심으로 이동했다. 그리고 그 자녀 세대가 헤이세이 태생 세대다.

이렇게 광범위하게 세대 간에 거주 지역이 분리된 것이 세대 간 공존 방식이 되고 직업의 분업화가 전개되면서 이 3세대 간의 직업권위 배열은 다음과 같이 귀결되었다. 즉 고령세대일수록 권위가 낮은 업무에 종사하고, 젊은 세대일수록 보다 높은 권위의 직업에 종사하는 것이다.

권위 서열은 다이쇼 말부터 쇼와 9년까지 태어난 세대(쇼와 원년은 1926년)까지는 그다지 강하게 작동하지 않았다. 또한 베이비붐 세대에도 거주 지역과 직업의 분리가 진행되었다고 해도 모든 면에서 도쿄로의 집중 현상이 나타났던 것은 아니며, U턴 등의 회귀가 동반되기도 했다.

그에 반해 베이비붐주니어 세대에 이르면 직업권위가 모든 면에서 관철되기 시작한다. 즉 3세대를 거치며 권위 서열에 충실히 따르고 자신의 생존을 국가와 시장에 맡기는 순수한 도시민이 형성되었다. 이런 변화와 함께 중앙과 지방, 도시와 농촌의 관계도 변했지만 내가 특히 중요하게 여기는 것은 이것이다. 바로 베이비붐 세대 이전에 비해 베이비붐주니어 세대가 생각하는 '도쿄로 향한다는 것'의 의미, 대도시 및 도쿄라는 장소의 의미가 질적으로 변화했다는 점이다. 권위 서열과 도쿄일극집중 현상이 가져오는 효과가 세대마다 매우 다르다는 것이다.

도시로 향한다는 것의 의미 변화

단카이 세대까지의 도시에는 꿈이 있었다. 도시를 동경하고 도시에서 자신의 인생을 실현했다. 지방이나 농·산·어촌에는 사람들이 넘쳐나 한 집안의 장남이라도 되면 그곳에 거처를 마련하고 가족을 형성하기보다 도시로 나가 가족을 형성하고 생계를 부양하는 편히 훨씬 수월했다. 도시에서는 새로운 사업을 시작할 수도 있었다. 게다가 계속해 증가하는 인구로 인해 경제도 끊임없이 성장했기 때문에 실제로 도시에서는 사람들의 꿈이 실현되었다. 이런 도시는 도쿄뿐만 아니라 태평양벨트 지대* 전체에 널리 존재했다.

그러나 단카이주니어 세대가 사회에 진출할 무렵에는 일본의

---

* 일본의 미나미칸토 지방에서 기타규슈 지방까지를 연결한 일련의 공업 지역을 가리킨다.

사회와 경제가 크게 변화했다. 1990년대에는 세계 경제의 변화에 대응하기 위해 고용 개혁이 단행되었고, 노동시장에 진입하는 많은 단카이 자녀들에게는 새롭게 변화된 고용방식이 적용되었다.

그런데 단카이주니어 세대는 도시에서 태어나고 자란 세대였다. 이것은 그 이전 세대가 갖고 있던 '스스로 자신의 일을 개척하는 힘'이 부족함을 의미했다. 이 세대는 대기업 직원이 되는 것, 보다 높은 서열의 공무원이 되는 것, 이를 위해 우선 명문 학교에 들어가는 것 등 권위 서열에 충실하게 진로와 직업을 선택하는 세대였다. 문제는 이렇게 안정을 추구하는 성향을 지닌 이 세대를 영입해야 할 노동시장이 새롭게 변화되었다는 것이다. 노동시장의 변화에 대응해 종신고용이 아닌 이직을 전제로 하는 불안정하고 유연한 노동력만이 요구되었다.

게다가 2000년대 이후는 신자유주의 정책이 실행되어 경쟁주의, 효율주의, 숫자지상주의가 철저히 작동했다. 다양한 개혁으로 인해 임금은 하락하고, 노동조건은 악화되고, 비정규직이 일반화되었다. 노동시장에만 의존해야 하는 사람들은 하층민으로 떨어지지 않도록 노력해야 했고, 경쟁의 압력은 점점 커졌다.

뿐만 아니라 이때 실제로 시정촌이나 공공기관이 정비·도태(시정촌 합병, 농협 합병, 대학 개혁 등)되어 전국 각지에서 일부 업종이 사라졌다. 리먼쇼크 등 세계적인 경제 변화까지 겹치며 현실에서는 최하층으로 전락해 거리를 헤매는 사람도 많이 생겨났다. 물론 그동안 사회 안전망도 준비되었지만, 오히려 바로 그 안전망

그물에 걸려들지 않게 해달라는 것이 사람들의 소원이 되었고, 서열의식은 점점 강화되었다.

이렇게 단카이주니어 세대는 도시를 동경하고 보다 높은 서열의 직업을 원했다. 그들에게는 단카이 세대처럼 스스로 일을 만들고, 가족을 형성하고, 꿈을 실현하는 것이 더 이상 목표가 아니었다. 오히려 개인으로서 안정과 편안함을 추구하고, 이를 위해 대도시에 거주하길 희망했다. 그러나 사실 자신의 생존을 정부와 시장의 향방에 맡길 수밖에 없는 세대에게 이런 변화는 어쩔 수 없는 선택이었다.

사회에 필요한 일을 꺼리는 젊은이들

2000년대 육아 세대는 이처럼 이미 저출산에 빠지기 쉬운 조건을 갖추고 있어 개혁의 심리효과가 부정적인 방향으로 강하게 작용했다고 보아도 무방하다. 그 이전 세대라면 이런 상황에서도 스스로 일거리를 만들고 가족을 형성했을지도 모른다. 어쩌면 세대 고유의 취약점이 있었고, 개혁의 심리효과가 지나쳤다고도 할 수 있다.

2010년대는 전쟁 전 출생한 세대가 평균수명에 도달하고, 그에 따라 전쟁 전 세대가 담당해 온 일을 새로운 세대로 채워야 하는 시기였다. 급격하게 일손이 부족하게 되었다. 그러나 이미 대부분의 지역이 도시화되어 젊은 세대(헤이세이 세대)들은 도시생활에 익숙해져 있었다. 뿐만 아니라 이들은 고학력자가 되어, 지방에서 담당자가 없으면 안 되는 종류의 일자리마저 이들의 직업 선택지에서 제외되었다. 또 대학이나 대학원을 졸업해도 취업하지 않거나 '그런 일을 하면 창피하다'는 식의 외면이 나타났다. 총 도시화와 과잉 서열화의 결과로 사람들이 종사하고 싶어 하는 일과 누군가가 하지 않으면 안 되는 일에서 수요와 공급의 불일치가 발생한 것이다.

반세기에 걸쳐 확립된 권위 서열로 인해 안정되었던 국민들의 직업 분담에 구멍이 발생했다. 사람들이 도시나 대도시로 이동하면서 생활양식이 변하고 총 도시화 및 전 도쿄화가 진행되어 드디어 사회를 유지하는 데 필요한 직업의 재배치를 방해하는 데까지 그 영향을 미치게 된 것이다.

국가에 의존하는 도시생활

전후 3세대를 거치며 수도인 도쿄로의 인구 일극 집중과 도시로의 이동은 전국 총 도시화를 완결시켰다. 그동안 다른 한편에서는 국가 권력이 비대해지고, 또 다른 한편에서는 자본(고용주)에 의한 노동자의 관리통제 기술이 철저해졌으며, 권력·자본·경영 관리도 도쿄일극집중화가 진행되었다. 이러한 도쿄일극집중 현상은 특히 1990년대부터 2000년대에 걸쳐 크게 이루어졌다.

그 결과 지역 간 균형이 깨지며 동시에 사람들의 일자리 분담(분업)의 균형도 무너지고 다양한 왜곡이 국가 차원에서 나타났다. 1990년대부터 시작된 경제성장의 둔화와 정체는 아마 그 왜곡의 하나일 것이다. 무너지고 있는 것은 국가와 경제의 균형만이 아니다. 국민 개개인의 삶에서도 균형이 무너져버린 것 같다.

기업이나 기관의 노동자 비율이 증가하고, 경영진의 방침에는 무조건 따라야 하며, 게다가 고용의 단기화 및 불안정화로 인해 자신의 지위나 소속조차 확정할 수 없어, 많은 사람들이 사회에 소속감을 가지지 못한 채 떠돌아다니는 상황이 되었다. 이런 것들은 단순히 선택의 문제가 아니라 이미 이런 상황에 의존할 수밖에 없게 되었다. 국가나 산업계가 준비한 기차를 타고서는 그 기찻길에서 낙오되지 않도록 조심하는 것이 고작일 뿐이다. 하물며 가족이나 지역 등 기초적인 사회 자체에 눈을 돌릴 여유 같은 것은 아예 없는 것처럼 보인다. 멈추지 않는 저출산 현상은 이런 상황에서 발생했다.

개인이 가족을 형성하는 것은 애초에 국가가 관여할 일이 아니다. 자유로운 개인에게서, 지역에서, 사람들의 관계 속에서 자연스럽게 이루어져야 한다. 사실 그렇게 해왔다. 그러나 도시화된 사회에서는 그것을 스스로 할 수 없게 되었다. 예를 들어 육아 지원이 어린이집 문제로 상징되는 것처럼, 아이를 어린이집에 맡길 수 없어 낳을 수 없다는 이야기를 하기 시작했다. 사회에서 긍정적으로 받아들여졌던, 한 여성이 블로그에 올린 "어린이집 떨어졌다. 일본 죽어라!"*라는 글은 일본 사회의 상황을 상징하는 예상치 못한 사건이었다.

이제 육아는 국가가 해야 할 일로 인식되고 있는 것이다.

이렇게 국가가 담당해야 할 서비스가 증가하면 이에 대한 부담도 증가할 것이며, 저출산대책에 소요되는 재정이 점점 감당할 수 없는 지경에 이를 것이다. 노인과 어린이를 위한 공공자금을 더 이상 부담하지 못하면, 도대체 이 나라는 어떻게 될까? 그래서 결국 정부는 '벌어라'라고 말하게 된 것이다.

이것은 정부가 '저출산=인구 감소'라는 과제를 극복할 의지가 전혀 없다는 것을 보여준다.

문제는 저출산을 어떻게 멈출 수 있을까, 향후 출산과 육아 문제를 어떻게 헤쳐 나갈까이다. 하지만 국민들은 자신의 책임마저 포기하고 모두 정부에 떠넘기려는 것 같고, 정부는 정부대로 정책 실패를 인정하지 않는 상황에서 적절한 방안도 내놓지 않고 있다. 뿐만 아니라 오히려 그 편이 선거에서 이길 수 있기 때문에 경기만 좋아지면 괜찮아질 것이라며 실패한 정책을 더욱 강화한다. 정작 중요한 저출산에 직면한 회로는 정부 스스로 닫아버린 것 같다.

---

*   2016년 2월 어린이집 신청에서 떨어진 한 익명의 블로거가 쓴 "일본 죽어라"(日本死ね!)라는 글이 일본 사회에 커다란 반향을 일으켰다.

문제는 경제도 아니고 행정이나 재정 또한 아니다. 이 나라의 사회와 국민의 마음에 문제의 핵심이 있다. 그리고 그 원인은 국가의 과도한 권력 집중에 있으며, 그러한 집중을 가져오는 국민의 과도한 국가 의존에 있다. 망가져버린 마음을 다시 세우고, 당연한 가치를 되찾아 사회를 모두가 함께 만들어가야 한다. 그런 상태로 이 사회를 되돌려야 한다.

그러나 이런 의식을 갖지 않고 문제를 축소하고 경제나 재정의 문제로만 인식해 '마을·사람·일자리'가 아니라 돈의 문제로 해결하려는 강한 압력이 지금도 이 나라의 정치와 국민 사이에 널리 퍼져 있는 것 같다.

그래서 이로 인해 지방이, 그리고 농·산·어촌이 희생양이 되어 강력한 비난의 대상이 되고, 이 저출산 사회라는 실패의 책임을 지는 상황이 되었다. 이것이 〈마스다 보고서〉의 실체다. 그런데 지방과 농·산·어촌에 책임을 전가하면서도 이를 해결하기 위해 노력하지 않고, 그 연장선상에서 작동하는 '지방창생'은 어떤 의미에서 파멸의 길을 더욱 가속화할 뿐이다.

여기에서 관점을 바꿔보자. 지금까지는 지방과 도쿄를 계속 비교하며 기본적으로 지방에 시선을 두고 지방의 현실을 중심으로 인구 감소와 도쿄일극집중 현상에 대해 분석했다. 하지만 인구 감소와 도쿄일극집중 현상이 국가 전체에 관련된 상황이라면, 그래서 그것이 전국 총 도시화와 전 도쿄화에 관한 것이라면, 이 현상은 도쿄에서도 뚜렷하게 나타날 것이다.

이제 도쿄에서 본 인구 감소와 도쿄일극집중 현상에 대해 생각해 보자.

제3장

<u>도쿄에서 바라본 '지방창생'</u>

1. '도쿄만 애쓰고 있다'는 오해

'도쿄가 번 돈을 지방으로 돌리는 것은 이상하다'

지방창생이 시작된 후 나는 여러 곳에서 강연을 했다. 그런데 도쿄에서 강연할 때 분위기와 지방에서 할 때의 분위기가 항상 다르게 느껴졌다. 본거지와 적지라고나 할까, 가끔 도쿄에서 강연할 때는 공격적이라는 느낌이 들곤 했다. 도대체 무엇 때문일까?

대학 교수인 나는 평소엔 대학에서 강의를 한다. 한 강의에서 지방창생을 소재로 지방과 중앙의 관계에 대해 학생들과 이야기했을 때다. 강의가 끝나기 직전 어느 학생의 말을 듣고 도쿄 사람들이 느끼는 지방에 대한 짜증의 이유를 알 것 같았다. 그것은 이런 내용이었다. "교수님 얘기는 확실히 알겠습니다. 하지만 도쿄에서 번 돈을 지방으로 돌리는 한 문제는 해결되지 않는 것 아닙니까?"

이것은 도쿄에서, 그것도 도심에서 매일같이 일하는 사람들이 보통 생각하는 말일지도 모른다. 하지만 난 이런 의견을 전혀 예상하지 못했기 때문에 솔직히 좀 허둥댔다. 실제로 지방에서, 특히 행정에 종사하는 사람이라면 나와 같았을 것이라고 생각한다. 아마 '자네 뭔가 착각하고 있는 거야'라고 생각할지라도 보통은 이 질문에 침묵할 것이다. 반론할 말이 준비된 사람이 그리 많지 않기 때문이다.

그러나 이 엇갈린 인식을 해결하는 것이야말로 도쿄와 지방이 정면으로 마주하고 이야기할 수 있는 중요한 분기점일지도 모른다. 아마도 20년 전까지는 이런 말을 하는 사람이 없었을 것이다. 그러나 현재 도쿄에서 생활하는 사람들, 특히 젊은 사람들에게 이런 인식이 생겨나기 시작한 것은 확실하다. 그리고 이것이야말로 '도시의 정의'의 배후에 있는 것이다. 도쿄에서 본 지방창생을 논하기 전에 먼저 이러한 것부터 생각해 보자. '도쿄에서 번 돈을 지방으로 융통시키고 있는 구조가 이상하다'라는 오해가 이미 상당 부분 침투했을지도 모르기 때문이다. 내가 보고 들은 것은 학생들의 감상 정도만이 아니다.

얼마 전 지방에 대해 논하는 연구자와 정부기관 관료로부터도 같은 말을 들었다. 무엇보다 놀란 것은 지방창생에 관한 설명회에서 정부 담당자가 "도쿄 돈을 지방으로 돌리고 있는 구조가 이대로 계속되어서는 안 된다"라고 공공장소에서 언급한 것이다. 그리고 더 놀란 것은 그 자리에 있던 지자체 관계자들로부터(거기에는 많은 시정촌장이 있었다) 이론이나 반론이 없었다는 점이다. 나중에 들어 보니 모두 후회한 것 같았다. 그러나 '도시의 정의'라는 기세에 눌려 반론조차 꺼낼 수 없었던 것이다. 지금부터 약 2년 전 이와 관련해 더 재미있는 일이 있었다.

'마스다 히로야는 도쿄를 멸시한다'라는 비판

2016년 7월, 마스다 히로야가 코이케 유리코(小池百合子)와 도리고에 슌타로(鳥越俊太郎) 등과 함께 도쿄 도지사 선거에 나왔을 때 이런 비판이 나돌았다. 총무장관 시절 마스다가 했던 발언을 들어 그것이 '도쿄 멸시' 발언이며, 그런 사람에게 도지사를 시켜서는 안 된다는 이야기였다. 지금도 인터넷에는 이런 기사가 남아 있다.

마스다 히로야의 놀라운 '도쿄 멸시' 발언

경기가 회복되어 지방세입 전체가 오를 때 특히 도쿄입니다만 도쿄에 돈이 모이기 쉬운 세금 체계는 역시 바꾸어야 한다는 것이 대전제입니다. (2008년 4월 24일 총무위원회, 밑줄은 기사 집필자에 의한 것임, 이하 동일.)

그러한 것을 막는 의미에서 굳이 나는 세원 이양은 말씀드리지 않지만 그 세원 이양을 한다고 해도, 예를 들면 법인 사업세 분할 기준 재검토 등을 함으로써 삼위일체 개혁을 진행시켜 온 것입니다. 즉, 그러한 방식으로 <u>도쿄도에서 1000억 엔 정도의 돈이 지방으로 들어가도록 해왔습니다.</u> 그렇게 세원의 편중을 완화해 온 셈입니다만 그것이 불충분했습니다. 그런 것은 실제로 숫자로 나와 있습니다. (2008년 2월 8일 중의원예산위원회)

이것은 총무장관으로서의 마스다의 견해입니다만, 그는 총무장관 시절 도쿄도를 눈엣가시로 여겨 '도쿄로 돈이 들어가지 않도록 하겠다'고 해왔습니다. 마치 <u>도쿄를 멸시해서 지방으로 돈을 돌리는 것을 정의로운 것으로 생각한 것</u> 같은 발언뿐이고, '지방에서 지역 고용을'이라는 것은 듣기 좋은 소리이고, 그것을 '도쿄 돈으로' 하자는 것이 그의 사고방식입니다.
[와타세 유야(渡瀬裕哉), "마스다 히로야의 공공사업으로 빌린 돈 배로 증가한 1조 엔의 과거", 아고라 2016년 7월 4일.]

이 기사가 말하고자 하는 것은 마스다가 도쿄 도지사에 입후보했지만 사실은 총무장관 시절 도쿄의 재정을 지방에 돌리는 획책을 한 배신자라는 것이다. 마스다를 여기에서 변호하자면, 마스다가 말하는 것은 개인적인 견해가 아닌 총무성의 일관된 입장이며 또한 정부의 공식 견해였다는 것이다. 그리고 그의 답변에 특별히 문제가 있는 것도 아니고 성실한 답변이었다고 할 수 있다.

도쿄일극집중이 사람뿐만 아니라 돈에서도 나타나, 도쿄만 세입이 극단적으로 모이는 형태가 되었기 때문에 총무성으로서는 그것을 가능한 한 각지로 균등하게 배분하는(세금의 도쿄일극집중을 막도록 노력하는) 여러 노력을 하고 있다는 이야기다.

구조적으로 도쿄에만 돈이 **모이게** 돼 있다. 문제는 그렇게 되면 일본 전체를 유지하기 어렵기 때문에 어떻게든 개선을 해 나가지 않으면 안 된다는 것이다. 여기에 분노를 느끼는 것은 역시 '도쿄에서 **번** 돈을 지방으로 융통시키는 구조는 이상하다'라는 전에 없던 발상 때문이다. 이 발상의 문제점을 풀어보자.

정말 도시가 '생산'하고 있을까

'도쿄가 번 돈을 지방으로 돌리는 것은 이상하다.'

먼저 지적할 것은 '세금'을 '벌이'라고 생각하고, 게다가 그것을 '자기들이 번 돈이고 다른 사람들에게 쓰게 하고 싶지 않다'라는 도쿄의 생각이다.

세금은 벌이가 아니다. 그리고 모여진 세금은 국민 모두의 것이다. 국민 전체를 위해 사용해야 하는 것이다. 나라는 번 사람에게도 못 번 사람에게도 공평하게 서비스를 제공해야 하고, 국민 전체의 이익을 생각해 세금 사용을 통제·관리해야 한다. 이것이 세금의 목적이고 역할이다. 누군가의 이익을 위해 모여진 재화가 아닌 것이다.

그러나 그렇다 하더라도 여전히 '도쿄만 벌어서 세금을 내고 있다. 그 세금이 지방으로 들어가는 것은 이상하다'라고 생각하는 사람이 있을 것이다. 그렇다면 정말로 이 '벌이'는 도쿄에서만 생긴 것일까? 도쿄만 벌고 지방은 아무것도 하지 않고 있는 것일까? 그렇게 다시 질문해 보자. 도쿄에서 생산활동이 행해지고 거기에서 만들어진 상품이 판매되어 수익을 올리고, 모두 도쿄에서 일어난 활동으로 벌이가 완결되는 것이라면, 도쿄에서 거둬들인 세금을 지방에 쓰는 구조는 확실히 이상하다고 할 수 있다. 그런데 정말 도쿄에서만 생산과 소비가 완결되는 구조인가? 그렇지 않다.

생산하고 있는 것은 지방이다. 다만 그 본사가 대부분 도쿄에 있을 뿐이다. 그 때문에 세금이 도쿄에만 모이는 구조가 되는 것이다. 어떤 상표를 예로 들어 보자. A라는 상품을 만드는 곳은 지방에 있는 생산 공장이다. 도쿄도 내에는 이미 공장이 없다. 경우에 따라서는 일본에도 없고 해외에 있기도 하다.

고도화된 상품일수록 제품 제조 공정이 복잡하고, 부품의 제조 및 조달, 조립, 유통 등 일련의 과정이 도쿄가 아닌 각 지역과의 연계를 통해 이루어지고 있다. 도쿄가 짊어진 것은 그 일부인 본사 기능이며, 그것은 그것대로 없어서는 안 되지만 반대로 각 지역에서의 공정이 없으면 본사도 기능할 수 없다.

본사가 도쿄에 있어서 그 매출이 도쿄에서 계산되는 것일 뿐이다. 특히 언젠가부터 기업들이 도쿄로만 집중되어 이런 수익이 전부 도쿄로 모이게 되었다. 생산하고, 소비하고, 경제 활동을 하는 것은 지방을 포함한 전국에서 이루어지지만 그중 하나인 도쿄로만 돈이 들어오는 구조다. 그래서 세금도 도쿄에 집중적으로 모인다.

앞서 거론한 마스다의 답변은 이 구조를 문제라고 한 것이다. 도쿄와 지방 양쪽이 협력해 산업을 구성하고 경제가 성립한다. 고차 산업일수록 협력의 내용과 범위는 더 커지며 이것이 실현될수록 나라의 경제도 크게 유지된다. 밑바닥이 있기 때문에 정상이 있다. 그 정상이 도쿄에 있기 때문에 구조적으로 도쿄에만 수익이 모이는 구조가 된 것이다.

따라서 세금이 지방으로도 적절하게 분배되면 전체 균형이 유지될 수 있다. 실제로 정부는 이런 저런 방법으로 이것을 실현해 온 셈이다. 그런데 이 구조를 모른 채 표면적인 수치만 보고 손해를 봤다고 생각하는 도쿄 사람들이 있는 것 같다. 전체가 있어야 도쿄도 제대로 기능할 수 있다. 도쿄만 열심히 하고 있다고 생각하는 것은 병이다. 게다가 문제는 이런 인식이 도쿄나 수도권 사람들에게만 있는 것이 아니라 지방의 많은 사람들도 똑같이 생각하기 시작했다는 것이다. 그래서 젊은 사람들을 적극적으로 도쿄로 보내려고 한다. 이것이 바로 도쿄일극집중의 정체다.

제2장에서도 말했듯이 이 구조 자체는 이상한 것이 아니다. 지방의 사람·물건·자원을 도쿄와 연결시켜 높은 부가가치와 경제력(=국력)을 만듦으로써 다른 나라들과 경쟁할 수 있다. 이것을 다른 예를 통해 좀 더 생각해 보자.

관광 수익도 중앙으로 모인다

지방창생에서는 지방의 '수익력'이 강조되는데, 그 중에서도 관광은 사업 전개의 큰 기둥이다. 특히 외국인 관광객 수가 증가하자 외화를 더 벌어들이는 것이 지방창생의 목적 중 하나가 되었다. 관광객을 늘려라, 수익을 올려라, 특히 인바운드*에서 외화를 벌어들이라는 것은 정부 방침이 되어 지방 관광이 사업화되고 있다. 확실히 관광객이 한 사람이라도 늘면 그만큼 지방으로 들어오는 재화도 늘고 경제도 다소 풍족해진다.

그러나 예를 들어 다음과 같은 구체적인 상황을 생각할 때 열심히 관광사업을 장려하는 것이 지방에 어떤 이익을 초래하는지는 의문이다. 어느 지역에서 어머니들 그룹이 묻혀 있던 향토 요

---

* 일본 입장에서 외국인이 일본으로 들어오는 관광, 외국인을 대상으로 하는 관광을 가리킨다. 일본인이 외국으로 나가는 관광은 아웃바운드라고 한다.

리에 부가가치를 두고 일품 메뉴를 개발했다고 하자. 그것이 지역에서 이름이 나고 전국 방송에 소개되었다. 그것을 보고 휴가 때 가족 여행지를 고민하던 도쿄의 샐러리맨 A씨가 행선지를 그곳으로 정했다고 하자. A씨 가족이 그곳을 여행하고 그 요리를 맛봄으로써 일인분에 750엔씩 네 명이 총 3000엔을 지불했다. 그 지역의 어머니들은 손님이 와준 것을 기뻐하고, 손님도 기대 이상의 요리와 대접에 감격해 '내년에도 또 오겠다'고 화답하는 등 판로가 개척되어 사람들의 교류가 시작되었다면, 여기에 확실히 나쁜 점은 눈에 띄지 않는다. 그러나 다음 사항을 생각해 보자.

A씨 일가가 도쿄에서 이곳에 올 때까지의 교통비와 그 날의 숙박비, 그리고 아침에 신칸센을 탈 때 역에서 구입한 음료수나 도시락 값, 돌아가는 길에 매점에서 구입한 선물 등 여러 물품비 등을 생각해 보면, 이 지역 어머니들의 노력이 계기가 되었지만 A씨 가족은 어머니들이 얻은 3000엔보다 훨씬 많은 돈을 다른 곳에 지출한 것을 알 수 있다. 경제효과는 상당히 크지만 어머니들에게 들어온 금액은 미미하다는 것이다.

어머니들의 일품 메뉴를 보도한 미디어도 일견 선의로 관광지를 소개한 것 같지만 스폰서로부터 제작비용을 받았다. 오히려 이 어머니들 덕분에 일을 할 수 있었던 것이다. 요컨대 말하고 싶은 것은 이러한 것이다.

관광 개발은 확실히 경제를 윤택하게 한다. 그러나 거기에서 생기는 이익의 대부분은 콘텐츠를 개발한 사람이나 지방이 아닌 관광을 기반으로 하는 교통 회사나 여행사 또는 관광 인프라 사업자 혹은 방송국 등 정보 소프트 산업으로 들어가는 구조로 되어 있다. 그리고 그러한 관광 인프라 사업자의 대부분은 도쿄를 비롯해 대도시에 본거지를 두고 있다. 관광은 지방 산업이 아닌 전국 수준의 산업이다. 그러므로 관광진흥을 일으켜도 그 벌이의 대부분은 그러한 업자들에게 들어가는 구조다.

지방의 관광 콘텐츠 만들기는 기본적으로 큰 수익이 되지 않는다. 오히려 열심히 해서 생긴 이익의 대부분을 중앙이 가져가버린다. 현실적으로 이런 구조로 되어 있다. 그렇다면 관광 산업이 성장하는 것이 나쁠까? 그건 아니다. 많은 사람들이 관광을 통해 교류하고 모르는 장소를 알게 되는 것은 중요하고 좋은 일이다. 또 지역 사람들도 많은 사람들이 방문하면 자기 고장의 매력을 알림으로써 자신감을 갖게 된다. 그것이야말로 지방창생 본래의 정신과 연결되는 것임에 틀림없다. 그러나 그것은 '벌이'와는 다른 것이다. 지방이 열심히 해도 그만큼 많이 '번다'고는 할 수 없다.

관광으로 높은 수익을 올리는 이들은 중앙에 있는 사람들이다. 그러므로 우리는 이렇게 생각하지 않으면 안 된다. 지방에서 관광 콘텐츠를 유지하고 새롭게 정보를 제공해 줌으로써 중앙의 사람들이 수익을 올린다. 관광 산업은 여러 노력으로 성립한다. 수익 구조는 전체적이다. 그중 어디 하나가 깨져도 관광은 실현되지 않는다. 그러나 자주 그 이익의 대부분은 중앙으로 집중되고, 지방에는 일부밖에 떨어지지 않는다. 그렇다면 이익을 많이 얻은 곳이 이익을 조금밖에 얻지 못한 곳에 어떤 형태로든 그 이득의 일부를 돌려주어야 한다. 그렇게 함으로써 모순이 해소되어 전체 순환이 성립하는 것이다. 이런 윈-윈 관계가 확립될 때 비로소 산업이 성장한다.

돈의 순환을 만드는 것. 세금 징수와 공공사업은 그러한 회로의 하나다. '지방이여, 벌어라'가 아닌 전체 프로세스를 능숙하게 조정해 선순환을 만들어가는 것이 필요하다.

농산물은 싸야 한다

또 하나의 예를 들어 보자. 도쿄 도심에는 보통 사람들이 평생에 한 번 갈까 말까 한 초고급 레스토랑이 여러 개 있다. 거기에는 일본의 최고급 식재료가 모인다. 분명 레스토랑 셰프의 빼어난 요리 솜씨와 경영자의 수완이 있어 그런 가게가 운영되고 있을 것이다. 지방의 가게라면 한 끼에 기껏해야 몇백 엔인 것이 이 장소에서는 몇만 엔의 가격으로 팔린다. 이곳에서는 높은 수익을 올릴 수 있다. 고액 소득자가 다수 모여 있어 규모의 경제, 중심 경제가 성립하기 때문이다. 그래서 최고의 기술과 품질을 갖춘 고액 메뉴가 가능한 것이다.

그러나 이곳 메뉴는 농가가 심혈을 기울여 생산한 재료가 있기 때문에 비로소 성립되는 것이기도 하다. 하나하나의 농산물이 없으면 레스토랑은 운영할 수 없다. 그러나 농산물의 가격은 그렇게 높게 책정되지 않는다. 레스토랑과 농가가 협력해서 장사가 가능하지만, 그 이익의 몫은 평등하지 않다. 농산물 생산으로 고액의 수입을 얻기 위해서는 어지간한 운과 연줄, 틈새시장을 확보하지 않으면 안 된다.

이는 단지 지방창생에만 국한된 것은 아니다. 도시 쪽에서는 지금까지도 농업 생산물 가격이 낮으니 농가가 더 노력해 부가가치를 높여 수익을 올리라고 지시해 왔다. 그러나 생각해 보면, 농산물 가격이 낮은 것은 결코 농가가 무능해서가 아니다. 만약 쌀값이 현재의 배가 되면 농가는 잘살게 되고 쌀농사를 짓는 사람이 속출할 것이다. 그러면 보통 국민들의 생활은 성립되지 않는다. 야채나 축산품도 똑같다. 농산물은 싸게 안정적으로 공급되지 않으면 안 된다. 농업 생산물 가격이 싸지 않으면 안 되는 것은 도시 주민의 생활 때문이다. 농가는 일자리를 잃어도 우선 자신의 생산물을 먹을 수 있다. 그러나 도시의 샐러리맨은 농산물이 비싸서 살 수 없게 되면, 바로 생활이 곤궁해진다. 거래처를 아무리 많이 확보해도 급여를 먹고 살 수는 없기 때문이다.

농산물은 기본적으로 싸야 한다. 그것은 나라의 안정에 영향을 미친다. 그 때문에 농산물에 어떤 부가가치가 붙여진다 해도 그다지 고액은 될 수 없다. 되어서도 안 되는 것이다. 그렇다면 정부가 여기에 개입해 다음과 같은 일을 해야 한다. 더 많이 번 사람들로부터 보다 많은 세금을 거둬, 그것을 적은 세금밖에 지불할 수 없었던 사람들(이들이 게으름을 피운 것은 아니다)의 생활도 똑같이 성립될 수 있도록 세금을 재배분해야 한다. 국가 전체적으로 벌고 있는 곳과 벌지 못하는 곳을 능숙하게 조정해 경제·산업 활동이 순조롭게 돌아가도록 통제하는 것이다. 그리고 만약 농가가 기본적인 소득을 벌어들이지 못하는 사정이 있다면, 소득 보장만 해주어도 좋다.

싼 식재료를 제공하는 농업이 있기 때문에 공무원이 먹고 살 수 있고 IT 산업도 매스미디어도 성립한다. 물론 나와 같이 연구하고 교육하는 사람들도 마찬가지다. 나는 한 톨의 쌀도 생산한 적이 없지만, 그럼에도 불구하고 매일 맛있는 쌀을 먹을 수 있다. 그것은 국가가 그러한 구조를 확실히 구축해 주고 있기 때문이다.

농·산·어촌이 있기 때문에 도시는 성립한다. 지방에서의 제조 공정이 있기 때문에 중앙의 본사도 성립한다. 지방이 있기 때문에 수도 도쿄도 성립한다. 생산자가 있고 가공자가 있고 그것을 배송하는 사람이 있고 그 인프라를 밑에서 유지하는 사람이 있기 때문에 비로소 경제가 성립한다. 이것을 정점에 있는 자(도쿄)가 전부 하고 있다고 생각하는 것은 터무니없다.

그래도 아직 도쿄가 잘되고 있으면 아무리 오해를 받아도 지방으로서는 안심이 된다. 여차하면 도쿄로 가면 되기 때문이다. 그런데 도쿄/수도권 생활에는 지방에는 없는 큰 문제와 결함이 있고, 그것은 일본 각지의 미니 도쿄에도 번지고 있다. 지금 대도시의 생활은 그러한 매일의 괴로움 속에 있으므로 '이렇게 열심히 일하고 있는데'라는 의식에서 '지방은 무엇을 하고 있나' '우리가 열심히 일해서 낸 세금이나 축내고' 하는 말이 나오는 것 같다.

2. 수도권에서 본 지방창생

도쿄에서 본 지방창생

다시 한 번 생각해 보자.

　인구 감소와 도쿄일극집중을 막는 것이 지방창생의 목적이다. 그리고 인구 감소의 원인이 도쿄일극집중에 있다면(사실 육아 세대가 가장 많은 도쿄에서 극단적으로 출산율이 낮기 때문에), 도쿄야말로 저출산대책을 세우지 않으면 안 되었을 것이다. 우리는 지금 한 번 더 이렇게 묻지 않으면 안 된다. 도쿄일극집중이란 무엇인가? 그것은 도쿄에서 어떤 형태로 나타나고 있는가? 그리고 인구 감소와 어떻게 관계되어 있는가?

　지금까지는 인구 감소와 도쿄권 일극 집중의 관계에 대해 얘기하고, 도쿄에서 본 지방창생이라는 주제에 대해서는 거의 언급하지 않았다. 그러나 도쿄도 지방(자치단체)의 하나이며, 따라서 도쿄 내 자치단체도 지방창생의 현장이다. 그러므로 앞에서도 말했지만 정확하게 표현하면, 문제는 도쿄일극집중이 아니라 이 나라 수도로의 집중인 '수도일극집중'이다. 그래서 이제 '수도권에서 본 지방창생'에 대해 생각해 보려 한다.

수도권 인구증가 지역의 거시적 구조

수도권의 범위는 다양할 수 있지만, 여기에서는 도쿄도, 사이타마현, 지바현, 가나가와현 등 네 곳을 중심으로 생각해 보자. 수도권 일극 집중은 우선 43도부현*으로부터 수도권 네 곳으로의 인구 집중을 들 수 있다. 먼저 수도권 내 시구정촌에서도 인구 유출입이 있어 저출산·고령화에는 지역 차이가 있다. 수도권 일극 집중을 문제화하기 위해서라도 우선은 수도권 내부에서의 인구 집중과 분포 현상을 파악해 두자[이 단락에서 모든 데이터를 소개할 수는 없지만, 관련된 연구회 성과인 《La revue du centre NO16. '특집' 수도권 인구감소대책과 과제》(도쿄자치연구센터, 2017)를 참조하라].

----

* 일본의 47도도부현(1都 1道 2府 43県)에서 도쿄도, 사이타마현, 지바현, 가나가와현을 빼면 43개 현이다.

우선 확인해야 할 것은 수도권에서도 정촌 단위는 물론 시구 단위마저도 인구 감소가 시작되었다는 것이다. 많은 지역에서 이미 인구 감소가 시작되었다. 수도권이라고 해도 인구가 늘어나고 있는 곳은 한정되어 있다. 그 중에서도 산간 지역인 정촌에서는 1950년대부터 일관되게 조금씩 인구 감소가 진행된 지역이 많고, 예를 들어 도쿄도의 오쿠타마 지역은 다른 곳보다 과소화가 더 빨리 진행되었다(대신 인구 재유입인 I턴* 등도 다른 지역보다 일찍 있었다).

그렇다면 인구증가 지역은 어떤 곳일까? 어디에 젊은 인구가 있을까? 그런 곳은 과연 지방창생이 상정한 것과 같은 경제성장 정책에 성공하고 지역 간 경쟁에서 이겨 소득을 늘리는 지자체일까? 그런데 수도권 주변에서 인구 증가가 눈에 띄는 지역을 찾아보면, 그러한 산업화에 성공한 사례 등은 발견되지 않는다. 인구가 증가한 곳은 교외 주택단지 그것도 고속 이동이 가능한 교통수단을 새로 개설한 장소 주변으로 대규모 단지가 개발된 곳뿐이다. 이러한 인구증가 지역은 도심에 근접한 장소가 아니라 오히려 도심에서 벗어나 하나의 섬처럼 나타난다는 특징도 가진다.

대표적인 곳이 지바현 나가레야마시다. 츠쿠바 익스프레스† 개통으로 생긴 새로운 역 주변─나가레야마 시가지로부터 떨어

---

* 도시에서 태어난 사람이 다른 지방으로 이주하는 것을 말한다.

† 수도권신도시철도 주식회사 소유의 도쿄 아키하바라역과 이바라키현의 츠쿠바역을 연결하는 노선.

져 있다—에 거대한 주택단지가 형성되어 2010-2015년 4년간 나가레야마시 전체 인구가 1만 명 이상 증가했다(증가율 6퍼센트).

이와 같은 현상은 수도권에 한정되지 않고 지방에서도 나타났는데, JR[*]과 민영철도 주변 노선은 물론 신칸센역과 공항 주변 등에서도 눈에 띄게 증가했다. 자세히 보면 우회도로와 터널 개통, 고속도로 출입구 설치 등에서도 같은 현상이 나타났다.

결과적으로 다음과 같은 현상이 일어난 것이다. 결혼해서 아이를 낳아 키우려는 젊은 사람들이 주택을 마련할 때에는 일과 가족생활 모두를 영위하기 위해 도심으로의 출퇴근 가능 거리와 주택 구입 자금을 고려해 장소를 찾는다. 그리고 이런 사람들의 요구를 담아낼 수 있는 장소로서 새롭게 교통망을 개설해 한꺼번에 개발된 지역—동시에 개발함으로써 단가가 싸진다—이 인구가 증가한 장소가 된 것이다. 이런 지역은 도심 거주에 비해 출퇴근은 불편하지만 출퇴근 시간이 더 걸리는 것만 각오하면 도심에서 벗어날수록 앉아서 다닐 수도 있어 편하기도 하다. 부모로서는 자연환경이 좋은 곳에서 아이를 키우고 싶다고 생각할 것이다.

따라서 도시에서 일하는 사람들이 결혼을 하고 가족을 형성할 때 저렴하면서도 새로 지은 주택을 원하기 때문에 거기에 맞춰 지금까지 교외에 뉴타운 또는 주거 단지가 많이 만들어졌다. 그런데 이렇게 교외에 형성된 주거 단지에 들어간 세대의 육아 시기가 끝

***

* Japan Railway(s). 일본 철도. 일본 국유 철도의 분할 및 민영화로 생겨난 6개 여객철도 회사와 화물 회사의 공동 약칭이다.

나면 출산율이 감소하기 시작한다. 주민들도 고령화되고 부동산
도 같이 노화된다. 애초에 지속가능한 장소가 아니라 일시적인 인
구 증가로 끝날 가능성이 높기도 했다.

이미 다마 뉴타운을 비롯해 1965년 전후 개발된 초기의 교외
주택지에서 이런 현상(뉴타운의 올드타운화)이 일어나고 있다. 현재
개발한 지 얼마 안 된 단지의 인구는 젊지만, 이처럼 과거에 젊었
던 개발 지대는 50년이 지나 지금은 고령자만 살고 있다. 결국 수
도권에서도 인구 증가가 각 지자체의 정책에 대한 노력의 결과라
기보다는(노력은 각각 하고 있는 셈이지만), 그 이전에 보다 큰 구조
적 요인에 근거하고 있다는 것이다.

게다가 중요한 점은 이것이다. 새롭게 교외 지역을 형성하
는 것은 기본적으로 아이를 키우는(또는 출산을 계획한) 젊은 부부
의 이동을 수반한다. 그들이 들어옴으로써 그 시구정촌의 아동수
와 출생아 수가 많아진다. 그러나 그것은 애초에 아이를 낳아 키
우려는 사람이 어디에서 아이를 키울지 장소를 선정하는 것일 뿐
이다. 이들의 이동으로 인해 나라 전체의 출생아 수가 많아진 것
은 아니라는 말이다. 게다가 장거리 출퇴근이 일반화되는 것은 바
람직하지 않고, 새로 지은 주택을 구입했다면 원래 있던 지역에는
빈집이 늘어나는 것이 되기도 한다. 또한 부모와 같이 살다가 독
립했다면 가족 분산도 일어난 것이다. 사람들이 원래 가지고 있었
던 육아력을 일부 희생해 주택 취득을 우선시했을 가능성도 있다.
물론 반대로 가족이나 친족과 가까이 살기 위해 그 장소를 선택한

경우도 있겠지만 말이다.

도쿄일극집중의 내막

이것을 굳이 강조하는 것은 교외의 주택단지와 고층 맨션이 반드시 육아에 유리한 장소가 아닐 수 있기 때문이다. 우리는 '도쿄일극집중'이라고 쉽게 말하지만 모든 것이 반드시 도심에 집중되는 것은 아니다. 인구로 보면 그 집중 장소는 도심이 아니다. 많은 샐러리맨들이 일은 도심에서 하지만 주택은 교외에 두고 있는 경우가 많기 때문이다. 육아를 하고 있는 사람들의 인구집중 지대는 오히려 교외인 것이다.

한편 그것은 주민등록을 둔 장소에 주목하기 때문인데, 사람들이 일하는 장소는 도심에 집중되어 있어서 평일 낮에는 그 인구의 대부분이 도심에 있다. 요컨대 도쿄일극집중이라고 해도 '사람'과 '일자리' 분포에 차이가 있다는 것이다. 이것은 다음을 의미한다.

도심에는 사무실과 돈이 집중되지만 사람은 그렇게 되지 않는다. 경제와 재정을 움직이는 행정이나 경영 기능은 작은 공간에 집중시킬 수 있고 밀도 높게 집중됨으로써 작동이 효율화되어 그 힘을 더욱 증폭시킬 수 있다. 이에 비해 인간이 생활하는 장소는 집중시킬 수 없다. 사람은, 특히 가족은 반드시 일정 정도 분산되고 거리를 유지하지 않으면 안 되기 때문이다. 사무실이 도심에 과잉되게 모이면 그곳은 가족이 생활하기에 적합하지 않은 장소가 되어 사람들은 도심에서 벗어나 살면서 일을 위해 매일 장거리를 이동하는 생활 방식을 취할 수밖에 없다.

물론 도심에 있는 아파트에 살며 더욱더 도시적인 생활을 추구할 수도 있다. 그러나 그로 인해 많은 대출금을 부담해야 하므로 어지간한 고수입이 아니면 육아보다 일을 우선시해야 한다. 게다가 맞벌이 부부라면 아이를 어린이집에 맡겨야 하는데 도심에서는 어린이집을 찾기 어려워 모처럼 도심에 구입한 아파트를 다시 팔아야 하는 현실적인 문제까지 발생하고 있다(《아사히신문》, 2018년 4월 4일자).

국가로 권력이 집중되는 것을 막아야 한다

국가에 권한이 지나치게 집중됨으로써 일본의 기관들(특히 기업)이 수도권에 모이고, 그 기능을 지탱하는 인구를 유지하기 위해 그 사람들의 소비를 돕는 사업장이 더욱 집중된다. 도심에는 도심의 기능을 지지하는 한정된 인구밖에 살지 않고 특히 가족을 형성하려고 생각하면 도심을 떠나지 않을 수 없다. 때문에 많은 이들이 장거리 이동으로 직장과 가정을 양립시키려 한다.

사람이, 사회가, 경제와 국가에 맞춰 움직이고 있다. 그러나 사람은 각각 살아 있는 개체인 이상 그 노력에 한계가 있다. 그 한계가 나타난 것이 합계특수출산율의 극단적 저하라고 할 수 있다.

사람들의 과잉 이동을 억제하지 않으면 인구 감소를 멈출 수 없다. 어디에선가 반드시 파탄이 올 것이다. 경제도 권력도 이대로는 지탱하지 못한다. 그렇다면 해법은 무엇인가? 그것은 국가 권력의 집중화를 멈추는 것이다. 또 과잉된 경제 경쟁을 어디에선가 억제해야 한다. 도쿄일극집중이 더 이상 진행되지 않도록 막아야 한다.

하지만 문제는 이러한 인구 집중으로 교외/도심 문제뿐만 아니라 수도권에도 지방과 같은 문제가 산적해 있다는 것이다. 아니 어쩌면 그 이상으로 규모가 크고 심각하다.

이러한 수도권과 대도시에도 사람들이 하고 싶어 하지 않는 일이 산더미처럼 있다. 오히려 대도시인 만큼 분업화가 진행되어 3K노동*을 중심으로 사람들이 하고 싶어 하지 않는 일이 산적해 있다. 그 일손 부족을 예전에는 지방에서 온 사람들로 보충했지만 현재는 외국인(특히 아시아계 젊은이들)에게 의지하고 있다. 도심의 편의점이나 외식산업의 가게에 들어가 보면 점원 대부분이 외국

---

* 노동의 악조건(특성)인 힘들다(きつい, 키츠이), 더럽다(きたない, 키타나이), 위험하다(きけん, 키켄)의 세 단어 발음이 모두 K로 시작해 이를 3K라고 한다. 우리나라의 3D 업종이라는 용어와 비슷하다.

인이다. 말조차 잘 통하지 않는 경우가 있지만 이미 일본인의 일손이 모자라기 때문에 그렇게라도 사람을 쓸 수밖에 없는 것이다.

앞으로도 부족한 일손을 외국인으로 보완할 수 있으면 다행이다. 그런데 문제는 동아시아도 출산율 감소가 진행되고 있다는 것이다. 중국도 한국도 이미 인구감소 사회로 돌입하기 직전이며[*] 다른 동아시아 국가에서도 출산율 감소는 경제성장과 함께 착실히 진행되고 있다. 이제 일손 부족은 세계적인 추세다.

육아인가, 수입 확보인가

수도권은 과밀 사회이며 경쟁 사회다. 사람들이 많은 것을 견뎌내며 과밀 도시를 구성하고 있다. 스트레스를 받고, 그것을 해소하기 위해 휴일과 자금이 필요하지만 그것이 현실에서 가능한 사람은 그다지 많지 않다. 수입이 있지만 지출도 많아서 풍족한 생활을 위해서는 한 사람이라도 더 가정을 떠나 노동시장에 참여해야 한다.

결국 맞벌이 부부라면 수입을 유지할 수 있는 반면 육아 부담이 커지고, 반대로 어느 쪽인가 가정에 남으면 그 수입으로는 만족스러운 생활수준을 유지하기 어렵게 되는 모순을 안게 된다. 또

---

[*] 한국은 이미 인구감소 사회로 들어섰다.

출산 후에는 곧바로 복직을 서두르기 때문에 아이를 한 명 이상 낳기가 어렵다. 맞벌이를 지속하기 위해 필요한 어린이집 확보도 보육 교사 부족 등으로 어려워 한 '한 부부에 한 아이'(사실 두 명은 낳고 싶은데)라는 상황이 생겨나고 있는 것이다.

특히 지방에서 온 이들은 부부 스스로 육아와 가사 모두를 해결해야 한다. 그리고 집값이 비싸 집을 마련하게 되면 그 대출금 때문에 평생 그 장소에 얽매이게 된다. 주택을 구입하면 이제 지방으로 돌아갈 수 없고 육아에서 부모의 도움도 받기 어려워 더욱 불리해지는 것이다.

이런 상황을 종합해 보면, 수도권에서 권위가 높은 일을 한다고 해도 상당한 수준의 수입이 아니면 여유 있는 생활을 하기 어렵다고 할 수 있다. 대도시에 살면서 아이를 한 명이라도 더 낳는 것은 극히 어려운 일이 된 것이다. 게다가 도심에서는 과밀과 노동력 부족과 비싼 땅값으로 인해 상품/서비스의 가격이 비싸지만 질이 좋지 않다. 소비에 많은 비용이 들지만 지방과 비교해 풍족하다는 생각이 들지 않는다.

제2장에서 살펴본 바와 같이 직업권위의 서열화가 지방 말단(지방의 가장 기초적인 마을)의 과소화를 멈출 수 없도록 해왔고, 과밀 도시 도쿄에서도 중대한 문제를 일으키고 있다. 수도권 도심에서 일하는 사람들은 자신의 생활을 희생하며 도쿄일극집중에 협조하고 있는 것이다. 도쿄일극집중은 결코 도쿄가 전부 독차지하고 있다는 말이 아니다. 도쿄에서도 지방에서도 평범하게 일하며

사는 사람들을 행복하게 하지 않는 원흉이 바로 도쿄일극집중이다. 이러한 수도권 생활의 현실 속에서 우리는 무엇을 무기로 모순을 해소할 수 있을까?

나는 그것을 '의존'으로 본다.

이미 제2장에서 도시화란 생활이 사회화되어 가는 것이라고 했다. 생활의 사회화를 다른 말로 하면, 삶을 행정과 시장에 의지하는 것, 넓은 지역에 깔린 (소프트 및 하드) 인프라에 자신의 생명을 맡기는 것이다. 더 단적으로는 국가에 의존하는 것이기도 하다. 현재 우리들의 삶은 '의존'을 기조로 해 육아도 행정과 시장에 맡기려 한다. 거기에 저출산의 원인도 살짝 엿보인다. 아무래도 사람들의 '의존'은 출산력 저하와 깊은 관계가 있다. 이 '의존'을 키워드로 분석해 보자.

3. 의존 사회로서의 도시

도시는 의존 사회다

도시화란 생활양식의 사회화다. 나아가 여기에서는 이 명제를 '도시란 의존 사회다'라는 형태로 확장시키고자 한다. 이 장의 첫머리에서 '도쿄가 번 돈을 지방으로 돌리는 것은 이상하다'라는 말을 통해 지방이 수도 도쿄에 의존하고 있다는 인식이 퍼지고 있음을 경계했다. 이 인식은 도쿄와 지방 간의 관계뿐만 아니라, 지방의 핵심 도시(정령지정도시와 현청 소재 도시)와 그 이외의 지역(그 외의 시정촌) 사이에서도 형태를 바꿔 퍼지기 시작한 듯하다. '도시의 돈'에 의존하지 말라는 것이다.

먼저 그런 인식을 가진 사람들에게 농·산·어촌과 지방에 살고 있는 사람들은 '도시에 살고 있는 당신은 다른 사람에게 의존하지 않고 있느냐'고 따져 물어야 한다. 그러면 아마 '내 수입은 이 정도로, 경제적으로 자립하고 있다'라는 답이 돌아올지도 모른다. 그러나 거기에 이렇게 다시 질문하지 않으면 안 된다. "그건 급여지요. 난 당신이 스스로의 힘으로 삶을 만들어내고 있는 면이 어느 정도인가를 묻고 있는 겁니다"라고. 이제는 농·산·어촌도 도시화되고 있어서 마찬가지로 과잉 의존 사회가 되었지만 말이다. 어쨌든 도시가 얼마나 의존 사회인지 하나하나 생각해 보자.

도시는 농·산·어촌으로부터의 인구 유입에 의존해 인구를 유지해 왔다. 인구가 끊임없이 유입되어 도시는 비로소 유지되고 그 경제도 유지된다. 그리고 국가도 성립하는 것이다. 옛날부터 병사도 노동력도 모두 지방으로부터 유입된 인구였다. 생활에 필요한 식료품과 연료 또한 모두 농·산·어촌에서 생산해 가져온 것이다. 교토와 오사카, 카마쿠라, 에도 등의 도시도 지방 사람들의 이주와 상품 유입을 통해 비로소 성립되었다. 제2차 세계대전 이후 세계화의 진전 속에서 많은 자원을 해외로부터 가져왔지만 일본의 농·산·어촌은 마을 사람들의 손에 의해 오랫동안 지탱되어 왔기 때문에(이것은 국가 정책도 기능을 했을 경우이지만), 도시는 언제나 양질의 산물을 계속 싼 가격에 얻을 수 있었다.

이것을 도시에 의한 농·산·어촌 수탈로 보는 것은 일방적이다. 도시가 있고 국가가 있기 때문에 농·산·어촌도 안정적으로 존속할 수 있었다. 중앙/지방과 도시/농촌의 관계는 모두 의존적이며, 그것은 나쁜 의존이 아니었다. 보다 좋게 표현하면 공생이었다. 그런데 언제부터인가(아마도 1990년대 즈음부터) 서로 나쁜 의존으로 바뀌어버린 것 같다. 중앙/도시의 사람들은 자신들이 지방/농촌에 의존하고 있다는 자각을 상실해 갔다. 그리고 지방/농촌에서도 중앙/도시/국가에 의존하고 있는 것을 당연시하게(역수탈해야 하는 것으로) 되었고, 한편으로는 언젠가 버려질 수 있다는 불안감을 갖게 되었다.

　도시화의 결과로 과잉 의존하게 되어 서로 의존하고 있는 것이 오히려 보이지 않게 된 것 같다. 상호의존 구조가 예전보다 거대화한 된 것도 하나의 큰 이유일 것이다. 게다가 경제 움직임만이 폭넓게 관찰되고 주가와 재정수지 등이 매일 숫자로 표시되어 농촌/지방의 의존만 특히 눈에 띄어 지탄받는다. 그것이 결국은 '도쿄가 번 돈을 지방으로 돌리는 것은 이상하다'라는 생각으로 이어졌음에 틀림없다.

의존성을 더욱 높이는 선거와 세금 형태

이렇듯 '좋지 않은 의존'을 만들어낸 원인으로 특히 최근의 변화에 주목해 보자.

　첫 번째는 선거다.

이 나라에서는 제2차 세계대전 후 언젠가부터 선거 때마다 각지에서 정치가가 새로운 투자를 약속했다. 그것은 1990년대 이후 선거 개혁 이후에도 바뀌지 않는 체질로 남아 국민·주민에게는 '자신에게 이득이 되는 정책'을 정치가에게 요구하는 의존의식이 만연해진 것이 아닐까? 이러한 정치와 국민의 상호의존에 종지부를 찍으려 한 것이 2000년대 행정재정 개혁이었지만 이것도 선거와 서로 얽혔고(2005년 우정선거* 등), 결과적으로는 이후 정권 교체(민주당 정권)와 또 한 번의 교체(제2차 아베 정권)를 거치며 멈추기는커녕 오히려 선거를 통해 정치와 국민의 상호의존이 일반화되는 사태를 낳았다. 특히 양당제를 모색하던 중 국민들이 선거 때 정치가에게 공약을 요구해 그 정책을 보고 투표하는 방식이 일반화되었다. 그러나 정치가가 '이것을 하겠습니다' '저것을 하겠습니다' 하고 국민에게 호소하고 그것을 선택하는 것이 선거가 되면, 이것도 국민의 정치 의존도를 증폭시키게 된다.

두 번째는 세금과 국민의 관계다. 신자유주의는 자신에게 이득이 안 되면 세금을 내고 싶지 않다는 의식을 만들어냈다. 한편 국민이 국가에 강하게 의존하게 되면 국가로부터 서비스를 받는 것은 권리라는 의식으로 바뀐다. 정부는 국민에게 부담을 요구하지 못한 채 늘어나는 서비스 재원을 확보하고자 하게 된다. 선거

---

* 제44회 중의원 의원선거의 통칭. 참의원에서 우편행정 민영화 법안이 부결되자 고이즈미 준이치로 당시 수상이 중의원을 해산시키고 9월에 실시한 선거다. 민영화 반대파가 자민당을 탈당하자 고이즈미는 그 선거구에 자객 공천을 내세워 주목을 끌어 압승했다.

를 통한 정치와 국민의 나쁜 상호의존이 정치에서 적절한 증세의 길을 가로막고 '더 나은 성장'이라는 형태로밖에 답할 수 없는 상황으로 몰아왔다.

그러나 '더 나은 성장'을 목표로 경쟁을 부채질하면 할수록 국민의 국가 의존도가 높아지고 성장하지 않으면 버려질 수 있다는 위험도 늘어나므로 국민의 불안은 점점 증대된다.

성장은 의존으로부터 생겨나지 않는다

도대체 이런 상황에서 '더 나은 성장'이 가능할까? 나는 무리라고 생각한다.

게다가 앞으로의 성장은 국민 스스로의 발상에 의지할 수밖에 없으므로 정부 쪽에서는 연금술이라도 쓰지 않으면 안 된다. 그렇기 때문에 기술 혁신과 로봇 산업, 인바운드와 DMO(Destination Management Organization)* 또는 CCRC와 카지노 등 내실 있는 정책이라고는 생각되지 않는 '도박'과 같은 메뉴가 지방창생에서도 아무렇지 않게 계속 나왔을 것이다.

여기에서 빠져나오는 길이 있을까? 물론 과잉 '의존'으로부터 국민이 빠져나오는 것이 전제조건이다. 하지만 이제 완전히 자립

---

* 지역관광추진조직.

할 수 있는 사람도 없고 완전히 자립할 수 있는 지역도 없기 때문에 국민의 자립을 재촉하는 것만으로는 문제가 해결되지 않을 것이다. 그렇다면 어디에 이 좁고 험한 길에서 빠져나올 길이 있을까?

바로 앞에서 도시와 농촌의 관계를 이야기할 때 공동 의존 또는 좋은 의존이라는 아이디어를 꺼냈다. 의존은 모두 나쁜 것이고, 완전히 자립하는 것만이 정답은 아니다. 의존에는 좋은 의존과 나쁜 의존이 있다. 각각 완전히 독립적으로 존재하면 국가도 성립하지 않고 도시도 형성되지 않는다. 서로 의존하고, 서로 지탱하며, 서로 보완하고, 서로 협력함으로써 분업이 행해지고 국가도 성립한다. 서로 의존함으로써 비로소 강한 국가도 강한 경제도 생기는 것이다. 일방적인 의존은 문제이지만 상호의존은 오히려 서로 지탱해 주어 국가적으로는 바람직하고 필요한 것이다. 그러나 지금 우리 국민들이 국가에 대해 빠져 있는 의존은 정말로 나쁜 의존인 것 같다.

지역 간의 공동 의존으로 성립되는 국가가 있음직하다. 이것을 지금 다시 한 번 생각해 보는 것이 단서가 될지도 모른다. 제4장에서는 그것을 추구하지만 지방창생을 둘러싸고 최근 수 년 간 어떤 일이 있었는지 조금 더 확인해 두고 싶다. 먼저 지난 4년 간 경험한 몇 가지 지방창생의 사례를 나누는 것부터 시작하려 한다. 여기까지는 이론적 논리가 지나쳤다. 일단 있는 그대로의 모습으로 돌아가 지방창생을 바라보자.

제4장

도시의 정의가 지방을 파괴한다

1. '지방소멸' 이후
4년의 경험

홋카이도 니세코정: 해외 자본의 난개발

홋카이도 아부타군 니세코정은 마스다 히로야의 책《지방소멸》에서 6개의 지역 활성화 성공 사례 중에서도 특별히 거론된 마을이다.

2000년 이후 이 마을은 호주를 비롯한 세계 각국의 스키어들이 파우더 스노우(가루 눈)를 동경하며 모여드는, 외국인들에게 특히 유명한 관광 명소가 되었다.

나는 가을에 방문해 스키 시즌의 정취는 느끼지 못했지만 요테이산을 둘러싼 자연풍경과 맛있는 음식, 그리고 무엇보다 북쪽에서 싹튼 문화가 꽃피워진 마을의 분위기가 일상의 피로감을 해소시켜 주는 마을이었다. 여름에는 리프팅도 활기차게 이루어지는 그야말로 유수의 관광지다. 연간 관광객 수가 1607만 명을 넘고, 젊은 세대뿐 아니라 외국인들도 많이 모여드는 홋카이도의 핫플레이스다.

또한 니세코정은 《한 송이 포도》와 《어떤 여자》로 알려진 작가 아리시마 다케오(有島武郎)*와 인연이 깊은 지역이기도 하다. 다케오의 아버지 다케시(武, 도쿄시 고지마치구 출생)가 출자한 아리시마 농장은 니세코 지역 개척의 선구적인 역할을 했으며, 메이지 43년(1910년) 당시 43호의 소작인†을 포함하고 있었다. 1908년에 농장을 계승한 아리시마 다케오는 다이쇼 시대(1912-1926년)에 땅을 일구고 자신의 사상을 실천하여 1922년에 농장의 무상 해방을 선언한다. 아리시마가 사망한 것은 그 이듬해다. 농장은 조합 소유가 되어, 전후 농장 해방까지 상부상조의 정신으로 운영되었다. 그의 작품 《카인의 후예》와 《태어나는 고통》 등에 등장하는 이 지역의 아리시마 발자취는 현재 마을에 있는 아리시마 기념관에서 찾아볼 수 있다.

이런 상부상조 정신은 지금도 이 지역에 살아 숨 쉬고 있어 사람들은 강한 의지를 가지고 스스로 지역을 만들어나간다. 가깝게

---

* 1878년 도쿄 출생. 나쓰메 소세키(夏目漱石)와 함께 반자연주의 입장에서 인도주의와 이상주의 문학을 주창했던 백화파의 대표 작가다. 메이지유신 이후 삿포로 개척 시대에 소작인들에게 토지를 무상으로 돌려줄 만큼 진보적인 정신의 소유자였다.

† 메이지 43년 당시 345정보.

는 1996년부터 읍 주민과 직원이 동일한 눈높이에서 공부하는 '마을 만들기 주민 강좌'가 시작되었고, 1988년에는 정보공개조례, 1990년에는 '마을헌법'이라는 자치기본조례인 '마을만들기기본조례'가 제정되어 주민들이 참가하는 마을 만들기가 진행되었다. 이번 지방창생에서도 마을 스스로 '자치 창출'이라는 명칭으로 아래에서부터 주도하는 버텀업(bottom-up) 방식으로 진행하고 있다.

주민들은 꾸준하고 성실하게 공부하면서 스키를 타기 위해서가 아니더라도 방문자들이 다시 찾아오고 싶다고 느낄 수 있는 마을 만들기를 실현하고 있다. 또한 실제로 이 지역에 거주하기 위해서도 사람들이 모이고 있다. 나는 마을 만들기 강좌에서 주제 발표를 요청받아 이 마을을 방문했다. 그런데 이 방문을 통해 마을의 복잡한 사정을 알게 되면서 인상이 크게 바뀌었다.

가장 먼저 놀란 것은 재정력지수*로, 2015년 전국 평균이 0.49일 때 이곳은 0.25였다. 재정력지수로만 보면 일반적인 과소 산촌인 것이다. 이렇게 많은 관광객이 방문하고 있는데도 정작 지역에는 돈이 들어오지 않는 것이다. 지역의 공무원은 "이렇게 관광객이 증가하고 있는데도 그 돈이 마을에 떨어지지 않아요. 그래서 지역에서 순환하는 경제 구조를 도입하고 싶어 열심히 노력하고 있는 중이죠"라고 설명했다.

제3장에서도 분석했지만, 아마도 이 지역의 경제 구조는 이런

---

* 지자체의 기준재정수요액 대비 기준재정수입액으로, 1 미만은 자체 수입으로 복지 수요나 인건비 등 행정 수요를 충당하지 못한다는 뜻이다.

것 같다.

관광에서 발생하는 경제는 현지까지의 교통비나 호텔 및 콘도에서의 숙박비가 큰 부분을 차지한다. 그런데 현지까지의 교통수단은 물론 현재 거대화된 숙박 시설을 운영하는 대부분이 지역 자본이 아니다. 국내 자본조차 없어 해외 자본이 들어와 있다. 관광객도 외국인이 대부분이고, 더군다나 스키 계절은 한정적이기 때문에 중요한 고용도 외부에서 들어온다. 니세코에 거주하는 사람들은 성실하게 일하고, 또 이곳에 매혹되어 이주해 온 사람도 많지만, 사실 이곳에서 일 년 내내 거주하며 벌 수 있는 돈은 그리 많지 않다.

이런 설명을 들으며 고치현 시만토강 상류 지역의 소외 지역을 방문했을 때 그곳 직원이 말했던 것이 떠올랐다. "사람들은 아주 많이 와요. 여기에서 성실하게 장사하는 사람들도 있어요. 하지만 강에 오는 사람들은 돈을 쓰고 싶은 게 아니에요. 자연을 체험하기 위해 오는 거죠. 그래서 아웃도어 제품 같은 건 팔리겠지만, 그것조차 고치현에서 일부러 구매하는 게 아니라 보통은 미리 준비해 오지요. 그러니 현지에는 돈이 들어오지 않아요."

하지만 니세코의 상황은 좀 더 복잡한 것 같다. 국내 여행자 중에는 예상 외로 많은 돈을 쓰는 관광객도 있기는 하지만, 그마저 알짜배기는 외부 업체가 다 가져가버린다. 외국에서 온 이주자들도 많기 때문에 이들과 협력해 조금이라도 더 벌어들이는 구조를 만들면 좋을 것 같은데, 문제는 이렇게 여유롭게 말할 수 있는 상황이 아니라는 것이다.

또한 놀라운 것은 역시 스키 관광에 열광하는 이웃 마을 굿찬정의 경우다. 그곳을 방문했을 때 막 콘도 난개발이 시작되고 있었다. 홋카이도의 자연과 어울리지 않는 거대한 건조물 덩어리들이 늘어서 있고, 상가의 간판도 일본어는 아예 사라져 경관 자체가 괴상하게 변해 있었다. 그러면서 새로운 스키장 개발을 또 계획했다.

과거 1980년대 말의 리조트 개발을 기억하고 있지만, 그것과 또 다른 것은 이 투자가 해외 자본이라는 것이다. 그래서 단순한 건축물 규제뿐만 아니라 홋카이도의 현황이 고려되지 않은 개발 문화의 차이 등에서 오는 문제가 많이 발생하고 있었다.

스키 열풍을 기대하는 글로벌 투자는 이득 추구만을 목적으로 하는 업체들이 들어가 "돈이 되기 때문"에 더욱 강하고 치열해지는 것 같다. 이제는 더 이상 자연을 즐기고 싶은 관광객을 위한 니세코가 아니다. 니세코의 자연은 단지 돈을 위해 움직이는 업체들에게 이용될 뿐이다.

가타야마(片山健也) 니세코정 정장(町長)은 이렇게 말했다.

"필요한 건 난개발을 방지하는 규제죠. 하지만 세간에서는 인바운드니 하면서 투자를 늘리라고 말해요. 이런 개발로부터 마을을 지키기란 쉽지 않죠. 요즘은 난개발 방지를 위해 산을 보호하는 규제조직을 만들려고 생각하고 있어요. 하지만 그것 때문에 재판을 하게 되면 질지도 몰라요."

니세코가 지역 만들기의 선두 주자인 것은 틀림없다. 주민들의 착실한 노력으로 양질의 관광을 위한 기반이 단단하게 형성되어 있다. 하지만 그 이익은 지역을 떠나 다른 곳으로 흘러가고 있다. 그뿐만 아니라 일단 이윤 추구의 시스템이 형성되면 지역의 의지와는 관계없이 그것을 소비하는 모든 것을 돈으로 바꾸지 않으면 안 될 것 같은 강력한 힘이 전 세계로부터 비집고 들어온다.

그 강력한 힘을 억누르고 국토를 지키며 지속가능한 개발로 유도하는 것이 국가의 일인데, 오히려 그런 자본을 적극적으로 도입하자는 것이 지금의 국가 정책인 것이다. 다양한 규제 완화를 통해 외화를 유치하자는 국가의 방침이 지방을 잠식하는 외부의 힘을 적극적으로 불러들이고 있다. 세계화라는 이 냉혹한 현실 앞에서 우리는 어떻게 이곳을 지켜낼 수 있을까?

홋카이도 히가시카구라정: 주민들의 행정 의존

홋카이도 마을의 또 다른 선두 주자는 가미카와군 히가시카구라정이다. 히가시카구라정은《지방소멸》에서 정한 소멸 가능 지역에 해당되지 않을 뿐 아니라, 그 책에서 제시한 통계에서 보면 가장 많은 수의 젊은 여성을 확보하고 있어 젊은 여성의 인구변화율이 가장 낮은 홋카이도 지역이다.

히가시카구라정은 애초에 오천 명 규모였는데, 헤이세이에 들어서면서 현재까지 만 명 정도 증가해 인구감소 시대에도 인구가 증가한 지역으로 홋카이도에서도 자주 거론된다.

히가시카구라정의 마을 만들기는 다이세쓰산 산록리조트 개발이 매우 세심하게 추진된 것이 긍정적으로 평가받고 있다. 히가시카구라 삼림공원을 중심으로 온천숙박 시설인 '모리노유하나카쿠라'가 높은 인기를 끌고 있다. 또한 홋카이도에서 제2의 인구 도시인 아사히카와시와 인접해 있고 아사히카와 공항에서도 가까운 전원 마을이라는 좋은 입지를 자랑한다. '꽃의 도시 히가시카구라'라는 콘셉트로, 풍부한 자연과 그것을 살려 농림업과 연계한 홋카이도 특유의 경관을 만끽할 수 있는 지역 만들기를 추진해 온 것이 결실을 맺고 있다.

이웃 마을에는 마찬가지로 마을 만들기의 선두 주자인 히가시카와정이 위치하고 있는데, 이곳은 '사진 마을'과 '당신의 의자' 사업으로 유명하다. 히가시카구라정과 마찬가지로 이주자가 많다. 아사히카와 주변은 재미있는 마을 만들기 방식들이 집적되어 있는 매력적인 지역이다.

하지만 이러한 마을의 노력이 있었다고 해도 마을의 급격한 인구 증가에는 그들만의 특별한 이유가 있을 것이다.

히가시카구라정에서 인구가 증가한 이유는 히가시카구라 삼림공원 남쪽의 산간 지역이 아닌 동사무소 북쪽에 펼쳐진 아사히카와시에 인접한 논밭 지대 때문이다. 헤이세이에 들어서면서 그곳에 주택단지가 급속하게 개발되었다. 난개발을 막기 위해 마을에서 계획하고 시가지화를 진행했는데, 제3섹터와 민간기업에 의해 빠르게 개발되고 거대화되었다.

읍사무소에서 아사히카와 시내로 향하는 일직선의 도로에는 최근 거대한 쇼핑몰이 건설되고 있다. 읍 주민은 편리하겠지만, 지방 도시라면 예외 없이 건설되는 쇼핑몰이 아사히카와시 주변에도 즐비하게 들어서서 이미 과다경쟁 상태다. 전국 최초로 보행자 전용도로를 실현한 '쇼핑 공원'으로 유명한 아사히카와시 시가지의 고객을 빼앗아가고 있다. 게다가 그 아사히카와시 자체가 이미 인구 감소로 들어간 상태다. 그곳의 젊은 인구를 빼앗아 새로운 도시를 만들고 있는 셈이다.

마을이 이런 식의 인구 증가를 무조건 기뻐하고 있는지에 대한 이야기가 아니다. 인구 증가를 단순히 기뻐할 수만은 없다는 것이다. 마을에서는 이렇게 말한다.

"우리 마을이 선택된 큰 이유 중 하나가 땅값이 싸다는 것입니다. 이 마을은 아사히카와시의 시내 방향으로 똑바로 뻗어 있지만, 길 건너 아사히카와시와 비교하면 땅값이 평당 1만 엔이니까 아주 싼 편입니다. 여기는 시외 마을이니까요. 하지만 도로가 잘되어 있기 때문에 차로 다니면 시내나 여기나 다른 게 별로 없지요. 이 마을도 인구 증가를 위해 성실하게 준비하고 있습니다. 작은 마을이라 개발지가 결정되면 꼼꼼하게 계획할 수 있고요. 아사히카와시의 교외에서는 좀처럼 시행하기 어려운 중학생까지 무상

의료와 같은 육아 지원과 공민관 정비 등도 실행할 수 있습니다. 하지만 그렇게 하더라도 기존 읍 주민과는 다른 분위기가 나타납니다. 행정에 요구사항이 많은 거죠. 업어주면 안아달라고 하는 것처럼 말이죠. 그게 제일 큰 걱정입니다."

이 히가시카구라정 히지리노의 뉴타운 공민관에서 바라본 주민들과 아이들의 분위기는 작은 마을이기에 가능한 화기애애한 지역 공동체의 모습 그 자체였다. 도쿄의 거대한 교외 도시인 다마 뉴타운에 살고 있는 나로서는 부러울 따름이었다. 그동안 이주 변화를 지켜본 마을에서는 그 변화가 더 크게 느껴질 것이다.

니세코와 마찬가지로 역시 강연을 겸해서 마을을 방문했는데, 나의 답사를 마련해 준 히가시카구라정의 야마모토 스스무(山本進) 정장은 주민들의 미래에 대해 걱정하고 있었다.

"일단 마을로 들어오는 이주자들은 귀촌하는 것입니다. 히가시카구라정은 산이 있는 농촌 시골 마을입니다. 이런 마을을 동경해서 들어오는 사람들은 마을 공동체에 적극적으로 녹아들려고 합니다. 하지만 헤이세이 이주자들은 이와는 조금 다르지요. 게다가 마을로 들어오는 사람들 대부분은 비슷한 연령층으로, 지금은 모두 젊지만 육아가 끝나는 시기가 되면 다함께 고령화됩니다. 그때까지 제대로 된 커뮤니티를 만들지 않으면 안 됩니다."

인구가 줄어들고 있는 곳만이 문제는 아니다. 또 인구가 늘었다고 해서 지자체의 일이 끝난 것도 아니다. 새로 모여드는 주민들의 미래에 대해 지자체의 책임 있는 자세가 필요한 것이다.

이런 인구증가 지역을 그동안 여러 곳 방문했다. 지방창생에서 인구 문제의 장래를 걱정하는 것은 인구가 감소하는 읍면 지역만이 아니다. 도시 교외의 급격한 인구증가 지역을 포함한 소규모 읍면들도 많은 고민을 안고 있다. 무엇보다 행정에서 매우 신경 쓰는 것은 주민들의 행정 의존이다.

애초에 주택지 개발에는 대규모 인프라 구축과 정비가 필요하다. 전기, 가스, 상수도는 물론 마을에 한 사람이 증가하면 그 한 사람만큼의 학교와 병원, 상점과 집회장, 공민관이나 방재 시설 등 새로운 투자가 필요하다.

보통의 마을에서는 그런 것이 순차적으로, 주민들의 요청과 노력으로 함께 쌓여가며 개선된다. 이에 반해 신흥 주택단지에서는 이런 인프라가 처음부터 한 세트로, 그것도 행정의 손에 의해 모두 구비되어 제공된다. 주민들에게는 편리하지만 미래를 생각하면 그렇게 낙관적인 것은 아니다. 자신의 마을이 어떻게 만들어지고 운영되는지 주민들이 충분히 이해할 수 있는 기회가 사라져 버리기 때문이다.

야마가타현 이데정: 지방판 종합전략의 수립

주민들의 높아지는 행정 의존도를 걱정하는 것은 이러한 도시화 지역뿐만이 아니다. 이번에는 동북 지역의 농·산촌에서의 경험을 공유하려 한다. 야마가타현 니시오키타마군 이데정은 산거마을*의 전원 풍경이 아름답고 '일본에서 가장 아름다운 마을' 연합에 가입해 있는 핵심 지자체 중 하나다. 이곳의 마을 만들기는 나카츠 마을의 농가민박으로 유명하고, 도농 교류의 선진지로서 미디어 등에도 자주 거론된다. 이데산 기슭과 타마시라천, 그리고 풍부한 자연환경이 만들어내는 아주 기분 좋은 농·산촌이라고 할 수 있다.

나는 고토 유키히라(後藤幸平) 촌장의 의뢰를 받고 이 마을의 지방판 종합전략 수립에 협조했다. 고생의 연속이었지만 내가 충분히 도움이 되었는지는 확신할 수 없다. 반면에 나는 여러 가지를 배울 수 있었고, 이 책의 상당 부분이 이 마을에서 아이디어를 얻었다. 그 당시 내 생각은 여전히 초보적인 것이었지만, 지금은 더 진전된 아이디어들이 꽤 있다. 그곳에서 경험한 것을 이 책에 담아내려 한다. 이 책에서 이후 전개되는 매우 중요한 논점들이 이곳 이데정에서 도출되었다. 그렇다 하더라도 모처럼 이데정에 대해 쓰면서 지면 관계상 좋은 이야기가 아닌 부분만 다루는 것이 조금 걱정이 된다. 그러나 이데정만의 이야기가 아니라 어느 곳에나 해당되는 소중하고 보편적인 문제이므로 언급하려 한다.

마을에서는 종합전략을 수립하기 위해 주민센터 직원이 작업

---

* 농·산촌의 마을들의 대부분은 마을의 중심에 모여 있는 구조인데, 이데정은 평지에 주택들이 흩어져 배치되어 독특한 경관을 이루고 있다.

팀을 만들어 나를 좌장으로 해 몇 차례의 회의를 열었다. 아마 그 첫 번째 회의 시간이었을 것이다. 인구 감소를 주제로 한 토론에서 한 젊은 직원이 이런 이야기를 했다. "지금의 부모들은 자신의 자녀를 양육하지 않는 것처럼 보입니다. 그분들이 어린 시절에는 그렇지 않았습니다. 지금은 행정에 대한 의존도가 너무 높은 것 아닌가요? 그래서 아이들이 좀처럼 늘어나지 않는 것 아닌가요?"

읍 주민의 명예를 위해 말하자면, 이데정의 합계특수출산율은 1.8을 넘는다. 노력하면 2.0을 넘을 수도 있다. 일본 서부 지역과 달리 동북 농·산촌 지역의 출산율은 도시 수준으로 떨어지고 있지만, 이곳은 제대로 아이를 낳아 키울 수 있는 마을이다.

이 말을 한 직원은 20대 여성이었다. 그래서 자신의 어린 시절이라 하더라도 그다지 오래전의 일은 아니다. 그 직원은 그저 자신보다 나이가 조금 위인 그 마을 엄마들을 보고 느낀 점을 말한 것이다. 읍 주민들을 대상으로 한 인터뷰에서는 이런 행정 의존에 대한 이야기가 더 명확하게 나왔다. 실제로 이런 현상이 마을에서 나타나고 있었다.

처음에는 육아를 응원하기 위해 행정에서 의료비와 보육료 보조 및 무상화 등 다양한 우대정책을 내놓았다. 아이들의 수가 적어서 펼칠 수 있는 정책이었지만, 그렇게 지원함으로써 육아 세대의 부담을 조금이라도 줄이고 한 아이라도 더 많이 낳아 키울 수 있게 하려는 것이었다.

그런데 어느새 그것이 당연한 것이 되었다. 어린이집도 '있으니까 맡기지 않으면 손해'라는 인식이 널리 퍼져, 아이를 부모나 가족이 돌보는 것보다 어린이집에 맡기고 일하러 나가는 것이 이득이라는 생각을 하게 되었다. 물론 일을 해야 하는 이유도 있겠지만, 일을 하기 때문에 부모가 아이를 양육하지 않아도 괜찮다는 생각이 언제부터인가 이곳뿐 아니라 일본 각지에서 나타나기 시작했다. 나 역시 이에 대해 짐작만 하고 있다가 이때 명확하게 이해할 수 있었다.

이데정 종합전략은 이러한 논의에서 시작했기 때문에 인구감소 문제를 극복하기 위해 우선 마을 만들기의 원점으로 돌아갔다. 그리고 각 지역의 시각에서 생각하고 시작해야 한다는 마음으로 읍 주민들을 위한 설명회와 워크숍을 기획했다. 그것은 내게 상당히 어려운 문제였다. 예를 들어 주민들이 제기하는 이러한 의견 때문이었다. "인구감소 문제에 대해 왜 행정에서는 고민하지 않는 거죠?"

주민들의 입장에서 그렇게 생각하는 것을 이해하지 못하는 건 아니다. 또 잘 해석해 보면 '행정의 방침에 주민들이 제대로 따라가고 있으니 어떻게 하면 좋을지 명확하게 보여달라'는 메시지일 수도 있다.

하지만 애초에 결혼이나 육아는 주민센터가 개입할 일이 아니다. 가족이나 지역 또는 직장에서 실행해야 하는 것이므로 그것을 행정에서 어떻게든 하라고 말하는 것은 역시 무리일 수밖에 없다. 그러나 당시에는 이에 대한 명확한 의견이 정립되지 않아 충분한 조언을 하기 어려웠다.

　이데정의 종합전략에 대해서는 직원들의 노력으로 각지에서 유행하는 사업을 위한 사업이나 이주대책 일변도가 아니라 인구를 유지하기 위해 해야 할 일들을 제대로 통합하고 정리할 수 있었다.

전국에서 진행되는 학교 통폐합

이데정은 충분히 지속가능한 농촌이다. 조금만 더 방안을 찾아보면 큰 걱정 없이 자생력을 되찾을 수 있다. 왜냐하면 종합전략을 수립할 때 논의했지만, 마을 출신의 육아 세대가 모두 멀리 떨어진 곳으로 이주해 버린 것이 아니라, 비록 지금은 이 마을에 살지 않지만 근처인 나가이시와 가와니시정, 난요시와 요네자와시의 교외에 거주하며 육아를 하고 있기 때문이다. 이들과의 관계가 지속적으로 연결된다면, 지금 밖에서 자라고 있는 아이들과 손자들이 어느 시점에는 마을로 되돌아올 것이다. 그래서 당장 필요한 인구는 확보할 수 있을 것이다.

　그 반면 걱정도 있다. 이 지역에서 마을 만들기에 가장 성공하여 이주를 진행하고 주민들의 의식도 높은 나카츠 마을에서 2013년(헤이세이 25년) 3월에 초·중학교가 폐교된 것이다. 학교가 없으면 모처럼 이주자가 와서 결혼을 하고 아이를 낳아도 여기에서 육아를 지속할 수 없다. 아이들이 없어서 폐교하는 것이지만, 일단 폐교하면 아이들이 늘어나도 거기에 제때 제대로 대응하지 못한다.

학교와 지역의 관계는 《지방소멸의 올가미》에서도 언급했다. 그 책에서 나는 이렇게 적었다.

학교 통폐합은 실제로 재정 문제 때문에 진행되는 것이 아니다. 오히려 아이를 키우고 있는 부모들이 통폐합을 원한다. 육아를 하는 부모들이 불안해하는 것이다. 작은 마을의 작은 학교에서 자라다가는 아이들이 컸을 때 곤란을 겪을 것이라고. 그러니 일찍부터 큰 학교에서 많은 학생들과 어울리며 자라야 한다고.

이렇게 된 이유 중 하나는 역시 2000년대 재무행정 개혁의 영향이다. 이 시기에 행정 인프라를 포함해 행정 서비스의 단절이 시작되었다. 실제로 행정 서비스가 단절되지 않았더라도 혹시 그렇게 되지 않을까 하는 불안이 생기면서 주민들이 도시로의 이동을 가속화하게 된 것이다. 특히 학교 통폐합 계획은 육아 세대가 도시로 이주를 결심하는 중요한 계기가 되었다. 그럼에도 불구하고 현지에 남아 있는 사람들도 있었다. 그러나 이들도 주위의 모습을 보고 초조해하거나 아이만이라도 도시에서 생활하게 해야 한다고 생각해 부모들 쪽에서 학교의 조기 통폐합을 요구하게 된 것 같다.

혹시 이러한 학교 통폐합을 통해 행정이 앞장서서 농촌을 정리하려는 것은 아닌지 단정 지을 수는 없지만, 물론 그런 것은 아니라고 생각하고 싶다. 기본적으로 각 부처도, 정부도, 지자체도, 지역을 유지하자는 입장이다. 아베 총리 역시 그 점에 대해서는 "없어져서 좋은 지역은 없다"고 분명하고 명확하게 발언해 왔다. 그러나 그 이면에는 농촌을 정리하는 것이 옳다고 생각하고 그것을 실현하려는 사람들이 실제로 있었다. 그런 사람들의 활동을 지방창생 이후에 파악할 수 있었다. 이에 대해 내가 찾아낸 국토교통성과 관련된 두 개의 사례를 소개한다.

'작은 거점'을 둘러싼 '오보'

〈마스다 보고서〉가 발표되고 수 개월 후에 발생한 일이다. 국토교통성이 진행하는 '작은 거점' 사업에 대해 다음과 같은 기사가 〈아사히신문〉에 실렸다.

> 국토교통성은 2050년을 목표로 일본 비전을 발표했다. 농촌·중산간 주민들을 진료소와 슈퍼 등이 있는 전국 약 5천여 개의 거점 주변으로 모여 살게 하는 구상이다. 기존의 "균형 있는 발전"이라는 전략을 전환해 소규모 지역에서 인구 감소에 대응하는 것이다. (〈아사히신문〉, 2014년 7월 5일)

이 기사는 지방창생의 마을 만들기 정책 중 하나로서 '작은 거점' 사업을 처음 소개한 것이지만, 어쩌면 이것이 이상한 보도라는 사실을 깨닫지 못한 사람도 있을 것이다. '작은 거점'은 〈국토그랜드디자인 2050〉에 등장한 것으로 담당 부처인 국토교통성에서는 다음과 같이 설명한다.

과소 지역에서는 공공기관을 비롯해 상점이나 주유소, 병원 등이 철수되어 사람들이 계속 마을에서 살아갈 수 없는 상황이 초래되었다. 물론 대부분은 인근 도시에 자가용 승용차로 다닐 수 있기 때문에 지금 당장 생활에 큰 불편이 있는 것은 아니다 (반대로 이렇게 용무를 볼 수 있기 때문에 근처의 상점 등은 장사가 되지 않기도 한다). 그러나 모든 사람들이 승용차를 이용할 수는 없으며, 앞으로 후기고령자의 비율이 많아지면 생활에 필요한 최소한의 기능을 확보하는 것도 어려울지 모른다. 이 외의 다른 것들은 아무 문제가 없는데 이러한 기능이 없어져서 그 지역에서 살 수 없게 되는 사태는 막아야 한다. 모든 것을 경쟁과 형편에 맡기지 않고 살아가는 데 필요한 최소한이 갖춰진 '작은 거점'으로서 공공에서 제대로 확보해 나가자는 것이 '작은 거점'의 본래 취지였다.

그런데 〈아사히신문〉의 보도에는 그런 취지가 뒤집어져서, 국토교통성이 적극적으로 산간마을을 이전시키기 위해 '작은 거점' 사업을 추진한다고 나왔다. 이것은 완전히 반대의 내용이다.

당시 나는 바로 직전에 만난 '국토 그랜드디자인' 전문가 간담회의 오다기리 도쿠미 위원에게 어떻게 된 상황인지 물어보았다. 오다기리 도쿠미 위원은 곧바로 회신을 보내와 "'작은 거점'이 잘못 전해지고 있다. 〈아사히신문〉의 기사로 인해 국토교통성 담당 부서가 부산해졌다"고 했다. 요컨대 '오보'였던 것이다. 국토교통성은 그후 이 오해를 해명하고 '작은 거점'의 진정한 의미를 설명하기 위해 전국 각지를 돌아다녔다.

사자 몸속의 벌레* 같은 마을의 유지비용론

〈아사히신문〉의 기사는 오보로 판명되었지만 그 반년 후 2015년 1월에 나는 지나간 뉴스를 보고 기겁했다. 그것은 NHK 홈페이지에 게재된 "한계취락의 유지비용에 대한 국토교통성의 검증"이라는 보도였다. 이 홈페이지에 게재된 기사에 대해 논하려 한다(현재 이 기사는 홈페이지에서 사라졌다).

여기서 말하는 '한계마을'이란 고령자들만 있어서(고령화율 50퍼센트 이상) 마을의 공동체 생활이 이루어지지 않는 지역이다. 기

---

* 일본 속담으로, 내부에 있으면서 해를 가져오는 사람이나 은혜를 원수로 갚는 사람을 뜻한다.

사의 첫 문장은 이렇게 되어 있다. "인구 감소가 심각한 과소 지역에서 지속가능한 마을의 존재방식을 찾기 위해, 국토교통성은 동북의 4지구를 모델로 마을을 중심부로 옮겼을 경우 마을을 그대로 유지하는 경우와 비교해 얼마나 비용을 절약할 수 있는지 구체적으로 검토하기로 하였다."

그래서 도로와 상하수도, 버스, 쓰레기차 등에 소요되는 비용을 계산해 마을을 이전할 때 "얼마나 절약할 수 있는지를 분석"하는 것이다. 모델이 되는 마을도 정해져서 그 지자체 이름까지 명시되어 있었다. 나는 이 또한 '오보'라고 생각하지만, 기사에는 국토교통성 동북지방 정비국의 현역 관료들이 실제로 등장해 다음과 같은 코멘트까지 하고 있었다. "한계취락의 문제는 주민들의 합의 형성이 어려워 좀처럼 해결되기 어렵지만, 소요되는 '비용'에 대해서는 취락 재편을 진행하는 데 귀중한 데이터가 된다."

이제 와서 국토교통성이 결국 '농촌 정리'로 방침을 전환했는지 불안해 이번에는 직접 국토교통성에 문의했더니 다음과 같은 설명이 돌아왔다.

이 조사는 국토교통성 동북지방 정비국이 독자적으로 실시한 것으로 본 부처와는 직접적인 관계가 없다. 중앙 부처로서 국토교통성의 방침은 취락 구조 재편을 적극적으로 촉구할 예정은 없다는 것이다. 이 기사에서 소개하고 있는 조사도 '취락 구조 재편을 추진하기 위해서'가 아니라 '마을을 유지하는 것이 좋다' 라는 것을 입증하기 위한 것이다. 기사에 나온 관료의 견해는 개인적인 것으로 보는 것이 좋을 것 같다.

일단 안심은 했지만 그래도 불안은 남아 있다. 현역 관료가 '한계취락을 중심부로 옮겨 콤팩트한 마을 만들기를 추진하겠다'는 생각을 내비쳤다는 사실에는 변함이 없기 때문이다. 마을의 유지비용론은 국토교통성에서조차 어떤 계기가 생기면 다시 등장할 수 있는 논점인 것이다. 바로 '사자 몸속의 벌레'가 슬그머니 겉으로 나타나는 그런 인상을 남겼다.

앞의 '작은 거점'에 대한 '오보'도 실제로는 진정한 의미에서 오보가 아닌 것은 아닐까? 국토교통성 주변에 있는 나름 책임 있는 인물이 기자에게 "이렇게 써도 좋다"라고 했기 때문에 그렇게 쓸 수 있었던 것은 아닐까? 단순히 기자의 오해로 그런 오보를 썼다고는 생각하지 않는다. 그리고 미디어에서도 한계취락은 비용 절감을 위해 없애는 편이 좋겠다는 생각이나 분위기가 나타나고 있기 때문에, 이런 기사가 데스크를 거쳐 독자의 눈에 들어오게 된 것 아닐까(2018년 3월 '작은 거점'을 소개하는 〈아사히신문〉 기사에서는 올바른 내용으로 보도되었다).

'멸망의 미학'에 약한 일본인

지금까지 행정 부처에 숨어 있는 묘한 분위기라든지 미디어의 문제에 대해 이야기했는데, 농촌 정리를 부추기는 분위기는 연구자들 사이에도 물론 있다. 공평을 기하기 위해 그것에 대해서도 정리한다.

앞에서 한계취락에 대해 이야기했지만, 그 단어가 주는 인상과 달리 "한계취락에는 한계도 없고, 한계취락은 살아 있다"고 과소 문제를 다루는 많은 전문가들은 설명한다. 나 역시 그중 한 사람이다.

한계취락이 문제가 된 것은 1990년경이지만 지금까지 그 마을들이 소멸되었다는 말은 거의 듣지 못했다. 마을은 한결같다. 노인들만 살고 있는 마을이 실제로는 가족(자녀 및 손자)들이 근처에 살며 들여다보면서 지지하고 있기 때문이다. 그것을 자꾸 지금 살고 있는 인구만으로 판단하기 때문에 한계처럼 보이는 것일 뿐이다. 사실 한계취락 대부분이 그런 상황이다. 그런데 여기에서 언제나 고민되는 것이 '농촌철수계획' 논리다.

언론 보도에서는 다양한 의견 사이에서 중립 유지를 위해 종종 나와 같은 '마을존속론'에 대한 반대 입장으로 '마을철수론'을 적극적으로 함께 다룬다.

《농촌철수계획》[린나 오키타(林直樹他), 학예출판사, 2010]은 이런 것이다. 과소 취락은 소극적으로 대응할 것이 아니라 적극적인 철수에 임해야 한다. 아무것도 하지 않고 그대로 소멸하기를 기다릴 것이 아니라, "당겨야 하는 것은 조금 당겨야 오히려 (전체 농촌을) 확실히 보호할 수" 있다. 그러고 나서 마을 해체 과정을 실제로 뒷받침하는 '농촌철수계획'을 주장한다.

어쩌면 이 논리는 정직하게도 보인다. 그리고 '적극적인 철수'를 실제로 진행함으로써 철수한 마을의 당사자도 만족했다는 이야기도 자주 소개된다.

나는 개별적으로 철수를 결정하고 실시하는 취락을 부정할 생각은 없다. 그 마을에는 그 마을 나름대로의 사정이 있을 테니까. 하지만 그것을 널리 보급해 과소 문제의 해결법으로 일반화하려는 담론은 경계할 필요를 느낀다. 내가 항상 느끼는 위화감은 이것이다.

이것은 사회의 안락사가 아닌가. 물론 온갖 방법을 다 해 본 다음 연명할 방법도 없고 살고자 하는 의지도 잃은 사람에게 보다 편안한 죽음으로 인도할 수는 있다. 그러나 그것은 개별적이고 특별한 경우에 해당한다. 안락사를 일반화해서는 안 된다.

그리고 '철수해서 좋았다'고 하는 당사자의 의견도 맥락을 이해하지 않고 곧이곧대로 받아들여서는 안 된다. 조상 대대로 살아온 지역을 자신의 세대에서 떠나버리게 된 것이다. 상당한 결단이 필요한 일이고, 거기에는 반드시 후회가 남기 마련이다. 본인들은 자신의 결단을 죽을 때까지 '좋았다'고 다짐해야 한다. 그것은 안락사를 지켜본 가족과도 같다. '철수해서 좋았다'고 말하는 한편,

예를 들면, 꿈에서는 자신이 살던 생활 풍경과 전경이 나타나 눈물로 베개를 적시고 있을 수도 있다.

문제는 이런 철수론을 존속론과 세트로 논하다 보면 철수론이 존속론을 능가해 침식해 버리는 구조가 된다는 것이다. 존속론은 철수론을 논리로 이길 수 없다. 무슨 말인지 좀 더 살펴보자.

예를 들어, 위장약으로 고민하는 환자에게 열 명 중 아홉 명의 의사가 "괜찮습니다. 위장약 때문에 당장 죽지는 않아요"라고 말했다고 하자. 그런데 만약 "이대로라면 곧 죽을 수 있습니다. 지금 바로 위 절개수술을 받아야 해요"라고 하는 의사가 한 명이라도 있다면, 비록 그것이 오진이라고 해도 환자는 아무래도 그 의사가 신경이 쓰일 수밖에 없다. 어쩌면 '괜찮다'고 말하는 의사들이 무책임하게 보일 수도 있다. 그래서 환자는 결국 계속 기능할 수 있는 위를 잘라버려, 경우에 따라서는 그것 때문에 오히려 생명을 단축하게 될 수도 있다.

철수론은 바로 이런 방향으로 사람들을 유도하는 것 같다. 그것은 지금 '살아 있는 것'에 적극적으로 죽음을 부여하는 것이다. 사실 이 분야의 학계에서는 출신자론*[도쿠노 사다오(德野貞雄)], 가족의 세대 간 광역거주분리공생론†(필자), 전원회귀론(오다기리

---

* 어느 한 지역에서 태어나 마을을 떠난 그곳 출신자들도 태어난 지역에 거주하는 (조)부모와의 관계 등을 통해 지속적으로 마을과 교류한다는 것이다. 고령화된 마을의 유지를 위해 출신자에게 주목하여 마을 밖으로 확대된 가족 기능을 활용해 나가는 것이 유효한 대책이 될 수 있다고 주장한다.

† 자연계에서 미끼집단과 세력집단 등의 유사한 생활양식을 가진 종족끼리

도쿠미), 유역공동관리론*[오노 아키라(大野晶)] 등에서 과소 마을의 존속 가능성과 그 메커니즘을 밝혀내고 있다. 그리고 지금은 이러한 이론들이 정책 현장에 널리 퍼져 마을 존속을 위한 실천적 힘이 되고 있다.

　적극적인 죽음은 주위에 포기와 절망을 확산시켜 원래라면 유지할 수 있는 마을마저 소멸로 이끌어갈 수 있는 영향을 미친다. 하물며 거기에 '전체를 위해 죽어달라'는 사고가 덧붙여지면 완전히 위험한 가치가 된다. 이런 '멸망의 미학'이라고도 할 수 있는 사고가 일본 곳곳에 소수이지만 분명 존재한다. 그리고 수는 적어도 그것이 종종 담론의 세계에서 강한 영향력을 가지고 정의(가치)로서 작동하는 경우가 있다. 그것은 아무래도 '멸망의 미학'이 일본인의 감성에 무엇인가 넋을 잃고 감탄하는 카타르시스를 권하는 작용이 있기 때문인지도 모른다.

상대 또는 자신의 환경을 보호하기 위해 장소나 시간 및 시기를 나누어 경쟁을 회피하고 공존하는 현상을 말한다. 예를 들어, 인간 사회에서는 트럭 수송과 선박 수송, 고속철도와 비행기 등 비슷한 능력을 가진 업종이 각각의 특징을 살려 차별화나 용도를 분리하는 상태, 도로에서는 보행자와 자전거, 자동차 등 경쟁 요소들이 공존하기 위해 의도적으로 거처 등을 구분하는 것을 가리킨다. 즉 거주 공간을 분리함으로써 공생공존을 가능하게 하는 것이다.

*　고령화와 노동력 부족 등으로 인해 농·산촌 마을(상류지역)에서 발생하는 자원관리 문제와 생활유지 문제를 유역 전체, 나아가 국가 전체 문제로서 다시 파악하고 해결해 나가자는 이론이다.

재해 피해자와는 관계없는 부흥

'지방창생' 이후 나의 경험을 장황하게 써내려 왔는데, 여기에 하나를 더 추가하려 한다. 그것은 동일본대지진과 도쿄전력 후쿠시마 제1원전 사고에 따른 부흥이다. 지방창생과 동일본대지진의 재해 지역 부흥과의 관련성을 논할 자료가 산만큼이나 쌓여 있지만, 일단 여기에서는 정부가 지정한 부흥 기간 10년 가운데 전반부인 '부흥 집중기간'과 '부흥 창생기간'이라 명명한 후반 5년에 대해 이야기해 보자.

피해 지역의 부흥정책 내용을 알게 된 2년 전 나는 이런 말을 들었다. "드디어 부흥 집중기간이 끝나서 겨우 부흥할 수 있다고 생각했다. 그랬더니 이번에는 창생이라는 새로운 것이 또 들어온다. 대체 저건 또 뭐야!"

동일본대지진의 재해 지역 부흥과 관련된 문제에 대해서는 《부흥이 빼앗아간 지역의 미래》(이와나미쇼텐, 2017)에서 자세히 논하고 있으므로 그것을 참조하면 좋겠다. 간단히 정리하면, 동일본대지진의 재해 지역 부흥과 지방창생은 다음과 같이 관계가 서로 얽혀 있다는 것이다. 재해 지역 부흥에 맛을 들인 사람들이 이번에는 '인구감소, 지방소멸'이라는 충격요법을 이용해 사업의 창끝을 전국의 지자체를 향하기 시작했다. 그것이 지방창생이다. 그리고 지방창생에서의 성공 경험—사업 자체의 성공이 아니라 신규 사업을 속속 내놓고 있다는 성공 경험—이 이번에는 '부흥창생'으로서 재해 지역 부흥에 투입되어 부흥 사업을 한층 더 엉뚱한 방향으로 이끌어가고 있다.

그러면 '부흥창생'에서 정부가 목표로 하는 것은 무엇일까? 여기에서는 대표적인 것 하나만 이야기하려 한다.

후쿠시마 원전사고 피해 지역에서 진행하고 있는 '혁신비용'이 그것이다. '혁신비용'은 향후 폐로 추진에 있어 폐로산업의 집적과 함께 그곳에서 추진할 신기술(특히 로봇 기술과 에너지 관련 산업)을 확립해, 새로운 산업의 핵심으로 생긴 일자리에 후쿠시마현 하마도리에 귀향하는 사람들이 일할 수 있도록 하는 것이다.

엉뚱한 방향으로 가고 있다는 것은 이런 것이다.

이 구상을 내놓은 〈후쿠시마 국제연구산업도시 (혁신비용) 구상 연구회 보고서〉(2014년 6월 23일 경제산업성)에는 이런 말이 나온다. "앞으로 새롭게 이주해 오는 주민들을 적극적으로 받아들이고 귀향하는 주민들과 다함께 지역 활성화를 도모해 나갈 필요"가 있다. 즉 이 사업은 원래 이 지역에 있던 사람들(피해자, 피난민, 이주자)을 위해서가 아니라 새롭게 관계되는 사람들을 위한 것임이 연구회 보고서를 통해 밝혀졌다.

원래 혁신과 같은 것은 많은 사람들이 관여할 수 있는 일이 아니다. 사업을 특수하게 선정함으로써 사업의 수혜자도 한정될 수 있다. 또 신규로 정착에 성공한 사업에서 이익이 발생하면, 피해자 구제라는 목적을 벗어나 또 다른 사업으로 바꿔치기한다. 어떤 사업 대상 지역에서 이익이 발생해도 그 이익은 그 지역 사람들에게 돌아가는 것이 아니라 중앙으로부터 상응하는 기술과 능력을 가지고 온 사람들에게 돌아간다.

그런데 이 '혁신에 의한 지역 재생'이야말로 일본창성회의가 〈마스다 보고서〉를 발표하기 전인 2012년 7월에 펴낸 〈지역 개국: 글로벌 도시창생〉의 제언에 담겨져 있던 것이다.

이 제안에는 보다 구체적으로 국제 프로젝트인 ILC(International Linear Collider, 국제선형충돌기) 유치가 제시되고, 그것이 이 재해 및 원전 사고의 피해·재해 지역 중 하나인 이와테현 이치노세키시의 유치운동으로 연결되었다. 현지에서는 지금 개발 시비를 둘러싸고 논란이 일고 있다. ILC는 지하에 30킬로미터의 터널을 만들어야 해서 환경 파괴가 우려되기 때문이다(자세한 내용은《지방소멸의 올가미》제2장 참조).

그런데 '혁신비용'도, ILC도 새로운 과학기술의 개발 거점 만들기로서 현지에 돈을 풀어야 한다고 주장하지만, 모두들 그 개발의 중심은 외부에서 새로 들어오는 사람들(연구자나 기술자)이라고 생각하고 있다. 그리고 혁신이 그 지역에 확립되면, 그 기술을 팔아 세상으로부터 돈이 들어온다는 말인데, 그 혁신이 확립된다는 확증은 없다. 일종의 도박인 것이다. 실패하면 거기서 사업은 끝이다. 건설되어 남겨지는 것은 현지의 부담이 되고, 현장에서 발생하는 환경 파괴도 그 지역에서 떠맡지 않으면 안 된다. 이에 비해 연구자와 기술자 들은 또 다른 혁신을 실현하기 위한 장소를 찾아 여행을 떠나면 된다. 그 비용도 어쩌면 국비나 업계의 자금으로 조달될 것이다.

이런 종류의 도박을 실현할 수 있는 장소가 필요해 국가와 자본이 적당한 곳을 찾기 시작했는데, 그 시작으로 동일본대지진 재해지가 표적이 된 것이다. 일종의 작은(이라고 해도 ILC는 거대하지만) 원자력 발전소 만들기라고 하면 이해하기 쉬울지도 모르겠다.

이런 움직임과 관련해 동일본대지진 재해지에서 태양광발전시스템 보급에 관여했던 한 직원이 어느 연구모임 후 개인 의견이라는 전제로 내게 이렇게 말한 것을 잊을 수 없다.

"태양광발전시스템은 지역을 위한 것이 아닙니다. 관련돼 있었기 때문에 잘 압니다. 도쿄에서 온 업체는 끔찍한 업체들만 있습니다. 각지에서 장소를 찾아내고는 펀드(투자)를 모집하고, 보조금을 신청해 차례차례 건설하고 있습니다. 그렇지만, 예를 들면 저렇게 가느다란 기둥이 20년을 지탱할까요? 태양광발전시스템은 20년을 유지할 수 없으면 이익이 발생하지 않습니다. 그래서 업자에게 괜찮겠냐고 물었습니다. 그랬더니 뭐라고 대답한 줄 아십니까? '괜찮아요, 보험을 들었으니까요.' 처음부터 끝까지 할 생각이 없었던 겁니다. 문제는 이런 업체들만 있다고 해도 국가가 앞장서서 보급하고 있기 때문에 지자체로서는 그걸 거부할 수 없다는 겁니다. 우리는 일부러 지역을 파괴하기 위해 일하고 있는 것 같습니다."

많은 사람들이 원전보다 훨씬 더 신뢰하는 자연에너지 산업도 이와 마찬가지다. 중앙과 지방의 관계가 변하지 않는 한 이 구조는 뒤집히지 않는다.

창생과 부흥에 관련된 다양한 사업이 국가 보조금과 함께 내려왔다. 거기에는 경우에 따라 펀드를 통해 투자자들도 줄서서 기다리고 있다. 피해 지역을 지원하기 위해 선의로 출자한 사람도 많을 것이다. 부흥사업의 자금도 우리의 혈세다. 하지만 그것이 사용되고 남는 것은 부실 채권과 재해 지역 현장의 환경 파괴다. 업체는 이미 제대로 (돈을) '벌고' 사라져 없어진 뒤다.

확실히 무법지대다. '불난 집에 도둑질'이라고 할 상황이 재해 지역 곳곳에서 나타나고 있다. 그리고 다음으로 이것보다 진화된 형태라 할 수 있는 지방창생이 도입되어, 이제 일본 각지로 뻗어 나가고 있다.

인간은 망하고 경제는 남는다?

주로 동일본대지진 피해 지역의 상황을 중심으로 지방창생의 현장을 순회하고 경험을 공유해 왔다.

공통점은 무엇인가? 잘못된 가치와 정의가 이상한 정책을 이끌어가고 있는 상황이 분명해졌다는 것이다. 예를 들어 그동안 내가 가장 놀란 것은 다음과 같은 주장이 지식인 가운데에서도 나오기 시작했다는 것이다. "인구가 감소해도 괜찮다. 혁신으로 경제는 활성화된다. 이를 위한 투자다. 효율적인 투자를 위해 생산성이 오르지 않는 곳에는 더 이상 비용을 들이지 않는 것이 좋다. 혁신으로 돌릴 수 있다."

더 이상 인구는 문제가 아닌 것이다. 일본에 사람이 없어져도 경제만 지속되고 혁신을 계속 일으킬 수 있으면 좋다는 것일까? 사실 동일본대지진 재해 지역에서는 그렇게 되고 있다. 부흥정책의 실패로 사람이 살 수 없는 지역이 다수 나타나고 갈 곳을 잃은 사람들이 매우 많이 발생하고 있다.

그러나 그런 사람들은 거들떠보지도 않고 사람이 없는 지역에서 사업이 추진되고 있다. 또한 갈 곳을 잃은 사람들에 대해서도 그 와중에 사망해서 사라지는 이들이 있어 별 문제가 없다는 생각마저 있는 것 같다. 아니, 사실 내 귀에도 그렇게 말하는 소리가 들려온다.

정책을 이끌어가는 가치가 인간을 부정하는 것이 되었다. 경제와 돈벌이만이 목적이다. 먼저 돈을 벌고 난 다음에 인간을 배려하라고 한다.

현장의 각 지자체나 가스미가세키에서 성실하게 일하는 관료들은 그런 상황에서도 어떻게든 지역을 지키려고 몸부림치고 있는데, 사자 몸속의 벌레처럼 그 안에서도 잘못된 정의를 믿는 자들이 있어 이상한 정책과 사업이 멈추지 않고 있다.

게다가 주민·국민은 과도하게 행정 의존에 빠져 있어 오히려 그러한 정책을 기다리고 있는 것 같다. '아베노믹스'라는 정책이

환영받았던 것도 그런 이유 때문이다. 국민은 아무것도 하지 않아도 된다. 국가가 마법을 걸면 경제는 성장을 시작하고 고용이 발생한다. 우리 당에 투표만 해주면 생활은 평안하다!

하지만 인구 감소가 멈추지 않아 인간이 없어지면 사회는 끝이다. 혁신 등은 발생하지도 않는다. 경제성장도 있을 수 없다. 정책이나 공공사업의 원래 취지가 잘못이라기보다는 그 이전에 이념과 가치가 이상하게 되어 있었다. 이미 지방창생을 포함해 국가정책이 지향하는 목적이 이상해져 있기 때문에 거기에서부터 의문을 갖지 않을 수 없다.

지금까지는 지방창생의 경험을 근거로 하였고, 이제 '도시의 정의'에 대해 다시 한 번 음미하고 그에 대비하여 올바른 정책을 이끌어갈 가치를 제시하고 싶다. 그리고 그 정의에 근거해 마땅한 지방창생 본연의 취지에 대해 생각해 보자.

2. 도시의 정의에서
다양성의 공생으로

도시의 정의와 공동체의 정의

여기에서 '도시의 정의'라 할 수 있는 것들은 무엇인가. '도시의 정의'가 있다면 그 너머에는 '마을의 정의'가 있을 것이다.

도시의 정의는 '중앙의 정의' 또는 '국가의 정의'라고 할 수 있으며, 마을의 정의는 '지방의 정의' 또는 '공동체의 정의'라고 바꾸어 말할 수 있다. 가치 이념을 대비시킴으로써 도시의 정의를 부각시켜 분석해 보고자 한다(《표 4-1》).

도시의 정의는 먼저 **정치지상주의**다. 도시에 모인 권력은 거기에서 모든 것을 결정함으로써 전체를 움직이는 힘으로 작동한다. 거기에는 지배/종속의 관계가 있다. 이에 비해 마을의 정의는 자치이며, 국가에 대해서는 분권을 요청하는 것이라 할 수 있다.

도시의 정의는 **경제지상주의**다. 사람에 의해 물건이나 화폐 교환이 활발하게 이루어져 경제가 성장하고 확대해 나가는 것을 추구한다. 이에 비해 마을의 정의는 생활이나 가족, 가계를 소중하게 여긴다. 그것은 적당한 규모로 안정을 추구하고 지속가능성을 추구하는 것이다.

도시의 정의는 **국가지상주의**다. 수도는 국가를 위한 도시다. 마을의 정의 또는 지방의 정의는 국가보다 작은 지방/지역이 중요하다. 국가와 이해관계가 일치하지 않고 대립할 수도 있으며, 그 경우는 국가 아래의 작은 국가로서의 지역이라는 단위가 대항의 근거가 된다.

도시의 정의는 **대중의 정의**다. 대중사회가 필요로 하는 것은 정치권력과 강한 경제, 그것을 실현하는 국가다. 이런 것들이 있어야 비로소 대중사회는 성립한다. 그래서 정치·경제·국가가 정의되는 것이다. 이에 비해 공동체에서는 사람들의 구체적인 관계 자체가 중시된다. 거기에는 속박이나 구속도 있을 수 있다. 그래서 사회의 결속력도 있다. 반대로 대중사회라는 것은 그러한 것이 없는 자유로운 사회다.

이러한 도시의 정의는 그 가치로서 보편성과 객관성을 중시하고, 또한 효율성과 경제성을 추구한다. 종합해 보면 합리성이야말로 도시 논리의 핵심이 된다.

그리고 이 합리성이 구체적인 인간 활동의 현장에서 사용될

<표 4-1> **도시의 정의와 마을의 정의**

도시의 정의, 중앙의 정의	마을의 정의, 지방의 정의, 공동체의 정의
정치지상주의(지배, 복종)	자치, 분권
경제지상주의	생활, 가족, 가계
국가지상주의	지방, 지역
대중사회	공동체 사회
↓	
보편성, 객관성, 획일성	특수성, 주관성, 다양성
효율성, 경제성, 합리성	장소성
과학과 기술	전통과 계승
자본주의	상호주의, 상호 협력
수의 논리, 다수결	합의, 동의
경쟁주의, 결과 중시	과정 중시
형식주의	구체적, 현장주의
가상적	사실적(현실적)
보다 큰 것으로부터, 위로부터의 통치 관점	**각각 개별 내에서의 결정 존중**

때 과학·기술에 대한 신봉으로 나타나고 그것이 경제 영역에서
활용되면 자본주의가 된다. 이와 같이 보편성과 합리성이 정치
영역으로 확장하면 수의 논리와 다수결에 의한 민주주의가 나타
난다. 혹은 경쟁주의적 해결법을 선호하고 결과가 중시된다. 이

에 비해 마을의 정의에도 민주주의가 있지만 그곳에서는 합의와 동의가 핵심 가치이며, 결과보다 과정을 중시한다.

또한 도시의 정의는 객관적이므로 종종 형식적이고 차가운 것이 될 수 있다. 그러나 마을의 정의는 주관적이며, 구체성을 띠고 따뜻하며, 경우에 따라서는 온정이 생겨나기도 한다. 도시의 정의는 종종 가상적인데, 마을의 정의는 사실적이며 현실적이다.

이상의 대비는 '게마인샤프트'(Gemeinschaft, 공동사회)와 '게젤샤프트'(Gesellschaft, 이익사회)[페르디난트 퇴니에스(Ferdinand Tönnies)]와 같은 형태로 사회학에서는 잘 알려진 것이다. 또 이것은 이념형[막스 베버(Max Weber)]이라 할 수 있는 현실 그 자체를 표현한 것은 아니지만, 현실을 이해하는 수단으로서는 유효한 것이라 할 수 있다.

위로부터의 관점과 아래로부터의 관점

이런 차이는 어디에서 비롯된 것일까? 그것은 관점의 차이에서 온다.

도시의 정의는 보다 큰 관점, 위로부터의 통치 관점에서 형성된다.

이에 비해 마을의 정의는 각각의 마을에서 형성되고, 통합된 결정을 존중하는 것부터 시작한다. 가족, 마을, 읍면 지역, 각각의 집단에서 현상이 관찰된다. 통치보다 훨씬 낮은 곳에 관점이 있다.

도시의 정의와 공동체의 정의라는 이 두 개의 정의 중 어느 것이 올바르거나 혹은 잘못되었다고 논하는 것이 아니다. 두 개의 정의가 서로를 오가고 순환함으로써 국가의 힘은 커진다. 아래에 있는 것이 위로 끌어올려져 평면적인 사회가 입체가 되어 전체의 힘이 확립된다. 약간의 인구라도 보유한 사회(인구가 적더라도 국가를 형성한 사회)라면 도시의 정의와 공동체의 정의를 모두 겸비하지 않으면 안 된다. 양자 모두 사회의 생존을 위해 없어서는 안 되는 것이기 때문이다.

그러면 그러한 도시의 정의가 왜 말썽을 유발하는 것으로 전환된 것일까?

폐쇄형의 도시 논리가 문제다

〈표 4-1〉에서 정리한 도시의 정의는 제1장에서 도출한 지방소멸론이나 지방창생론으로 표현된 '도시의 정의'와 같은 의미일까? 그 내용을 다시 살펴보자.

제1장에서는 〈마스다 보고서〉나 지방창생에서 도시의 정의를 다음과 같은 용어로 표현했다.

먼저 '선택과 집중'이다. 이것이 정부의 지방창생에서는 '경쟁과 도태'로 전환되었다. 그리고 '차가운 객관주의'가 있는데, 여기에서 '차갑다'라는 말은 객관이 주관과의 사이를 왕복하지 않기 때문에 나온 말이라고 분석했다. 덧붙여, 경제/재정이라는 보다 큰 것만을 소중히 여기고, 작고 개별적인 생활 같은 것은 부정적인 것으로 평가한다.

그리고 제2장에서는 이러한 가치야말로 '인구 감소와 도쿄일극집중'의 실체라고 검증했다.

이런 논리와 〈표 4-1〉에서 제시한 도시의 논리는 동일한 의미인가? 다르다면 무엇이 다른가?

나는 이렇게 분석한다. 도시의 정의에는 개방형과 폐쇄형이 있다. 문제가 되는 것은 폐쇄형의 도시 논리다.

여기에서 먼저 알아두어야 할 것은 마을의 정의, 공동체의 정의는 폐쇄적인 정의라는 오해이다. '원자력 마을'* 등의 표현에서 이런 오해를 발견할 수 있다. 마을은 폐쇄적이고 자기들만을 위한 모든 이권이 둘러싸여진 곳이라는 것이다. 그리고 그런 공동체의 폐쇄성에 비해 도시의 논리는 개방적이라는 오해가 퍼져 있다.

---

* 정보·기술·자금 등과 관련된 원전 운영 시스템이 폐쇄화되어 정치가와 관료, 경제계의 이해관계와 이익을 지키기 위해 프로파간다를 형성하는 것. 우리나라의 원전마피아와 비슷한 말이다.

하지만 개방과 폐쇄의 축은 공동체와 도시의 축과는 관계가 없다. 폐쇄적인 공동체가 있는가 하면 개방적인 공동체도 있다. 대체로 공동체는 개방적이다.

마찬가지로 개방적인 도시도 있지만 폐쇄적인 도시도 있다. 문제가 되는 것은 '폐쇄적인 도시의 정의'다. 애초에 개방적이지 않으면 형성되지 말았어야 하는 도시—왜냐하면 도시는 외부에 크게 의존할 수밖에 없는 사회이기 때문에 닫혀서는 안 된다—가 폐쇄성을 강화하기 시작했다. 거기에 문제가 있는 것 같다.

그러한 폐쇄적인 도시의 정의에 대한 구체적인 형태를 나는 '선택과 집중'으로 본다.

'선택과 집중'에 대해서는 종종 고통 분담의 논리인 것처럼 이해되고 있다. 물론 그렇게 해석할 수 있다. 하지만 현실에서 '선택과 집중'은 일부만 살아남고 다른 일부는 살아남지 못하는 것이다. 거기에는 '배제'가 전제되어 있기 때문이다. 어떤 것에는 열려 있지만 다른 것에는 닫혀 있는 것이다. 이 폐쇄계가 나타나는 것이 중요한 분기점이 된다.

'선택과 집중' '경쟁과 도태'는 비상사태의 논리

'선택과 집중'이 '배제'와 결합되는 일은 지금까지 여러 번 있었다. '선택'이란 누군가가 어떤 것(사람 또는 지역)을 '선택하는 것'과 '선택하지 않는 것'으로 구분하는 것이다. 여기에서 어떤 일이 발생할까? 결국 사람들은 '선택되지 않는 것'(배제)이 두려워 선택하는 사람(권력자)의 의향과 그 결정에 강하게 의존하게 된다.

선택권을 가진 권력은 그 힘을 집중시켜 의존과 권력 집중의 상승효과로 일시적으로 그 힘을 증대시킬 수 있다. 그러나 이 의존에 따른 권력 강화는 그 힘이 정말로 강해진 것이 아니라 단지 모여진 것에 불과하다. 또한 상명하달이 강하게 작용하기 때문에 권력에 아첨이나 아부도 쉽게 하게 된다. 사람들은 상사(사람)의 의중에 따라 행동하게 되므로 무엇인가를 새롭게 창조하고 스스로 완수하려는 창의성은 없어지고 명령이나 지시만을 기다리는 어둡게 고인 물과 같은 상태가 된다.

그래서 경제성장을 위해 설정된 '선택과 집중'은 획일적이고 경직된 상태를 만들어 성장이나 혁신을 저해하는 상황에까지 이르게 된다. 2000년대에 진행된 대학 개혁의 결과 창의력이 실종되어 국제 경쟁력을 상실한 일본의 학술·연구 실태 등이 바로 여기에 해당한다.

원래 '선택과 집중'이란 비상사태의 논리다. 그것은 일시적이고 제한적으로만 사용되어야 하며, 정상적인 사회에서는 결코 적용되어서는 안 된다.

사회 외부에 적이 있어 그것과 싸워야 하는 경우가 발생하면 사회는 그 모든 것을 지킬 수 없게 된다. 전쟁에는 희생이 따른다. 또 자연재해가 발생했을 때에도 더 이상 피해가 퍼지지 않게 하기 위해 생존자 수색을 포기해야 할 수도 있다. 이런 것은 외적이나 자연에 대한 사회나 인간의 능력 부족 때문이다. 사회 구성원의 생사가 걸렸기 때문에 '모든 사람을 구할 수는 없다'라는 식의 차가운 논리가 전체의 이익을 위해 용인된다. 사망자에게는 이미 감정이 존재하지 않고 사망이라는 객관적 사실만이 존재하므로 그 감정을 헤아릴 필요가 없는 것이다. 아니 희생자의 감정과 관점에서 판단하면 애초에 '선택과 집중'은 할 수 없다.

모두 지키려고 하다가는 싸움에서 지기 쉽기 때문에 일부의 희생은 불가피하다. 이것이 '선택과 집중'의 근간이 되는 개념이다. 그리고 이 생존을 건 싸움이 외부의 적에서 내부로 옮겨질 때, 그것이 '경쟁과 도태'로 나타나는 것이다.

파이는 한정되어 있다. 사회 구성원들끼리 승패를 겨루고, 우열을 붙이고, 생존할 것과 죽어야 할 것을 확정한다. 구성원의 수는 줄어들지만 경쟁을 통한 도태에 의해 우수한 것만 살아남기 때문에 방해되는 것도 없어지고 외적과의 투쟁도 오히려 유리하게 전개될 것이 틀림없다.

'선택과 집중' 및 '경쟁과 도태'는 이렇게 비상사태의 논리로서 살아 있는 어떤 사람들의 '배제'를 수반한다. 이러한 배제를 허용하는 사고 패턴이 '폐쇄형'이다. 즉 제1장과 제2장에서 살펴본 '도시의 정의'는 폐쇄적인 도시의 정의라고 할 수 있다.

도시의 정의와 우생사상

이에 대해 좀 더 보충하면, '선택'은 영어로 'choice'로 많은 것 중에서 '선호'를 의미하고, '선택과 집중'에 함의되어 있는 것은 'select'다. 다른 무엇보다 뛰어난 무언가를 선택하는 것이 'select'다. 그리고 그것은 선택되지 않아 뒤떨어진 것을 적극적으로 배제하는 것까지의 의미를 포함한다. 예를 들어 'choice'가 수많은 꽃 중에서 좋아하는 꽃을 선택하는 것이라면, 'select'는 나쁜 종은 처분하고 좋은 꽃을 피우는 종만 구분해 밭에 심는 것을 의미한다.

진화론에서 말하는 '선택'은 이런 의미에서 'selection'이다. 그래서 'selection'은 '도태'라고도 번역될 수 있다. 사람이 고르면 선택이 되고, 신이 선택하면 도태가 된다. 따라서 선택과 도태는 영어에서는 같은 개념이다.

'선택과 집중'은 자기 자신이 포함되지 않은 신의 시선에서 보는 통치이며, '경쟁과 도태' 또한 마찬가지로 경쟁에서 자신은 도태되는 측에 포함되지 않는 위로부터의 시선이다. 도태의 대상에 자기 자신도 포함되어 있는 것이 분명한데도, 이러한 가치가 국민들 사이에서 일반적으로 받아들여지는 것은 사람들이 위정자와 같은 감각이 되어 자신은 거기에 관계가 없다고 믿어버리기 때문이다. 하지만 역사를 돌이켜 보면, 이러한 '선택'과 '도태'야말로 우생사상으로 발전해 많은 비인간적인 과오(대량학살)를 이끌어낸 개념 장치다. 일본의 역사도 거기에서 벗어날 수 없다.

개방적인 사회는 상호 균형이 이루어져 문제가 일어나지 않지만 사회가 폐쇄적이 되면 이상한 일이 발생하게 된다. 제3장에서의 분석에 따르면, 지금의 상황은 도시가 폐쇄적인 사고를 하기 시작했고 다른 한편으로 마을은 도시화되어 가고 있다. 그래서 폐쇄적인 도시의 정의가 각지에 만연해 도시적 배제가 여러 방면에서 폭력을 행사하기 시작했다고 할 수 있다.

배제는 국민들 사이에서 일어나서는 안 되는 일이다. 하지만 이러한 배제가 "이 돈은 우리들만의 돈이다" "그 돈을 생산성이 낮은 이들에게 돌릴 수는 없다" "모든 것은 다수결이다"라고 주장하며 조금씩 모습을 드러내고 있다. 사회 구성원들이 "나는 다른 사람들보다 생존 가치가 더 있다"라고 말하기 시작하면, 그것은 더 이상 사회가 아닌 것이다.

그렇다면 왜 이렇게 위험한 논리를 기업 경영의 현장에 끌어온 것일까?

물론 기업 경영에서도 '선택과 집중'은 기본적으로 취해야 할 사고법이 아니다. 일종의 최후의 수단으로 사용해야 한다. 그럼에도 기업이 '선택과 집중'이라는 수단을 취할 수 있는 것은 기업이 보다 큰 것을 떠안고 있기 때문이다.

예를 들어, 경영적·관리적 발상에서 이루어지는 '선택과 집중'에 의하면, 어느 지방의 공장이 폐쇄되어 해고당한 노동자는 그것만으로는 지역이나 국가에서 배제되지 않는다. 근무하던 회사가 파산해도 그는 사회 구성원으로 남는다. 기업이라는 집단의 보호에서 떨어져 나왔을 때 그보다 더 큰 사회의 안전망 속으로 들어가는 것이다. 다시 말해, 국가나 사회의 힘에 의존하기 때문에 '선택과 집중'에 있어 기업의 합리화가 가능한 것이다.

그런데 그것을 지자체에도 도입하자는 발상이 등장했다. 사회의 기본은 국가이기 전에 각 지역이다. 지자체가 있고, 그다음에 마을과 읍면이 있다. 그런 모든 것을 껴안는 그릇이 되어야 할 지역이 지역으로부터 배제되고 도태될 수 있다는 발상이 나온다면 어떻게 될까?

그렇다면 이제 국가밖에 의지할 것이 없게 된다. 국가에 가장 가까운 지역은 수도다. 지방에 있으면 버려지는 것 같다. 그렇지만 도쿄라면 괜찮다. 그래서 사람들이 수도로 모이고, 국가권력이 집중되고, 사람도 돈도 권력도 점점 더 수도로 모여드는 것이다. 그러므로 '선택과 집중' '경쟁과 도태'야말로 도쿄일극집중의 근본 원인인 것이다.

다양성의 공생

이러한 '선택과 집중' '경쟁과 도태'에 비해 애초에 있어야 할 도시의 정의, 개방적인 도시의 정의도 있다. 《지방소멸의 올가미》

에서 전개한 논리를 포함해 여기에서도 그것을 '다양성의 공생'
으로 표현하고자 한다.

그것은 사회 구성원들을 어떤 기준에 따라 배제하지 않고 다
양한 존재를 있는 그대로 받아들이는 것, 모두가 함께 손잡고 살
아가는 것, 그렇게 공생하는 것을 인정하는 것에서 도시를 형성
하고 국가를 운영해 나가는 것이다.

덧붙여서 '공생'(함께 살아가는 것)은 정토종에서 사용하는 용
어인데, '선택'과 '도태'가 난폭한 절대신을 출발점으로 하는 반면
공생에는 불교의 가르침으로 대표되는 아시아적 가치관이 표현
된다는 점에도 주목하고 싶다.

지금까지 살펴본 '선택과 집중'에 상반된 개념으로서 '다양성
의 공생' 논리를 작성해 보자(《표 4-2》).

'다양성의 공생'은 '선택과 집중'의 '배제'와 대비해 '포용'을
지향한다. 배제(exclusion)와 포용(inclusion)은 사회로부터 그 일
부를 외부로 쫓아내버리는 형태로 사회를 구성할지(배제), 아니
면 모든 것을 취하는 형태로 구성할지(포용) 정하는 짝을 이루는
개념이다.

그리고 의존(dependence)에 대해서는 자립(independence)이
상반된 개념이지만, 제3장에서 보았듯이 현재 '자립'은 경제적인
측면만 강조되고 있다. 여기에서는 공(共)의존 또는 공존이라는
용어를 차용하고자 한다. '선택과 집중'에서의 의존은 권력과 같
이 상위에 있는 것들에 대한 일방적 의존이지만, '다양성의 공생'

선택과 집중	다양성의 공생
배제	포용
의존	자립·공(共)의존
상명하달	자치/협동
획일성	다양성
폐쇄성	개방성

은 구성원들 간의 공의존 관계를 강조하는 것이며, 심지어 상하 간에도 서로 지지하는 것—권력은 추종자가 필요하다는 의미에서 권력자도 피지배자에게 의존하는 것—까지 함의한다.

상명하달에 대해서는 자치/협동이 상반된 개념이 된다. '다양성의 공생'은 다양한 집단마다의 자치나 협동, 구성원들의 적극적인 참여가 촉구되고, 또한 다양한 단위 또는 집단 간의 연계를 이상으로 삼는 가치다. 다양한 것들이 각각 서로를 의존하며 관계를 유지하고, 그 내부의 각 단위가 자치를 실시하여 서로 협동하고 다양한 아이디어를 구상하고 실천하는 것으로서 새로운 다양성이 발생된다. 다양한 것들이 다양한 사회를 형성하고 서로 의존해 전체의 활력을 끊임없이 재생산해 나간다.

이렇게 두 가지 가치를 서로 비교해 보면, 강한 국가는 과연 어느 쪽에서 실현 가능할까? 보통은 '다양성의 공생'을 선택한다. '선택과 집중'은 비상시에 취하는 체제로서 이것만으로는 사회 자체가 지속되지 않는다. '선택과 집중'은 일시적으로는 강력한 체제를 만들 수 있지만 안정된 것은 아니며, 그에 비해 '다양성의 공생'은 지속가능한 사회를 실현하는 데 필요한 가치다.

가치를 검토해 보자. 지금 우리는 비상사태에서 축적된 불안을 이끄는 잘못된 가치를 우리의 일상생활 속에까지 채용하기 시작했다. 그런데 그것이 사회 그 자체를 파괴하는 원흉인 것이다. 인구 감소도 도쿄일극집중도 경제 문제가 아니다. 사회는 경제를 포함해 가치를 만들어가며 움직이는 것이다. 그래서 올바른 가치를 제대로 파악하여 채용하지 않으면 안 된다.

'선택과 집중'이라고 하면 근사해 보일 수도 있지만, 그러면 살아남을 수 있는 것은 상층부뿐이다. 그 상층부도 아래 사회가 붕괴하면 존속이 불가능하다. 그러므로 이런 것을 국가 정책으로 내걸어서는 안 된다.

〈마스다 보고서〉가 나왔을 때 내가 우려한 것이 바로 이러한 것들이다. 다행히 정부의 지방창생에서는 이 용어를 채택하지 않았지만, 위험한 이 가치의 힘이 어딘가에 강하게 작용해 결국 '선택과 집중'의 다른 형태인 '경쟁과 도태'로 전환되어 들어가 있다.

당시 지방창생 장관이 이시바 시게루였다는 것도 상징적이다. 이시바는 그 당시 아베 총리 주변과는 선을 분명히 그었으며, 지방창생까지 경제에 가세하는 편향된 발상은 가지고 있지 않다. 그래서 이시바가 '경쟁'이라고 말해도 그것은 '돈 벌기 경쟁'이 아니며, 또한 경쟁에 의한 '도태'나 '선택' 등과 같은 발상도 아니었다고 생각한다.

그럼에도 불구하고 이것을 '도태'의 발상에 묶을 수 있었다는 것은 틀림없이 이 나라의 국민들이 그런 가치를 당연한 것, 있어야 할 것으로 받아들이기 시작했기 때문이라고 생각한다. 국민을 이끄는 정치 이전에 그 정치의 방향을 정하는 여론이 가진 가치가 위험한 것이다.

사실 '폐쇄형 도시의 정의'는 지난 몇 년 사이 갑자기 등장한 것이 아니다. 아베 정권(제2차) 이전부터 그 모습을 드러냈으며, 직전의 (구)민주당 정권 정책에서도 자주 얼굴을 내밀었다. 또 그 이전 2000년대 개혁(고이즈미·다케나카 개혁)을 뒷받침한 것도 이것이다. 20세기 말에 시작되어 21세기에 두각을 나타낸 신자유주의적 가치가 어느새 알게 모르게 국민들이 마치 합의라도 한 것 같이 되어 정치와 정책을 움직여온 것이다. 그리고 그것이 드디어 지방 정책에도 깊숙히 침투해 이제는 그 모습을 명확히 드러내기 시작한 것 같다. 이것은 매우 위험한 상태이다.

인구 감소에 진정으로 마주하기 위해

우리는 지금 중대한 위기에 직면해 있다.

국가의 재정 위기, 정체된 경제, 주변국과의 군사적 긴장, 멈추지 않는 글로벌 경제와 그 반작용으로서 자국중심주의. 하지만 그런 것들보다 더 심각한 사태가 우리를 가로막고 있다. 그것은 인구감소 문제다.

우리는 우리 사회를 구성하는 우리 자신들을 정상적으로 재생산할 수 없게 되었다. 이로 인해 앞으로 수십 년간 급격하게 인구가 줄어들고 고령화가 진행될 것으로 예측된다. 어쨌든 인구감소 문제를 시급히 해결하고 조금이라도 이 변화를 완화하지 않으면, 확실한 재정도, 활력 있는 경제도, 강한 외교력도, 군사력도 모두 유지할 수 없다. 인구 문제야말로 지방창생의 출발점이며, 그것을 해결하려는 것 자체를 목적으로 삼아야 한다. 이 나라의 자기재생능력을 되찾는 확실한 방향과 길을 찾는 것이 지방창생의 진정한 목적이어야 한다.

출산력은 인간의 생명을 뿌리내리는 것과 연관이 있으므로, 출산력이 쇠약해지는 원인은 개개인의 신체적 조건 및 상황과 관련되어 있다. 반면 사람들의 행동은 가치관에 의해 결정되기 때문에 사회는 이러한 행동의 원인을 찾아내 사람들이 자신의 행동을 결정하고 가치를 표출하는 데 적절하게 대응해야 한다.

어느새 사람들이 일반적으로 받아들이는 일그러진 가치가 우리의 행위를 왜곡하고, 사회와 경제를 왜곡하고, 우리의 생명과정을 왜곡하고 있다. 또한 그것이 이 일본열도의 자연환경을 왜곡하고, 이웃 나라들과의 관계를 왜곡해 가고 있는지도 모른다.

잘못된 가치에 의존해 지방창생이 움직이고 있는 한 그것이 바람직한 결과를 도출해 낼 리 없다. 지금 우리가 지방창생에서 막혀 있는 것은 정책이나 사업의 잘잘못이 아니다. 그 배후에서 사람들을 움직이는 가치가 문제인 것이다.

따라서 지방창생을 둘러싸고 진행되는 다양한 정책과 사업을 '가치의 관점'으로 평가하고 검증할 필요가 있다. 그런 관점에서 제5장에서는 지방창생의 바람직한 정책에 대해 기술하려 한다.

3. 지방창생사업 점검

로컬아베노믹스를 목표로 하는 지방창생의 심화

지방창생이 시작된 지 5년째 접어들고 있는 현재 각지에서 사업이 본격적으로 전개되고 있다. 제1장에서 살펴본 것처럼, 정부는 2014년 말에 "마을·사람·일자리창생 장기 비전"과 "종합전략"을 수립했다. 그러나 그후 "기본방침"을 수립하여 시간이 경과하면서 매년 〈표 4-3〉과 같은 개정이 이루어졌다.

최초에 수립한 장기 비전과 반년 후인 2015년 6월 30일에 나온 기본방침이 장기 비전 및 종합전략과 어떤 관계에 있는지 확실한 내용이 보고서에는 담겨 있지 않다. 하지만 그후 매년 6월에 새로운 기본방침을 내각에서 결정하고 그해 연말 12월에 종합전

<표 4-3> **지방창생 기본방침·종합전략 수립 연혁**

2014년	9월 3일	마을·사람·일자리창생본부 출범
	12월 27일	마을·사람·일자리창생 장기 비전, 종합전략
2015년	6월 30일	마을·사람·일자리창생 기본방침 2015 (로컬아베노믹스의 실현을 향하여) 【→ 지방창생 심화】
	12월 24일	종합전략(2015개정판)
2016년	6월 2일	기본방침 2016 【→ 지방창생 본격 전개】
	12월 22일	종합전략(2016개정판)
2017년	6월 9일	기본방침 2017 【→ 지방창생 새로운 전개】
	12월 22일	종합전략(2017개정판)

략의 개정판이 나오는 방식은 이제 관례가 되었다. 예산편성을 이용해 정치가 지방창생을 주도하는 구조가 된 것이 분명하다.

2060년에 1억 명의 인구를 확보한다는 최초의 장기 비전과 종합계획을 정책의 핵심 축으로 하면서도 실제로는 매년 기본방침에 정부의 의도를 반영하고 그 해에 종합전략이 개정되어 새롭고 구체적인 정책과 신사업 패키지가 정리된다. 내각부(본부)와 각 부처의 교환이 이 과정의 배후에서 움직이는 셈이다.

그러면 매년 진행된 종합전략의 개정에서는 어떤 정책적 변화가 있었을까?

먼저 최초의 장기 비전 및 종합전략 수립 약 반년 후에 나온

"기본방침 2015"에는 본부가 출범하고 1년이 경과하지 않은 단계에서 '지방창생 **심화**'를 목표로 한다고 기재되어 있다. 각료들은 최초의 장기 비전 및 종합전략에 뭔가 불만이 있었던 것 같다. 그래서 자신들이 하고 싶었던 것을 '심화'라고 써넣고 지방창생을 강하게 밀어붙이려 했던 것 같다. 그 심화라는 것이 바로 '로컬아베노믹스의 실현'이라고 할 수 있다.

이 특정 인물(아베 신조)의 이름을 부여한 '로컬아베노믹스'라는 단어가 도대체 무엇을 의미하는지 이해하기가 어렵다. 우선은 지방 경제를 활성화해 고용을 창출한다는 의미인 것 같다.

"기본방침 2015"에 따르면, '로컬아베노믹스'는 구체적으로 ①각 지역의 '버는 힘'을 이끌어내는 것, ②열정과 의욕이 있는 지역에 인센티브 개혁을 통한 '지역 종합력'을 이끌어내는 것, ③민간의 창의성을 최대한 활용한 '시민 지식'을 끄집어내는 것이라고 할 수 있다. 그리고 이러한 것들에 의해 "인력과 자금이 적극적으로 지방에서 돌아다니고, 나아가 첨단 기술이나 정보가 전국 방방곡곡에서 공유되는 등 활력 있는 일본 경제를 회복하는 것"이다. 이를 위해 필요한 것으로 다음과 같은 항목을 들 수 있다.

① **'버는 힘'을 이끌어내는 것**: 생산성 향상, 활력 넘치는 지역 경제 구축.
  • 지역에서 글로벌 최고 기술을 발굴하고 육성하기 위한 조직 구축.

- 지역경영의 관점에서 구축한 관광 지역 만들기나 지역 브랜드 만들기의 중심이 되는 일본판 DMO 등의 새로운 사업 추진 주체 형성.
- 지역자원을 활용한 6차 산업화 추진.
- 서비스 산업 도전(챌린지) 프로그램 실시 등.

② **'지역 종합력'을 이끌어내는 것**: 열심히 하는 지역에 인센티브 개혁.
- 일본판 CCRC 구상 실현: 이주지원 및 커뮤니티 만들기.
- 지방 도시의 콤팩트시티 형성: 민·관 협동에 의한 관리 체계 구축.
- 중산간 지역 등에 '작은 거점' 형성: 마을 생활권 유지 등.

③ **'시민 지식'을 이끌어내는 것**: 민간의 창의력과 국가전략특구를 최대한 활용.
- PPP*/PFI† 방식을 통한 공공시설 관리의 최적화, 집약화.

---

* PPP(Public Private Partnership, 공공 민간 파트너십): 시민이 협력하여 공공 서비스를 제공하는 것으로, 지자체 업무의 민간 위탁 아웃소싱 등도 포함된다.

† PFI(Private Finance Initiative, 민간투자개발사업): 공공시설 등의 설계와 건설, 유지 관리 및 운영에 민간의 자금과 노하우를 활용해 민간 주도로 공공 서비스를 실시하는 것으로, 효율적이고 효과적인 공공 서비스 제공을 도모하기 위해 영국에서 시작되었다. PFI는 작은 정부, 민영화 등 행정·재정 개혁의 흐름의 하나로 볼 수 있다.

- 지역 기업에서 저출산 극복을 위한 노동방식 개혁 추진.
- 사회적 임팩트 투자.
- 국가전략특구의 활용을 추진.

지방창생이 구체화되어 가는 가운데 장기 비전 및 종합전략 수립 후 첨예화된 것은 각 지역이 '버는 힘'을 익히는 것이었다. 매년 기본방침은 그 힘을 이끌어내기 위한 구체적인 사업이나 수법이 열거되고, 내각의 결정을 거쳐 새로운 보조금 메뉴가 추가되어 연말 종합전략의 개정판에 반영된다. 이 매뉴얼의 2015년판에서는 앞에서 적었듯이 DMO, CCRC, 국가전략특구가 눈에 띈다.

기본 목표

이듬해 6월의 "기본방침 2016"에서는 지방창생이 본격적으로 전개되었고, 3년째의 "기본방침 2017"에서는 지방창생이 새롭게 전개되었다. '기본방침'에 추가된 새로운 사업들은 속속 지방창생의 사업 메뉴가 된다. 여기에 어떤 법적 근거가 있는지 모르겠지만, 어쨌든 신규 사업은 이런 과정을 거쳐 매년 내각 주도로 이루어진다.

여기에서는 현 시점에서 최신 버전이라고 할 수 있는 "종합전

략(2017개정판)"에 올라온 정책 메뉴를 분석할 것이다. 그 전체 개
요를 보여주는 것이 〈그림 4-1〉이다. 이 가운데 오른쪽 중앙에
있는 '정책 패키지'가 이른바 구체적인 정책과 사업의 메뉴다. 그
항목(기본 목표)은 다음과 같다.

기본 목표 ①: 지방에 일자리 만들기, 안심하고 일할 수 있도
록 하기 → **지방 일자리 만들기**

기본 목표 ②: 지방에 새로운 인재 흐름 만들기 → **지방 이주**

기본 목표 ③: 젊은 세대의 결혼·출산·육아의 희망 이루기
→ **노동방식 개혁 및 육아 지원**

기본 목표 ④: 시대에 적합한 지역 만들기, 안전한 생활 유지
와 함께 지역과 지역을 연계하기
→ **마을 만들기**

(강조는 필자의 것임.)

이 네 개의 기본 목표는 최초의 종합계획 수립에 등장한 것으
로, 여기에 내각이 주도해 구체적인 내용이 다양하게 추가되어
현재의 정책과 사업 메뉴가 되었다.

여기에서는 이 네 개의 기본 목표 '지방 일자리 만들기' '지방
이주' '노동방식 개혁 및 육아 지원' '마을 만들기'를 검토하고자
한다. 먼저 '지방 이주'부터 확인해 보자.

〈그림 4-1〉 마을 · 사람 · 일자리창생 종합전략(2017개정판) 전체 개요

지방창생을 둘러싼 현황

◎ 인구감소 현황 ⇒ 2016년 총 인구는 전년도에 비해 16만 2천 명이 감소하면 서 6년 연속 감소. 합계특수출산율은 1.44로 전년도에 비 해 낮고 연간 출생아 수는 97.7만 명으로 통계 시작 이후 처 음으로 100만 명 밑으로 떨어짐
◎ 도쿄일극집중 경향 ⇒ 도쿄권으로 약12만 명 전입 초과, 도쿄일극집중 경향이 계속됨
◎ 지역경제 현황 ⇒ 유효 구인배수는 역사상 처음으로 모든 도도부현에서 1배 를 넘는 등 고용·소득환경 개선이 계속되고 있고, 도쿄권과 그 외 지역간에 1인당 현민소득에 격차가 생김

인구소멸과 지역경제 축소 극복/마을·사람·일자리창생과 선순환 확립

"마을·사람·일자리창생 종합전략" 책정과 개정

"종합전략"을 중간년도에 총 점검

◎ 기본 목표 및 각 시책의 KPI 120건에 대해 총 점검을 실시
◎ 지방과 도쿄권 전출입 균등을 위한 각종 시책의 효과가 충분히 나타나지 않았지만 한층 더 강화된 활동으로 목표 달성을 지향함

총 점검에 따른 도쿄일극집중 시정을 위한 기본 인식

◎ 도쿄일극집중으로 수도직하지진 등 대형재해에 따른 피해가 커질 위험성
◎ 출산율이 상대적으로 낮은 도쿄권으로 인구가 계속 집중될 경우, 보다 적은 수의 현역세대(생산연령인구)가 고령자세대를 부양하게 됨
◎ 지방창생에 대한 열의가 식었고, 지자체에 따라 위기의식에 차이가 있다는 지적
◎ 국민들이 사태의 심각성을 한층 더 공감하고, 생산성 혁신과 인력 향상, 혁신의 토대 가 되는 지방창생을 대담하게 추진할 필요성

삶의 단계에 맞게 내실 있는 정책 메뉴 강화

◎ 도쿄권으로의 인구 이동이 대부분 대학 진학과 취업 시기의 젊은층임을 감안해 지방 창생에 이바지하는 대학 개혁 추진
◎ 지방으로 새로운 사람의 유입을 만들어야 하고, 100세 시대를 내다보고 젊은이를 중심으로 내실 있는 삶의 단계에 맞는 정책 메뉴 강화

정책의 기획·실행에 있어서 기본방침

1. 앞으로의 정책 검증
2. 창생을 위한 정책 5원칙
   자립성, 장래성, 지역성, 직접성, 결과 중시의 정책 원칙에 근거
3. 정부와 지방의 활동 체제와 PDCA 정비

지방창생 심화를 위한 시책 추진(정책 패키지)

1. 지방에 일자리를 만들어, 안심하고 일 할 수 있도록 함
   (가) 생산성이 높고 활력 넘치는 지역 경제실현을 위한 종합적 활동
   (나) 관광업 강화 지역에 연계체제 구축
   (다) 농림수산업의 성장산업화
   (라) 지방으로 인재 유입, 지방에서 의 인재 육성, 지방고용대책

확실한 근거에 입각한 정책입안(EBPM※)
이라는 사고방식, 데이터에 근거한 종합
전략, 다양한 관계자와 전문가 의견을
수렴해 정책간, 지역간 연계 추진
※ Evidence-Based Policy Making의 약자

앞으로의 정책 방향

정책의 기본 목표
성과(outcome) 중시의 목표 설정

【기본 목표 ①】
지방에 일자리를 만들어, 안심하고 일할
수 있도록 함

【기본 목표 ②】
지방으로 새로운 사람들이 유입되도록 함

【기본 목표 ③】
젊은 세대의 결혼·출산·육아에 대한 희망
을 실현

【기본 목표 ④】
시대에 맞는 지역을 만들고 안전한 생활을
지키며 지역과 지역을 연계함

2.지방으로 새로운 사람들이 유입되
도록 함
(가) 정부 관계기관의 지방 이전
(나) 기업의 지방거점 강화 등
(다) 지방의 청년 취학·취업 촉진
(라) 아이들의실속있는 농·산·어촌 체험
(마) 지방 이주 추진
3.젊은 세대의 결혼·출산·육아에 대한
희망을 실현
(가) 저출산대책에 있어서 '지역 접근'
추진
(나) 젊은 세대의 경제적 안정
(다) 출산·육아 지원
(라) 지역 실정에 맞는 '일하는 방식 개
혁' 추진(일·생활·균형 실현 등)
4.시대에 맞는 지역을 만들고 안전한
생활을 지키며 지역과 지역을 연계함
(가) 마을 만들기, 지역 연계
(나) '작은 거점' 형성(마을생활권 유지)
(다) 도교권을 비롯한 대도시권의 의
료·간호 문제 저출산 문제 대응
(라) 주민이 지역방재를 책임지는 환경
확보
(마) 고향 만들기 추진
(바) 건강하게 장수해서 스스로 생계
를 유지해 갈 수 있는 마을 만들
기 추진
(사) 온실효과와 가스배출을 없애는
지역 만들기
(아) 지자체의 지속가능한 개발목표
(SDGs) 달성을 위한 활동 추진

지방창생판·세 가지 방향

지방이 '자조 정신'을 가지고 활동하는 것이 중요하며, 정부로서는 지속적으로 의욕과
열의가 있는 지역활동을 정보, 인재, 재정이라는 세 가지 측면에서 지원(특히 삶의 단
계에 맞는 정책 메뉴가 내실 있게 강화되도록 하는 활동 지원)

정보 지원	인재 지원	재정 지원
◎ 지역경제분석시스템 (RESAS※)의 보급 촉진 ※ Regional Economy (and) Society Analyzing System의 약자	◎ 지방창생 컬리지 ◎ 지방창생 담당 책임자 ◎ 지방창생 인재지원제도	◎ 지방창생추진 교부금, 거점정비 교부금 ◎ 지방재정조치 ◎ 세제(기업판 고향납세 등)

국가전략특구제도, 규제 개혁, 사회보장제도 개혁, 지방분권 개혁과의 연계

※ "마을·사람·일자리창생 종합전략(2017개정판)" 전체상(지방창생 홈페이지에서 발췌)
https://www.kantei.go.jp/jp/singi/sousei/info/pdf/h29-12-22-sougousenryaku2017
zentaizou.pdf

활기를 띠는 이주 상담 코너

지방창생에서 정부는 연간 10만 명이 도쿄에서 지방으로 이주하는 것을 목표로 세웠다(도쿄권 전입 6만 명 감소, 도쿄권에서 전출 4만 명 증가라는 계산).

이 목표에 따라 전국 지자체에서 이주추진정책이 시작되어 각 도부현에서는 이주 희망자들을 위한 정보제공 창구를 도쿄에 개설하는 등 적극적으로 움직이기 시작했다. 지방이주 운동을 지방창생 이전부터 계속 진행해 온 인증NPO법인·고향회귀지원센터에는 이러한 움직임을 반영해 도쿄도와 오사카부를 제외한 45개 도부현에 창구가 개설되어 일부를 제외하고는 상담원이 배치되어 있다. 시정촌에서는 독자적으로 대응하는 등 이주대책은 지방창생의 꽃과 같은 사업이 되었다.

하지만 아주 단순하게 생각해 보아도 이주만으로는 인구가 증가하지 않는다.

지방 이주가 일본 전체의 인구 증가로 이어질 수 있다면, 그것은 다음의 조건을 충족할 때다. 즉 이주했기 때문에 태어나는 아이의 수가 한 명이라도 더 많아지는 경우다.

따라서 지방 이주를 추진해 지자체들끼리 서로 인구를 주고받는 것만으로는 인구증가대책으로서 의미가 없다. 오히려 그 지역으로 이주해 온 다음의 대책(③의 노동방식 개혁 및 육아 지원)이 더 중요하지만, 이에 대한 연계는 현재 나타나 있지 않다.

또한 지방창생의 4개 기본 목표 중 '②지방에 새로운 인재 흐름 만들기'는 다른 3개의 목표에 비해 진행이 늦어지고 있다. 도쿄로의 진입은 지방창생을 통해 멈춰지기는커녕 점점 더 증가하고 있어, 정부는 지방이주정책을 앞으로 더 중점적으로 전개해야 한다고 인식하는 것 같다.

무엇보다 유라쿠초역 앞 도쿄교통회관에 있는 '고향회귀지원센터'를 방문해 보면, 이주 상담이 하루에도 상당수 이루어지고 있는 데다가 해마다 증가하고 있음을 알 수 있다. 이주 세미나도 연일 개최되고, 상담도 목표가 애매했던 I턴 중심에서 점차 확실성이 높은 U턴 희망이 증가하고 있다. 각 현이 창구를 만들어 대응하는 것은 의미가 깊다. 또한 흥미로운 것은 상담자 중 20대 이하 비율이 해마다 증가하고 있다는 것이다. '고향회귀지원센터'는 애초에 단카이 세대의 회귀를 노리고 시작되었는데, 개설 15년이 지나면서 헤이세이 세대가 이 운동에 점점 더 동참하고 있다. 이것이 인구 증가로 연결될지 여부는 아직 알 수 없지만, 분명한 것은 지금까지와는 다르게 사람들의 적극적인 변화를 여기에서 볼 수 있다는 사실이다.

이주 상담 현장의 분위기도 매우 온화하고 밝다. 방문자의 질문이나 상담에 대응하는 직원들이 자신의 지역을 자랑스럽게 생각하며 소개할 수 있는 분위기가 조성되어 있다. 과거에는 긍정적으로 인식되지 않았던 지방 이주가 국민들의 선택지 중 하나로 명확하게 자리잡았음을 간파할 수 있다. 실제로 지방 이주를 실천한 사람들의 이야기를 들어보아도 이러한 싹이 장래에 틀림없이 커지리라 예상된다. 점차 지방으로 이주한 사람들의 네트워크를 형성해 연결해 나가는 것을 비롯해 각지에서 전개하고 있는 활동 등도 각각 다양한 개성을 표현하고 있어 앞으로 어떻게 전개될지 기대된다.

지방이주정책은 지금 당장 큰 수치로 나타나지는 않지만, 이대로 이런 방식으로 계속 진행하면 어디선가 싹이 자라 큰 줄기가 되고, 가지와 잎이 퍼져 나갈 것이 분명하다. 거기에 어떤 꽃이 피고 열매가 맺을지는 제대로 지켜봐야 할 것이다.

일본판 CCRC의 행방

새로 불기 시작한 지방 이주 바람으로 모처럼 지자체에서도, 지역에서도, 지역 주민과 국민들도 '뭔가 변한다'고 느끼고 있는데, 거기에 묘한 형태로 이상한 사업이 들어가 이 분위기를 망가뜨리지 않을지 매우 걱정스럽다.

그 걱정스러운 움직임 중 다음 두 가지를 거론하고 싶다.

하나는 제1장에서도 언급한 일본판 CCRC다. 2018년 3월 현재 이미 19개의 시와 정에서 사업을 원하고 있는데, 이 지자체들이 처음부터 CCRC가 필요해 이를 제안한 것이라면 별 문제가 없다. 그러나 이미 보았듯이 일본창성회의의 제안이 계기였으며, 한편 국민들은 그 내용을 잘 모르는 가운데 아주 솜씨 좋게 "기본방침"과 "종합전략"의 내용으로 들어가버렸다는 것이 문제다. 미디어도 이 움직임을 경계하며 고령자들을 지방에 난입시키는 현대판 '우바스테야마'* 사업이라고 비판적으로 다루었다.

무엇보다 일본판 CCRC는 2015년부터 수 차례의 회의를 거쳐 (좌장은 마스다 히로시) '평생활약마을'로 사업화되었고, 사업은 상품화되었지만, 그것이 오히려 호응을 받아 정착한 것으로 보인다. 평생활약마을 사업은 도시에서 이주자를 모집해 도심에 있는 기존 부동산 등을 활용해 사업 지역에 노후의 활약 장소를 제공하는 것이다. 그런데 의외로 괜찮은 사업이기 때문일까. 총리 관저에서는 이 사업에 관심을 상실해 버린 듯하다. "종합전략 2017 개정판"에는 더 이상 이전과 같은 주력 사업으로 제시되지 않고 '지방 이주 추진 사업' 중 하나의 항목으로만 거론되는 데 그쳤다.

정부기관 이전보다 지방분권을

지역 이주를 둘러싼 또 다른 묘한 움직임은 정부 관계기관 이전 사업이다.

---

* '할머니를 갖다 버리는 산'이라는 뜻으로, 일본판 고려장이라고 할 수 있다.

정부 자신의 지방 이전은 일찍부터 거론되었지만 본격화된 것은 "정부 관계기관 이전 기본방침"(政府関係機関移転基本方針)이 나온 2016년 3월 즈음이다. 이 시점에서 정부가 어느 정도 진심으로 기능 이전을 생각하고 있었는지는 모르지만, 어쨌든 지방 이전이 가능한 정부 관계기관의 목록을 작성해 지자체에 기관 유치안을 공모했다. 어떤 의미에서 정부 일부 기관의 투매(덤핑)로도 보일 수 있는 상황을 드러낸 것이다. 그리고 그 시범으로 문화청과 소비자청 및 통계국의 지방 이전이 구체적으로 검토되었다. 그러나 이런 기관 이전으로 과연 도쿄일극집중을 억제할 수 있을까?

앞에서 언급한 바와 같이, 도쿄일극집중은 권력의 국가 일극집중이 초래한 결과다. 정부에 집중된 권력의 분산 없이 도쿄일극집중은 약화되지 않는다. 그 일부를 분리해 지방에 옮긴다고 해도, 그 기관은 그저 도쿄에 없는 격하 기관일 뿐이며, 이렇게 잘라서 지방으로 버리는 것 자체가 바로 도쿄일극집중이라는 가치가 재생산되는 것이다.

실제로 지방으로 이전한 기관은 도쿄로 빈번하게 왕래하게 되어 결국 도쿄에도 사무실을 두게 된다. 소비자청의 경우 소비자행정 신미래창조 사무실(약 40명)을 도쿠시마현청에 두었지만, 완전한 이전은 당분간 보류되었다. 통계청도 국회 대응의 필요성 등으로 인해 와카야마현에 통계데이터활용센터(약 10명)를 옮기는 것에 그쳐, 문화청만 2019년을 목표로 전면 이전을 계획하고* 있다.

---

* 늦어도 2021년까지 이전 완료하는 것을 계획했으나 2019년 9월까지는 완료되지

이 세 기관 중 문화청의 교토 이전은 새로운 무언가를 가져다줄 가능성도 있다. 교토는 도쿄 이전의 일본 수도였으며, 현재도 문화와 사상의 중심지이기 때문이다.

이에 비해 소비자가 가장 많은 도쿄에서 소비자청을 타지로 옮긴다면 국민에게 어떤 영향을 미칠까? 결국은 정부기관 중 성장 가능한 신참내기 관계 기관을 본보기처럼 추방했다고밖에는 보이지 않는다. 사실 산업계만 우선시하는 일본의 실정에서 도쿄 일극집중과 인구 감소에 가장 크게 저항하는 정책을 낼 수 있는 곳이 이 소비자청일지도 모르겠다.

국가의 행정 기능을 지방으로 옮기는 것이라면, 그 일부를 지방에 덤핑하는 것 같은 일은 그만두는 것이 좋을 것 같다. 국회나 내각부를 옮기는 것이라면 나름 효과가 있겠지만, 현재 상황에서는 그곳에 새로운 도쿄가 형성될 뿐이다. 천도론도 마찬가지다.

지방 이주를 위해 할 일은 국가의 일부 기관이나 조직을 옮기는 것이 아니라, 국가에 집중된 권한의 일부를 도도부현으로 이전하는 것이다. 도도부현청이 미니 국가로서 각지에서 독자적인 정책을 전개할 수 있도록 분권화를 추진하는 것이며, 그로 인해 도쿄가 아니면 할 수 없는 일들이 줄어들고 지방에서도(지방이야말로) 할 수 있는 일들이 많아지면, 그 지역 특색에 적합한 국가 사무실의 일부를 그 지역으로 가져갈 수 있다. 그러면 도쿄에 집중되어 있는 인재가 지방으로 환류하게 될 것이다(지방분권의 실험이

않았다.

었음이 분명한 국가전략특구가 가케학원의 수의대 신설을 둘러싼 문제를 일으켰다. 지방분권이 단순히 말로 표현하는 것처럼 간단한 것이 아니라 얼마나 섬세한 것인지 우리는 충분히 이해할 필요가 있다).

국가와 지방의 관계에서 균형이 무너진 현재 상태에서는 사람들이 도쿄로 몰려드는 이런 흐름이 멈추지 않을 것이다. 사람들의 이주는 무리하게 진행할 수도 없고 또 억지로 제지당하는 것도 아니다. 능숙하게 조정해 갈 수밖에 없다. 그러나 지방 이주 희망자의 증가는 현실적으로 나타난 변화이다. 이주자들이 현지의 각계각층과 연결해 새로운 인간관계를 형성하고, 그것이 새로운 움직임을 만들어내고 있다. 그것을 정확하게 분석한다면, 그리 멀지 않은 장래에 확실한 무엇인가가 발생하리라고 나는 생각한다.

지방 이주를 둘러싼 현상 중 착실히 진행되고 있다고 생각되는 것은 다음 세 가지다.

하나는 각 지자체가 고향회귀지원센터 등을 통해 실시하는 이주상담 업무가 10년 이상 계속되고 있다는 것이다. 그 체제가 확실하게 정착된 것이다. 하지만 유행처럼 왔다 사라지거나(적어도 그런 분위기가 나오는 것조차도) 모처럼 나온 싹이 사그라질 것 같은 안타까움도 있어서, 이 싹은 신중하게 취급할 필요가 있다고 생각한다. 정성스럽게 키우면 확실히 뻗어나갈 싹이다.

또 하나는 지역부흥협력대처럼 지방 이주 희망자를 의지가 있는 지자체나 지역이 주선해 실제로 실현하여 활약을 재촉하는 '사람'에게 투자사업을 확충하는 것이다. 이것은 제5장의 '인구의 적정 규모 및 적정 배치론'으로 이어질 수 있다.

또한 반드시 이주하지 않더라도 사람을 통해 지방과 중앙, 도시와 농촌을 잇는 새로운 장치로서 주민등록의 이중등록화라는 아이디어를 《지방소멸의 올가미》에서 소개했다. 이 제안은 그후 2015년부터 시작된 '고향주민등록표'의 대응으로 실험단계에 있다(2018년 5월 현재 돗토리현 히노정, 도쿠시마현 사나고치촌, 가가와현 미키정, 가가와현 미토요시, 도쿠시마현 가쓰우라정, 후쿠시마현 이타테정). 이에 대해서는 '구상일본'(構想日本)의 홈페이지에서 구체적으로 살펴볼 수 있다(http://www.kosonippon.org/furusato/).

지방창생을 위한 정부의 지원

정부가 실시하고 있는 인력 지원에 대해서도 살펴보자.

정부는 지방창생사업을 추진하는 데 있어 '세 개의 화살'을 지원했다. 그것은 '정보지원 화살'(지역경제분석 시스템 RESAS와 DMO에 대한 정보 지원), '인력지원 화살'(지역창생 리더, 컨시어지, 인재지원제도), '재정지원 화살'(지방창생 추진 교부금 등)이다.

우선 '응원'도 '협력'도 아닌 '지원'이라는 것에서 지방창생을 정부가 어떻게 인식하고 있는지 드러내고 있다. 지방창생은 국가와 지방이 직면한 문제에 대해 머리를 맞대고 조정하며 함께 해결을 도모해 가는 것이 마땅하다. 그러나 결국은 '어려움을 겪는 지방을 국가나 전문가가 현장에 가서 도와주자'라는 방식으로 되어 있다. 몇 번이나 언급했지만, 이렇게 중앙은 위, 지방은 아래라는 관계를 강조하는 것이 '도쿄일극집중'을 만들어낸 본질이다.

물론 인력 지원으로 파견되는 사람들 중에는 진정성 있는 사람도 많고 현장에서 여러 모로 힘이 되기도 한다. 그러나 중앙과 지방의 서열관계가 전혀 변하지 않은 채 이런 식의 파견이 진행되면 상하 관계는 결국 점점 더 강화될 것이다.

앞에서 언급한 바와 같이, 민간 차원에서는 지방 이주에 매우 관심이 높고, 귀향과 귀촌에 대한 가치 전환이 확산되고 있다. 그럼에도 불구하고 정작 지방창생의 정책과 사업에서는 여전히 국가가 맨 위, 중앙은 위, 도쿄가 위라는 발상이 뿌리 깊고, 그것이 다양한 형태로 표현되고 있다.

거기에 내각 주도로 설치된 혁신 및 DMO, 브랜딩 및 CCRC가 있고, 무엇보다 국가전략특구가 전개되고 있다. 이런 것들과 관련해 중앙에서 온 지원자들은 정말 그 지역의 지원을 위해 오는 것일까? 아니면 이런 사업을 관철시키려는 내각의 의도를 실현하기 위해 오는 것일까? 정말 잘 모르겠다. 가로쓰기*나 알파벳을 자유자재로 조작하고 눈부셔 보이는 도회지 사람, 중앙의 사람이 지방에 나타나 열심히 일을 하고 돌아간다. 하지만 그것은 어쩌면

---

* 일본은 아직도 세로쓰기가 일반화되어 있다. 가로쓰기는 주로 젊은 사람들이 많이 한다.

지방을 위해서 하는 일은 아닌 것 같다.

대학은 생산성 향상을 위한 도구인가

이번에는 기본 목표 '①지방에 일자리 만들기, 안심하고 일할 수 있도록 하기'(지방 일자리 만들기)에 대해 검토해 보자.

'일자리 만들기'가 인구감소 문제를 해결하는 수단이 되지 않는 것은 이미 제2장에서 자세히 살펴보았다. 물론 지방의 인구 증가에 기여하는 '일자리 만들기'도 있을 것이다. 그러나 과연 지방창생의 일자리 만들기 메뉴는 그렇게 되어 있을까?

"종합전략 2017개정판"의 '일자리 만들기'에서 제시된 것은 '지역 기술의 국제화'(로컬 혁신), '지역 매력의 브랜드화'(로컬 브랜드), '지역 일자리의 고도화'(로컬 서비스의 생산성 향상)이다.

우선 '로컬 혁신'과 '로컬 브랜드'부터 생각해 보자.

확실히 혁신이나 브랜드화에 대한 소문은 좋다. 그러나 그 성공은 확신할 수 없다. 어떤 의미에서 이것들은 마법의 지팡이다. 모든 것들이 실패로 끝난다고 말할 수는 없지만, 모든 것들이 성공하는 것도 물론 아닐 것이다. 그렇다면 이런 정책을 모든 지역에서 추진하더라도 일자리 만들기에 성공할 수 있는 것은 아닌 셈이다. 혁신과 브랜드화에 성공한 일부 몇 개 지역만 살아남으면 좋겠다는 것을 국가 정책으로 시행하는 것은 너무 무책임한 것이다.

적어도 이 정부의 주도하에서는 혁신 등은 일어나지 않을 것이라고 나는 단언한다. 혁신은 새로운 창의성을 발생시키는 조건이 있어야 비로소 가능하며, 그런 조건에서는 대학이나 연구자의 역할이 커진다. 그러나 실제 현장에서는 다르게 가고 있다. 지방 창생에 관련된 대학을 대상으로 하는 정부의 요청이 창의력을 가져올 만큼 자유로운 연구를 촉진하기는커녕 매우 협소하게 진행되고 있다.

2017년 5월 22일에 개최된 지방대학 진흥 및 청년 고용 등에 관한 전문가 회의에 따르면 "지방창생에 공헌하는 대학 개혁을 위한 중간보고"에 그것이 잘 나타나 있다. 여기에서는 지방 대학에 "지역 인재 투자를 통한 **지역 생산성 향상**을 목표로 하는 것"(강조는 필자의 것임)을 요구한다. 대학에 '생산성'을 요구하며 그것을 '공평주의' '평균점주의'에서 벗어난 '특색' 있는 개혁이라고 주장한다. 게다가 이것이 '로컬아베노믹스'를 추진하는 지방창생의 노력에 기여하기 위한 개혁 요청이라고 하면서, 대학에 아베 정권의 경제재생계획에 공헌하도록 요구하고 있는 것이다.

연구나 교육은 현장의 자유로운 발상과 아이디어가 없으면 할 수 없다. 거기에는 다양한 가치가 필요하고, 그래서 대학(university, 모든 것, 우주 자체)인 것이다. 그런데 현 정권의 정책이 경제 재생이기 때문에 그것에 기여하는 연구를 하라고 요청한다.

그런 편협한 연구교육 환경을 만들어버리면 새로운 것은 싹트지 못한다.

정부가 예산을 쥐고 정부에서 임의로 방향을 설정하는 한, 그것만으로도 압력이 되어 현장은 경직된다. 대학 개혁 등은 대학이 자유롭게 할 수 있도록 하면 된다. 그 중에는 정부의 생각에 따라가는 대학도 있을 것이다. 그것을 이용하면 될 뿐이다. 자유롭고 창의적인 대학 개혁을 허락하지 않는 곳에서 창조적 연구는 이루어지지 않는다. 창조적 연구가 일어난다면 그것은 정부가 요청하는 것과는 다른 장소에서 관리나 억압에 저항하는 형태로 나타날 것이다.

산업의 고도화를 추진하기 위한 조건

'지역 일자리의 고도화'(로컬 서비스의 생산성 향상)에 대해 살펴보자.

이미 제3장에서 확인했듯이, 산업의 고차화를 달성하면 할수록 고차 산업이 집적해 있는 도쿄가 점점 유리해지는 계략이다. 또는 전국 규모로 전개되는 기업이나 인프라를 취급하는 기업에서 그 성공의 열매를 빨아먹고 있다. 그리고 기업들 본사 대부분이 도쿄에 있다.

현재는 지방이 아무리 노력을 해도 좋은 것은 모두 중앙에서 가져가버린다. 생산성 향상을 목표로 한다면, 우선 이 구조에 칼을 대지 않으면 안 된다. 이익이 발생하는 고차 산업이나 인프라 기업(특히 IT 등)에서 적절하게 세금을 거둬들이고, 그것을 수익이 적은 저차 산업에 전용하는 것이 고차 산업화 추진으로 경제를 지속가능하고 안정적으로 만들어가는 조건이 된다.

예를 들어, 제3장에서 살펴본 관광과 관광산업이 지속되려면 해당 콘텐츠의 지속적인 형성이 필수적인데, 그러기 위해서는 관광으로 이익이 창출된 곳의 수익을 벌이가 적은 지방 현장에 순환시켜 가는 구조가 필요하다. 관광 콘텐츠를 만드는 현장이 쇠약하면 관광산업 자체가 활성화되지 않기 때문이다.

예를 들면, JR 같은 인프라 기업의 수익을 확실하게 현장으로 되돌릴 수 있는 장치가 필요한 것이다. 알다시피 JR은 국철의 분할 민영화를 거쳐, JR홋카이도, JR동일본, JR도카이, JR서일본, JR시코쿠, JR규슈, JR화물 등 7개사로 운영되고 있다. 이중 JR도카이와 JR동일본이 엄청난 이익을 거둬들이고 있는데(《표 4-4》), 이는 곧 도쿄일극집중 덕분이다. 관광진흥정책과 사업을 통해 JR 철도망이 일본 각지에 적절하게 흩어져 뻗어 나가 있으면 이것이 관광 콘텐츠의 유지나 창출로 연결되기 때문이다.

결국 지방의 활성화와 함께 교통산업 자체의 활성화로 이어질 것이다. 이런 것은 세금을 통해 이루어지지 않아도 회사나 그룹 내의 노력으로 대응할 수 있다(그리고 그 방법이 더 좋은 효과로 연결된다).

그러나 그렇게 하기는커녕 JR그룹에서는 JR홋카이도 등 적자 노선의 폐선을 당연하게 여기는 것 같다. 국철 분할 민영화가 추진될 당시 도쿄일극집중의 영향을 그대로 받아서 이와 같은 결과 (〈표 4-4〉)가 발생했음에도 불구하고, 적자가 발생한 것은 그 회사 탓이라고 하는 것이다[덧붙이면, JR 발족 시 분할 방식에 관한 문제는 아소다로(麻生太郎) 부총리가 2017년 2월 8일 중의원 예산위원회에서 정부의 입장에서 발언하여 확인된 것이기도 하다].

그룹 전체에서 이만큼의 수익을 올리는 것이라면, 그것을 적절하게 전국으로 돌려 적자 노선을 유지할 수 있다(예를 들어, 일본 우편은 그렇게 해서 가장 하부 지역의 우체국을 유지한다).

적자 노선을 폐지하면, 오히려 관광 콘텐츠를 잃어버리고 인바운드의 싹을 잘라버리게 된다. 아니 지방을 파괴하고, 국내 경제를 축소시키고, JR도카이나 JR동일본 자신의 생존 가능성마저 잃게 될 것이다.

지금 수익을 올리며 잘되는 곳들이야말로 그것을 어떻게 이 나라 전체에 환원할 수 있을지 꼭 생각하면 좋겠다.

<표 4-4> **JR 각 회사의 결산 상황(2017년도 실적, 2018년도 전망)**

회사명	매출액	영업이익	경상이익	당기 순이익
	JR 7개 회사		**(2017년 3월기)**	
JR동일본	28,808 (0.5) 29,300 (1.7)	4,663 (▼4.4) 4,720 (1.2)	4,123 (▼3.9) 4,240 (2.8)	2,779 (13.3) 2,860 (2.9)
JR도카이	17,569 (1.1) 17,600 (0.2)	6,195 (▼7.1) 5,830 (▼5.9)	5,639 (10.3) 4,990 (▼11.5)	3,929 (16.4) 3,480 (▼11.4)
JR서일본	14,414 (▼0.7) 14,920 (3.5)	1,763 (▼2.8) 1,835 (4.0)	1,607 (▼0.9) 1,685 (4.8)	912 (6.3) 1,090 (19.4)
JR규슈	3,829 (1.3) 3,963 (3.5)	587 (2.8倍↑) 562 (▼4.3)	605 (89.1) 576 (▼4.9)	447 (―) 450 (0.6)
JR화물※	1,902 (▼0.5) 2,032 (6.8)	124 (26.1) 113 (9.1)	103 (43.4) 92 (▼11.2)	129 (2.4倍↑) 70 (▼46.1)
JR홋카이도※	1,725 (0.7) 1,725 (0.0)	▼398 (―) ▼415 (―)	▼103 (―) ▼130 (―)	▼148 (―) ▼110 (―)
JR시코쿠※	490 (▼1.8) 510 (4.0)	▼101 (―) ▼94 (―)	▼2 (―) ▼7 (―)	26 (▼30.5) 12 (▼54.9)

주: 단위는 억 엔, 상단은 17년 3월기 실적, 하단은 18년 3월기 전망
괄호 안은 전기대비 증감율(%), ▼는 적자 또는 마이너스, ※는 비상장

※ 출처: 〈일간공업신문〉, 2017년 5월 12일.

일본판 DMO 실태는?

지방창생도 결국은 JR그룹과 같은 방식으로 '지방 일자리 만들기'를 생각하는 것 같다.

그 상징이 DMO다. 앞에서 언급한 '지역 매력의 브랜드화'(로컬 브랜드)의 제1항목인 이 DMO에 대해 알아보자.

어쨌든 쓸데없는 알파벳 나열이 많은 지방창생이지만, DMO는 'Destination Marketing/Management Organization'의 약어이며, 관광과 관련된 마케팅이나 매니지먼트를 전문으로 하는 현지 조직체라는 뜻이다. 이를 관할하는 국토교통성 관광청은 홈페이지에서 DMO를 다음과 같이 설명한다.

일본판 DMO는 지역의 '벌어들이는 힘'을 끄집어냄과 동시에 지역에 대한 자부심과 애착을 양성하는 '관광지 경영'의 관점에서 형성된 관광 지역 만들기의 안내자 역할로서, 다양한 관계자와 협력하며, 명확한 개념에 근거한 관광 지역 만들기를 실현하기 위한 전략을 수립하고, 그 전략의 내실 있는 추진을 위한 조정 기능을 갖춘 법인이다.

그리고 이를 위해 다양한 관계자들과의 합의, 사업전략 수립, PDCA 구축, 관광 관련 산업과의 조정 및 촉진 홍보를 하는 것이라고 한다.

분명 이러한 관광 프로모션이 현재의 관광협회를 더욱 업그레이드해 나가는 것이라면 바람직한 일이다. 하지만 이런 브랜드화를 실시하는 과정에서, 지방의 노하우나 인재가 부족하다고 판단해 기존의 관광협회가 아닌 중앙에서 그것을 공급받아 광역에서 조직화를 진행하는 것 같다. 실제로 각지에서 설립되기 시작한 DMO의 실태는 파소나(Pasona),* 덴쓰,† NTT데이터에 있는 것 같다. 이런 관광 진흥은 지방의 수익을 위한 것인가, 중앙의 수익을 위한 것인가.

아니 그 전에 이 DMO정책에는 '돈을 벌 수 없는 지방 업체는 낮은 수준이고, 돈을 벌고 있는 우리는 위대하다'라는 중앙의 오만한 태도가 들어나 보인다. 도쿄가 득을 보는 것은 그 구조에 따른 것이다. 구조적인 조건에 힘입어 얻은 결과를 마치 모두 자신의 재능이나 능력에 의한 것으로 착각하고 있다. 그리고 그 방법을 지방에서도 실천하기만 하면 문제가 해결될 수 있다고 한다.

그래도 중앙의 노하우로 모든 것이 잘되기만 한다면 좋다. 그러나 DMO는 일본의 어딘가에서 단독으로 실시할 수 있는 것이 아니라 전국 각지에서 전개되어야 하는 것이다. 모든 것이 능숙하게 잘될 수 없고, 경우에 따라서는 이기기도 하고 지기도 하는 경쟁이 된다. 그래서 어딘가 이겨 득을 얻게 되는 것은 결국 중앙 업체가 아닌가. 경쟁을 지켜보는 중앙의 입장에서는 어디든 성공

---

* 미국 최대의 네트워크 회사.
† 일본의 광고 회사로 미쓰나가 호시오(光永星郎)가 1901년에 세운 회사.

하기만 하면 되는 것이지 모두 성공할 필요는 없다. 실패한 지역은 소모되고 그 책임을 지게 되지만, 중앙 업체는 실패할 수 없는 줄거리(미리 꾸며놓은 계획)가 제대로 준비되어 있다.

DMO에 대해서는 2020년 도쿄 올림픽도 관련되어 각지에서 관심이 높아졌다. 그러나 이것 또한 CCRC와 같이 지방에서 이러한 것을 원해서 시작된 것은 아니다. 돌이켜보면, 최초 수립된 "종합전략"(2016년 12월판)에 이미 DMO가 숨겨져 있었고, 그 사업화를 정부 주변에서 주도면밀하게 준비하고 있었던 것 같다.

아무래도 이런 사업이 형성된 이면에는 숨겨진 의도가 있는 것 같다. 게다가 지방의 관광 자원은 이미 해외에서도 표적이 되고 있으므로 '돈을 버는 것'이나 '돈을 벌 수 있는 것'에 앞서 오히려 국민 모두를 지켜야 하는 것이 더 중요한 것 같다.

노동방식 개혁과 육아 지원

이와 같이 현재의 지방창생이나 그와 관련된 부처의 서류에는 '버는 힘'이나 '생산성 향상'이라는 문구가 쓸데없이 빈번하게 사용되고 있다.

게다가 생산성 향상이 인구 증가에 정말 기여하는지는 알 수 없다. 예를 들어 지방창생의 메뉴에는 서비스 부문에서 생산성을 높이기 위한 로봇 도입의 실증사업이나 무인 자동차, 무인 항공기(드론)와 같은 것들조차 들어 있다. 그렇다면 사람이 필요 없게 되는 것인데, 생산성 향상이 결국 기업의 수익 향상을 목표로 하는 것인지, 일하는 사람들의 생활을 지원하기 위한 것인지 잘 모르겠다. 아니, 이것은 역시 기업의 수익 향상을 노린 것이라고 볼 수 있다.

그래서 앞으로 일어날 수 있는 일을 예측해 보면, 지방창생을 통해 생산성 향상을 위한 투자가 진행될 것이고, 그에 따라 필요한 인원은 줄어들고 고용 또한 점점 감소할 것이다. 물론 지방에서도 일손이 부족하기 때문에 이런 시도가 일손 부족을 해소하는데 도움이 될지도 모르지만, 결국은 이것으로 인해 지금까지 일하던 사람이 필요 없게 되므로 그곳에서 오히려 인구 유출이 가속화될 것이다. 그런데 그것이 어떻게 지역의 인구 회복으로 이어질지 도무지 알 수가 없다.

결국 이런 사업들이 성공하면 지방의 돈벌이는 향상되겠지만, 그 벌어들인 돈은 결국 중앙에서 온 사람들에게 돌아갈 것이 분명하다. '돈을 번 것'이 반드시 그 지역 사람들의 생활이나 '노동'의 개선으로 이어지는 것은 아니다.

그러므로 지금 생각해야 할 것은 '버는 힘'이나 '생산성' 이전에 그 전제가 되는 사람들의 생활방식이다. 일손 부족을 해소하는 것도 생활을 위해서라면 의미가 있을 것이다. 그러나 그 생활에 지금 커다란 결함이 있어 각지에서 사람이 태어나지 않게 되었다는 사실을 간과해서는 안 된다.

이번에는 기본 목표 '③젊은 세대의 결혼·출산·육아의 희망 이루기'(노동방식 개혁 및 육아 지원)에 대한 사업을 분석해 보자. 애초에 모두가 제대로 아이를 낳고 있다면 이런 사태는 발생하지 않았다. 아이들이 없으면, 비록 지금보다 더 벌어들인다고 해도 머지않아 소비는 억제되고 경제도 성장하지 않을 것이다. 경제는 사람들의 마음이 개방적이어서 미래를 향해 투자하고, 관용적이며 풍요로운 사회에서만 성장하는 것이기 때문이다.

그렇다면 우선은 '일자리 만들기'보다 이 '노동 개혁'이 인구감소 문제를 해결하는 데 더 중요한 전략이 된다. 그러나 '일자리 만들기'가 '노동 개혁' 다음으로 인구 유지에 기여할 수 있다면 오히려 효과를 거둘 수도 있다.

무엇보다 '결혼·출산·육아'에 대한 대응이야말로 인구감소 대책의 본질이다. 즉, 일자리 만들기나 지방 이주를 진행하는 것보다 이것이 훨씬 효과가 높을 수 있다.

결혼에는 혼인을 장려하는 사업 정도밖에 대응 수단이 없고, 정책으로서는 국민 자신의 출산율 회복을 기다릴 수밖에 없는 실정을 모르지 않는다. 그러나 육아정책에 대한 종합전략의 작성 방식이 매우 신경이 쓰인다. 특히 '육아 지원'이라는 말이 그렇다. '지원'이라 함은 지지하고 후원하는 것, 손을 내밀어 도움을 주는 것이다. 이 말은 육아 중인 사람은 약자여서 자립하지 못한 사람과 같다는 느낌을 준다. 육아 대책을 '지원'이라고 부르는 것 자체가 육아를 둘러싼 상황을 밝고 긍정적이지 않게 보이는 커다란 요인이 된다는 생각조차 든다.

대체 어느 지점에서 이런 이야기가 되었을까?

이것은 '노동방식 개혁'이라는 이름하에 진행되는 '일과 생활의 균형'의 구체적인 진행방식에서 힌트를 얻을 수 있다. "종합전략 2017개정판"에는 '노동방식 개혁'에 대해 다음과 같이 씌어 있다(필자 발췌).

노동자가 일과 육아·보육의 양립을 도모할 수 있도록…법률의 주지(周知) 철저를 도모하고, 육아휴직 기간의 연장이나 육아휴직제도 등의 대상자에게 개별 주지, 육아목적휴가 창설의 노력 의무를 착실하게 시행한다.

또한 육아휴직의 취득 촉진을 도모하기 위해, 중소기업 사업자에 대한 지원 확충과 남성의 육아휴직 촉진 등을 도모한다. 각 기업의 일과 생활의 균형에 대한 '가시화'를 진행하고…지역에서 선구적 우수 사례의 전파를 지원한다.

여성활약추진법 및 '여성 활약 추진을 위한 공공 조달 및 보조금의 활용에 관한 추진지침'…에 기반하여 가격 이외의 요소를 평가하는 조달을 실시할 때, 에루보시인증*등을 취득한 (일과

---

* 여성활약추진법에 근거한 후생노동성의 인증제도. 에루(える, 획득하다), 보시[ぼし, 모자(母子)]는 여성의 직장생활 활동과 관련한 법률(여성활약추진법)에 근거한 인증제도로, 여성 활동 추진과 관련해 일정한 기준을 충족한 우수한 기업에 발행하는 인증 마크. 인증은 후생노동성 장관이 전달하며, 2016년 3월

생활의 균형 등을 추진하는) 기업에 가점을 주는 평가 방안을 국가
나 독립 행정법인 등에서 꾸준히 실시하여 지방 공공단체나 민
간기업 등에서도 추진할 수 있도록 한다.

일과 생활의 균형은 직장과 생활의 균형이라는 의미이므로,
육아나 보육에 관련된 사람들에게만 해당되는 것은 아니다. 하지
만 그 중에서 육아에 관련된 경우에는 특별히 휴가를 준다는 것이
다. 이런 것에서 보면 앞서 언급한 '지원'이라는 용어가 사용된 배
경이 엿보인다.

먼저 확인해야 할 것은 기본적으로 우리는 지나치게 일을 많
이 한다는 것이다. '지나치게 일을 많이 한다'는 말은 시간의 문제
만이 아니다(예를 들어, 1인당 노동시간의 통계만 놓고 보면 오히려 줄어
들고 있다). 결혼이나 육아를 일상적으로 생각할 수 없을 정도로 일
하는 것이 생활의 전부가 되어버렸다는 것이다. 일하는 것이 최우
선시 되는 한편 육아는 오히려 특별한 일이 되어 무엇인가 어긋나
있는 것이다.

그리고 무엇보다 일과 생활의 균형은 직장에서 일하는 사람만
의 문제도 아니고 그 개인만의 문제도 아니다. 출산과 육아는 혼
자만의 일이 아니라 적어도 부부 2인 이상의 손에서 이루어지는
것이므로, 일과 생활의 균형이라 함은 그 가족에게 전체적으로 균
형 잡인 생활이 함께 이루어져야 한다는 뜻이다. 거기에는 맞벌이

22일 현재 에루보시인증 기업은 268개 사다.

부부도 있고, 한쪽이 주부(남편이 주부가 되는 경우도 포함한다)가 되어 균형을 이루는 경우도 있다. 현실적으로 육아는 부부만의 힘으로 감당하기 어려운 경우도 있으며, 동거 가족이나 별거 가족(특히 아이의 조부모)을 포함해 훨씬 더 많은 손을 필요로 한다.

또한 육아는 지역에서 이루어진다. 유치원과 어린이집, 학교나 방과후교실은 물론 공동체가 약한 교외 주택단지에서조차 방과후나 휴일에 아이들을 돌보는 인력이 지역의 자원봉사와 같은 활동가들의 지원으로 진행된다. 사람들 중에는 굳이 기업의 경제활동에만 매몰되지 않음으로써 사회 전체의 '일과 생활의 균형'을 실현하려는 사람도 많다. 이러한 것들을 포함해 지역을 지원하는 반상회나 소방단 및 공민관*의 활동 등도 모두 '일과 생활의 균형' 맞추기의 일환이다.

결국 경제 우선, 돈 벌기 우선으로 세금을 납부한 사람이 위대하다는 발상 때문에, 육아대책이 '지원'이라는 협소한 것이 되고, '일과 생활의 균형'이 일하는 사람들만의 이야기가 되었다. 그러나 '일하는 사람들만의 일과 생활의 균형'을 추진하면 할수록 산업계와 가족 및 지역과의 균형은 무너져간다. 그리고 그 균형이 지금보다 더 무너지면, 인구감소 극복이나 지방창생 활동을 더 이상 추진할 경황은 없을 것이다.

전 국민이 총 동원되어 성인들은 도심으로 가고, 아이들은 교외에 남겨지고, 행정은 서비스를 공급해 보육을 부담하지만, 거

---

* 일본 주민자치의 산실로, 우리나라의 주민센터나 마을회관과 같은 역할을 한다.

기에 소요되는 비용은 국가와 가족이 부담해야 한다. 결국 이것은 돈을 벌기 위해 재정을 투입한다는 정책적 모순인 것이다. 또한 가정에서도 마찬가지로 어쨌든 맞벌이인 경우 어린이집 외에 달리 아이를 맡길 곳도 없다. 결국 13만 엔의 월급을 받기 위해 일하는데, 아이를 맡기는 비용은 월 12만 엔이 드는 웃지 못할 슬픈 현실이 일어나고 있는 것이다.

인구가 감소해도 상관없는 마을 만들기?

이렇게 지방창생이 '버는 힘'이나 '로컬아베노믹스'와 연관되었기 때문에, 무엇을 해도 모든 것이 억지로 하는 사업이 되고 출산율 회복 등과는 인연이 먼 이야기가 된다.

　게다가 우리 사회의 인구 감소는 당분간 피할 수 없는 현실이기 때문에 인구가 감소해도 지속될 수 있는 사회를 설계하는 것이 우선 필요하다. 그 중에서도 공간과 인프라의 재설계, 도시의 슬림화(콤팩트시티), 도심과 교외의 균형 잡기가 구체적으로 요구된다. 그리고 그 배경에 다양한 인프라나 공공시설을 어떻게 계속 유지해 나갈 것인가 하는 문제가 있다.

　제1장에서 언급했지만, 2014년 지방창생이 시작되었을 때, 부처 간 균형은 경제산업성의 정책이 대부분을 차지하고 총무성

과 후생노동성의 정책이 뒤를 이어, 국토교통성은 이 흐름에서 뒤쳐졌다. 거기에는 선심성 정책* 방지를 주장하는 여론의 분위기가 컸던 것 같다.

국토교통성과 관련된 사업이 뒤늦게나마 2017년의 기본방침이나 종합전략 등에서 점차 제대로 자리매김했다. "기본방침 2017"에는 기본 목표 '④시대에 적합한 지역 만들기, 안전한 생활 유지와 함께 지역과 지역을 연계하기'(마을 만들기)에 대해 다음과 같은 항목이 열거되어 있다.

- 마을 만들기에서 지역 연계 추진.
- 일본판 BID 등에 의한 마을 만들기 추진.
- 콤팩트 플러스 네트워크의 본격적 추진.
- 마을생활권 유지를 위한 '작은 거점' 및 지역 운영 조직 형성.
- 지역 공생 사회의 실현.
- 지방자치단체의 지속가능한 개발 목표(SDGs) 추진.

마을 만들기 등은 제5장에서도 거론하겠지만, 조건이 불리한 지역의 인프라 확보에 관한 사업이 마침내 명확하게 정착된 것 같지만, 여기에 또다시 '돈벌이'가 들어가 있다. 생소한 알파벳, BID

＊   주로 정부의 세입을 무시한 복지제도의 확장 등을 의미한다. 국가의 미래보다 현재 여당의 지지율을 중시한다고 비판의 대상이 될 때 이 단어가 사용되는 경우가 많다. 우리의 '포퓰리즘 정책'과 유사한 의미다.

가 그것이다. 정부의 '벌이'에 대한 집념은 너무도 집요하다.

BID는 'Business Improvement District'의 약자로, 이것 역시 미국과 영국에서 들여온 수입품과 같다. "기본방침 2017"에는 "미국과 영국 등에서 주로 상업 지역에서 행해지고 있는, 지구 내의 자산 소유자나 사업자가 조직이나 자금조달 등에 대해 결정하고 지구(지역)의 향상을 목표로 필요한 사업을 진행하는 구조"라고 설명하고 있으며, 일본판 BID에 대해서는 다음과 같이 기술한다.

"지방 도시에서 일본판 BID를 포함한 지역 관리 등에 의해 지역의 '버는 힘'이나 '지역 가치'의 향상을 도모하여 '돈을 벌어들이는 마을 만들기'를 추진하여, 마을에 활기와 활력을 불어넣고, 민간투자에 대한 새로운 분위기를 불러일으키거나 소득 및 고용의 증가 등과 연결한다. 또한 지방창생 추진을 위한 관광진흥이나 건강과 장수 등에 대하여 지방에서 확대되는 수요에 대응한 사업에 부동산의 원활한 공급을 추진한다."

지금까지 살펴본 바와 같이, 기본 목표의 어느 것을 보아도 어쨌든 매우 끈질기게 '돈을 벌어들이라'고 하고 있다. 아니 정확히 말해, 실제로 '벌었는지' 여부가 아니라 '돈벌이'를 위해 기여할 것으로 예상되는 공공사업에 우선적으로 예산을 배분하자는 것이다.

중앙집권, 도쿄주의, 경제우선, 경쟁주의

지금까지 지방창생의 구체적인 시책이 어떻게 전개되었는지 검토했다.

　지방창생 사업이나 정책은 원래 인구 감소를 막고 도쿄일극집중을 막아내자는 것인데, 그 방향에서 크게 벗어나 일자리 만들기와 고용 창출에 매진하고, 그로 인해 오히려 인구 감소가 가속화되고 도쿄일극집중이 더 강화되는 구조로 진행되고 있다.

　왜 그렇게 되는 것일까? 그것은 이 지방창생을 시작으로 아베 정권이 장기간에 걸쳐 자신들의 권력을 놓지 않고 더 강화하려는 탐욕적 권력지향성을 가졌기 때문이라고 할 수 있다. 정권의 목표가치를 권력 집중에 두어 인구보다 경제를 우선하는 이상, 아무리 사업과 정책을 전개하고 확장해도 인구 감소나 도쿄일극집중은 막을 수 없다. 처음에는 아오모리[인구정책]에 간다고 했는데 목적지가 도쿄[경제정책]로 된 그런 상황인 것이다. 각 부처들도 힘들 것이다. 아무리 노력해도 목적지[인구정책]에 도착하기는 어렵고, 어딘가에서 반드시 '벌어라'라는 철도길[경제정책]로 전환되어 버린다.

　인구 감소를 '돈벌이'로 해결할 수 있다는 애초의 잘못된 설계가 모든 정책과 지역에 영향을 미쳐, 그 이외의 대책은 강구할 수 없게 되었다. 게다가 그 이후 추가된 구체적인 사업들을 '돈벌이'에 단단히 쐐기를 박아놓아, 지방창생이 다른 것으로 전환될 수 있는 가능성조차 막아버린 것 같다. '지방창생'이라는 단어에 포함된 지방에 의해 창의력을 이끌어낸다는 의미가 처음부터 소홀히 되었다. 공공사업은 모든 것이 위에서부터 방향이 정해졌고, 그리고 그것은 '돈벌이'를 이끌어내는 것이어야 한다는 이상한 사업으로 전개되었다.

정책이나 사업의 구체적인 내용을 들여다보면, 사태가 점점 심각해지는 것 같다. 지역과 지방을 지키기 위해라고 하면서 애초에 있어야 할 규제나 제도를 오히려 중앙이나 외부로부터의 침입을 용이하게 정비했다. 그 지역의 삶을 위해서가 아니라 경제와 산업을 위해, 원래 지역의 생활을 보호하기 위해 만들어진 벽과 요새가 파괴되고 있다.

게다가 그 '돈벌이'가 실현되지 않더라도 공공사업에 뿌려진 돈은 중앙으로 회수되어, 중앙에서는 손해를 보지 않는 구조가 완성되어 있다. 또한 '돈벌이'가 실현되어도 지방이 얻는 몫은 적고 대부분 중앙이 가져간다. 그러고는 다시 '지방이여, 뭐하고 있나!' 하며 비난한다. 그런 구도로 진행된다.

믿기지 않겠지만 이것이 이 나라 지방창생의 실태다.

하지만 아마도 여기에 언급된 것들은 빙산의 일각이고, 더 이상한 일들이 그동안 진행되어 온 것이 틀림없다. DMO는 도대체 어떤 결말을 맞이할까? 그동안 투입된 공공투자는 대체 누구의 품안으로 들어갔을까? 국가전략특구도 에히메현 이마바리시의 가케학원이 수의학부를 신설해 이익을 유도하기 위한 것임이 밝혀졌다. 그래도 가케학원은 지방 기업이기 때문에 괜찮은 걸까? 이 외에도 대체 어떤 일들이 벌어지고 있을까?

이렇게 지방창생에서 추진되고 있는 실제 사업들을 검증해 보면, '집중'이 '폐색'으로 이어질 것이라는 생각이 든다.

정책 '결정'을 하면 순차적으로 사업을 밀어넣는 것 이외의 다른 사업을 추진할 가능성은 사라진다. 어느 한 방향으로 '집중'이 결정되면 그 이외의 가능성은 '배제'한다. 이런 방식이 계속 진행되면 전체의 균형이 결여되고 비뚤어진 형태로 나아가게 된다. 일시적인 집중은 있어도 좋지만, 그것이 계속되면 전체의 혈액순환이 나빠져 순환은 사라지고 흐름은 고여간다.

지방창생의 목적은 '마을·사람·일자리의 선순환'을 만드는 것이다. 그런데 최초 지점에서 '우선은 일자리'에 집중했다. 집중한 순간 이 정책은 실패한 것이다. 그래서 흐름은 멈추고 순환은 사라졌다. 폐색된 프로세스는 곳곳에서 문제가 발생해 창의력이 발현될 여지를 빼앗고 있다. 지방창생이 어느새 벌써 다른 냄새를 풍기기 시작한 것 아닐까?

지금의 지방창생에, 그리고 그것을 권하는 '도시의 정의'에서 부족한 것은 무엇일까? 무엇이 이런 폐색을 가져오는 것일까?

그것은 생활보다는 경제를 우선하기 때문이라든지, 사람보다 돈을 더 중시하기 때문이라든지, 어쩌면 그런 것조차 아닌 무엇인가 근본적인 결함을 내포하고 있기 때문일 것이다.

지금의 '도시의 정의'에서 부족한 가장 중요한 것, 그것은 순환이다. 순환이 없어지면 어떻게 될까? 의존은 의존에서 멈춘다. 공(共)의존은 없어지게 된다. 그리고 무엇보다 문제를 해결할 수 없게 된다.

'인구 감소와 도쿄일극집중'이라는 문제는 여전히 충분하게 해명되지 않은 과제다. 제2장에서는 도시화가 원인이라고 했지만, 그 '도시화'라는 것도 다양하게 해석될 수 있기 때문에 어디까지나 개연적인 설명에 머무를 수밖에 없다. 무엇을 어떻게 하면 선순환으로 전환할 수 있을까? 그 대답을 얻는 것은 매우 어렵다.

제1장에서 언급한 바와 같이, 지방창생에서 정부는 PDCA 사이클을 중시하라고 한다. 그러나 바로 그 사이클(순환)이 부족한 것이다. 폐쇄적인 '도시의 정의'는 순환이 멈춘 정의이며, 문제를 해결하는 데 있어 많은 결함을 가진 개념이다.

4. 순환이 이루어지는
'도시의 정의'로

조정하는 정치, 자유를 실현하는 규제

'선택과 집중'에서는 순환이 이루어지지 않는다. 지금 집중을 더 계속하게 되면 순환은 정말로 멈추어버린다. 경쟁도 도태되면 순환은 멈춘다. 현재와는 다른 경쟁의 설계가 필요하다.

경쟁에 대해서도 무엇이 문제인지 이제 명확해졌다.

중요한 것은 역시 순환이다. 경쟁이 새로운 순환을 연달아 발생시키면 올바른 경쟁이 된다. 규칙이 만들어지고, 경쟁하여 결과가 나온다. 결과를 보고 다시 새로운 게임이 설정되고 다음 경쟁이 시작된다. '어제는 이겼지만 오늘은 졌다. 상대는 나의 이 부분을 공략할 전략을 짜겠지. 그럼 내일은 이 부분을 수정하고 노력해 봐야겠다.' 원래 있어야 할 경쟁이란 서로를 존경하고 본받으며 서로 보완하는 것으로 함께 새롭고 더 높은 곳을 목표로 하는 것이다. 거기에 참여하는 것이 자아실현에도 연결되는 것이다. 하지만 거기에 '도태'가 들어가면 어떻게 될까?

지면 생명을 잃을지도 모른다. 살아남기 위해서는 상대를 앞지르지 않으면 안 된다. 최대한 자신에게 유리한 규칙에서 싸우지 않으면 손해다. 이런 경쟁은 상대를 죽이고 자신만 살아남는 것이다. 결과가 나오면 거기서 경쟁은 끝나며, 프로세스는 지속되지 않는다.

신자유주의의 발상에서 기대하는 것과 같이 자유롭게 경쟁시켜 도태가 진행되면 경제가 좋아지는 그런 것은 없다. 나는 그런 사례를 알지 못한다. 뿐만 아니라 원래 '자유'라는 것은 규제에 의해 만들어진다는 것을 깊이 인식해 두자. 사람이 완전히 자유롭다는 것은 일찍이 홉스(Thomas Hobbes)가 《리바이어던》에서 "만인의 만인에 대한 투쟁"이라고 한 전쟁 상태와 다름없다. 이것을 다르게 표현하면, 서로가 상대를 죽이는 관계가 되지 않게끔 국가가 규제를 하기 때문에, 우리는 평화롭게 '자유'에 부응하는 행동을 하고 서로 죽이는 일 없이 경쟁하는 것이 가능한 것이다. 경쟁에서 가장 중요한 것은 규칙이며, 그것을 실현하는 질서화의 힘이다.

정치라는 것은 적절한 규칙을 만들어 생활이나 경제의 게임을 누군가가 일방적으로 이기게 하는 일 없이, 하물며 게임의 승

패에 따라 패자가 그 게임에서 배제(도태)되는 일 없이 새로운 게임이 항상 재개되어 지속되도록 조정하는 것이다.

사회에 도입된 규칙 중 어디를 규제하고 어디를 제외할 것인가. 즉 규제 완화나 자유가 중요한 것이 아니라 규제의 내용이 중요한 것이다. '기득권의 이익을 내려놓게 하기 위해서는 규제 완화가 중요하다'고 하며 규제 자체를 나쁜 것으로 생각하는 사람이 있다. 그리고 현 정권은 종종 그렇게 주장해 온 것처럼 보이지만 규제 자체에 대한 이야기가 아니다.

'적정한 규제'는 필요하다. 그것도 상황에 맞는 규제가 필요하다. 사태를 제대로 관찰하고, 결과에 대응해 규제를 바꾸어가야 한다. 그런 능력이 정치에 요구된다.

인구감소 시대에 요구되는 문제해결 통치력

인구감소 사회에서 정치 문제를 적절하게 풀어갈 능력이 없으면 사회는 매우 위험해질 것이다. 저출산과 저성장 시대에 들어서면서 문제의 질이 변했다. 문제를 힘으로 돌파해 나가는 기존의 방식은 변화되어야 한다. 다양한 주체들에 의해 복잡하게 얽힌 문제는 개별적으로 정중하게 해결해 나가는 방식이 요구되고 있다. 성장 중심에서 리스크 관리로, 발전에서 지속가능성으로.

정부가 결정한다고 해서 의도한 대로 결과가 나오는 것은 아니다. 그래서 잘못되지 않도록 보다 철저하고 신중하게 결정해야 한다.

지금까지는 정책이 잘못되어도 사회에서 그것을 보완할 수 있었다. 인구 증가라는 장치가 있었기 때문이다. 비록 실수가 있어도 인구가 증가하고 경제가 성장했기 때문에, 거대화된 파이를 나누는 것으로 무사히 넘어갈 수 있었다.

인구감소 사회라는 것은 인구 증가에 따른 실수처리 장치가 없어진 단계에서 더 복잡하고 더 어렵고 다양해진 문제를 처리해야만 하는 상태로 들어가는 것을 말한다.

이런 상황에서 무엇을 어떻게 바꾸어갈 수 있을까? 문제해결의 순환은 어디에서 시작할 수 있을까?

결정은 정치의 몫이므로, 문제 해결을 위한 올바른 순환으로 들어서기 위한 결정은 정치에서 시작하는 것이 당연하다. 그러나 정치라는 이름으로 위에서 결정하고 명령하면 그것이 그대로 실현되는 것은 아니다. 사람들이 그 결정을 받아들여 아래로부터 구체적으로 실천함으로써 달성되는 것이다. 사회는 이렇게 위로부터와 아래로부터의 양쪽 모두의 힘으로 구성되기 때문에, 모든 것을 정치적 결정으로만 능숙하게 바꿀 수 있는 것은 아니다. 사회가 바뀌려면 아래로부터의 변화가 필수적이다. 우리 사회는 지금 가치의 함정에 걸려들었고, 국민이 한 사람이라도 더 많은 지금, 이 가치의 함정에서 벗어나야 한다.

많은 사람들이 믿고 있는 '도시의 정의'는 '위험한 정의'다. '도시의 정의'를 추구하면 할수록 국가는 왜곡되고 주체가 부정되어 사회가 망가진다. 문제는 문제대로 방치되고, 상처는 점점 더 곪아간다. 거기에 이상한 욕망에 휩싸인 사람들이 비집고 들어가고 있지만, 사회나 국가가 사라지고 멸망해 버리면 그 사람들도 결국은 파국을 맞이할 것이다.

올바른 '도시의 정의'란 무엇인가

본래의 취지에 맞는 지방창생, 본래의 취지에 맞는 지역정책에 도달하려면 '선택과 집중'이 아닌 '가치'로 되돌아오지 않으면 안 된다. '도시의 정의'에 바람직한 가치를 확립하는 것이 중요하다. 그리고 '도시의 정의'를 관철하기 위해 사회 전체를 붕괴시켜 잘 못된 길로 향하게 하는 것이 있다면, 그것을 올바른 방향으로 바꾸어야 나가야 한다.

이 장에서는 그것을 '다양성의 공생'이라는 용어로 표현했다. 이 가치는 결코 새로운 것이 아니다. 20세기까지 많은 사람들이 당연한 것으로 받아들여 온 가치이다.

이런 가치로의 전환(회복)은 실제로 어떻게 하면 가능할까?

하나는 교육이라는 수단이다. 그런데 그 교육이야말로 아베 정권이 교육재생실행회의 등을 통해 계속해서 개입하고 있다. 이것은 부당하다. 2017년에 개정된 새로운 학습지도요령에 그 성과가 반영되어 있지만, 그것은 여기에서 말하는 '폐쇄적인 도시의 정의'를 학습하고 더 강하게 심도록 설치된 장치처럼 보인다. 그러므로 교육으로 올바른 가치 방향을 설정하기는커녕, 바로 이 책에서 비판한 잘못된 가치를 아이들에게 심어줄 우려가 있다.

가치의 전환은 재해나 전쟁(특히 패전) 등 예상치 못한 카타스트로피(catastrophe)로 인해 이루어질 수도 있다. 하지만 2011년 3월에 발생한 동일본대지진과 후쿠시마 제1원자력 발전소 사고조차 우리를 바꾸는 계기가 되지 못했다. 국가 전복이 일어날 수 있는 정도의 좀 더 큰 사태가 우리의 가치전환에는 필요할지도 모른다. 하지만 그 때에는 더 많은 희생이 필요할지도 모른다. 그렇다면 그 때 외국과의 관계 속에서 일본은 제대로 된 국가의 형태를 계속 유지할 수 있을까?

또 다른 가능성은 혁명이다. 혁명을 일으킬 정도의 친밀한 수단으로는 선거가 있다. 하지만 나는 선거가 보다 좋은 가치전환의 기회가 된 사례를 알지 못한다. 그리고 이 나라에서 지금 선거이외의 방법으로 정치에 변화가 일어나는 일도 일단은 생각하기 어렵다.

사람들에게 형성된 가치를 전환하는 것만큼 어려운 일은 없다. 그럼에도 불구하고 그 가치 전환을 실현하는 길을 생각해야만 한다.

국민을 보다 좋은 가치로 유도해 가기 위해 현 시점에서 지자체나 국가가 해야 할 정책으로 어떤 것들이 있을까? 지자체에서 할 수 있는 것, 또는 중앙정부의 지역정책으로서 할 수 있는 것, 혹은 이를 위해 지방창생이 애초에 해야 했지만 하고 있지 않은 것, 지금부터라도 할 수 있는 것은 없을까?

마지막으로 이 물음에 대한 내 나름의 대답을 그려보려 한다.

제5장

인구 감소를 극복하기 위한

'지방창생'

1. 모두가 부담하고
모두가 누리는 제도

지금 우리에게 필요한 것

지방창생은 아베 정권에서 추진하는 지방정책의 핵심이기 때문에 이 정권이 계속되는 한 정책 전환은 쉽지 않다. 하지만 2018년 5월 현재, 아베 정권도 교체 가능성이 있어 지방창생도 바뀔 가능성이 있다(모리토모학원 문건 조작 사건, 가케학원 수의대 신설 과정 개입 의혹, 일본 방위성이 존재하지 않는다고 해왔던 육상 자위대의 이라크 파견 활동보고서 발견 등).*

---

* 모리토모 사학 스캔들에도 불구하고 아베 신조는 2018년 9월 자민당 총재 선거에서 승리해 정권을 연장하고 최장수 총리 기록도 세울 수 있게 되었다. 그러나 아베 신조가 자민당 총재 선거를 통해 연속 3선에 성공한 이후 치러진 첫 국정선거(2019년 4월 시행된 중의원 보궐선거로 아베 총리 국정 운영에 대한 평가의 성격을

그러나 '인구 감소와 도쿄일극집중'에 대한 대책은 필요하며, 정권이 바뀌든 바뀌지 않든 지방창생은 계속되어야 하는 상황에서 마땅히 계속되어야 할 정책 전환의 방향을 제시함으로써 새로운 지방창생을 위한 활발한 논의가 이루어지길 기대한다.

지방창생에서 지금부터라도 할 수 있으며, 해야 할 일은 무엇일까?

제5장에서는 먼저 '인구 감소와 도쿄일극집중' 대책으로 가장 필요한 정책 논리를 확인하고자 한다. 그리고 제1장에서 소개한 지방창생의 PDCA 사이클에 대해 그 현상을 분석 및 비판하고, 지방창생에 필요한 정책 체계와 확립해야 할 정책 비전, 지방창생정책의 진행방식에 대해 이야기하고자 한다.

인구감소 시대를 맞아 정책적으로 생각하고 실행해야 할 최소한의 것으로는 다음 두 가지가 있다.

첫째, 인구 하락이 멈추는 지점을 찾아야 한다. 그리고 그 하락을 멈추게 하는 방법이 무엇이든 반드시 실현해야 한다. 구체적으로는 출산율의 회복을 꼽을 수 있다. 이 나라가 지속가능한 사회로 가기 위해서는 우선 인구의 재생산이 확립되어야 한다.

둘째, 인구 하락이 멈추는 방법을 실현해(반대로 말하면 거기까지는 필연적으로 인구가 감소하는 것이기 때문에), 바람직한 행정의 형

띰)에서 패했고, 2020년 헌법 개정을 위한 개헌 세력 확보를 위해 치러진 참의원 선거(2019년 7월)에서는 개헌 발의에 필요한 3분의 2(164석)를 목표로 하였지만 자민당을 비롯한 개헌 세력의 의석수는 160석에 그쳤다.

태(인프라와 서비스 등)와 재정의 모습을 찾아가야 한다.

지자체에서는 후자의 정책에 초점을 맞추는 경향이 있지만(앞서 지방창생의 기본 목표 ④도 이에 해당함), 사실 전자가 더 중요하다. 전자가 애매하면 어디에 목표점을 둬야 할지 몰라 잘못하면 행정의 축소화가 멈추지 않게 된다.

'인구 하락이 멈추는 지점을 찾는 작업'은 일본 정부가 지방창생 초기에 각 지자체마다 수립하게 했던 인구비전 설정을 통해 시작할 수 있다. 그에 따른 현상과 과제에 대해서는 본 장 후반에서 자세히 설명할 것이다.

요컨대 우리가 해야 할 일은 이런 것이다. 앞으로 일정 정도의 인구 감소는 계속 진행된다. 따라서 거기에 맞춰 행정(인프라와 서비스 등)을 축소해 나가지 않으면 안 된다. 하지만 인구는 행정에 의해 유지되고 있기 때문에 행정을 너무 축소하면 인구 감소가 멈추지 않게 된다. 즉 인구와 행정의 균형을 어디에서 맞출 것인지 양자가 일치되는 안정된 기준선을 파악하는 것이 중요하다.

반대로 말하면 인구와 행정의 균형이 깨졌다는 곳(정확하게는 무너질 것이라고 예견한 것이 그대로 됨)에 인구 감소가 멈추지 않게 된 원인의 하나가 있다는 것이다. 우리는 1990년대까지 과잉행정을 추진했지만, 세계적으로는 이 시기에 인구 감소가 시작되었다. 따라서 이미 이러한 과잉행정은 인구 감소를 뒷받침하는 데 한계를 보이기 시작했고, 행정의 축소(행정과 재정 개혁)를 시작했지만 어딘가 균형이 무너져 인구 감소가 멈출 수 없게 된 것이다.

이런 상황에 대처하기 위해 경제성과 생산성을 올리고 재원을 확보함으로써 행정을 유지하려고 했지만, 이 또한 새로운 인구 감소로 이어지는 계기가 되었다. 지방창생은 이런 흐름 속에서 진행되었다. 이에 대한 분석은 제2장에서 진행했다.

우리에게 필요한 것은 재원을 확보하는 것이 아니라 인구와 행정의 균형을 회복하는 것이다. '행정'이라는 말로는 논지가 애매하게 될 것 같아 여기에서는 '인프라'라는 단어를 사용하고자 한다. 인프라에 대해 우리는 도로나 다리 등 하드웨어적인 것을 생각하기 쉽지만, 'infrastructure'(기초-구조)는 호적 작성이나 연금 등 소프트웨어적인 것을 포함한다. 따라서 여기에서는 그러한 행정의 뒷받침(인프라나 서비스)을 총칭하는 '인프라'로 표현하고자 한다.

인구와 인프라의 균형, 그것은 인구와 인프라가 효율적이고 효과적으로 중첩되는 것을 의미한다. 즉 인구가 인프라를 지탱하고 재생시켜 인구가 인프라의 지속적 유지를 실현하는 것으로서 순환을 이어가는 것이다. 따라서 그러한 균형이 실현되었을 때 이른바 '지속가능한 사회'를 이룰 수 있다.

하지만 대체 어떻게 그런 경제적 지점을 찾을 수 있을까?

인구는 사람의 삶 그 자체이기 때문에 이것을 정책적으로 해결하는 것은 매우 어려운 일이다. 이미 여러 차례 언급했듯이 행정 서비스로 대응하려 할수록 출산과 육아에 역효과를 미칠 수 있다. 일단 인구 문제는 분석은 철저히 해도 관찰만 하고 사람이 상황에 적응하기를 기다리는 수밖에 없다[《저출산 문제! 이것이 답이다》(아카가와 마나부, 치쿠마신서, 2017)는 가족사회학의 관점에서 이와 같은 결론을 도출한다].

한편 인프라의 공급은 조작이 가능하다. 여기에서는 행정에서 가능할 것이라는 관점에서 인프라에 초점을 맞춰 인구의 균형을 생각해 보려 한다.

인프라와 사회보장에 따른 안심 설계

여러 번 반복했듯이 2000년대 이후 '선택과 집중' 방식의 지방정책은 인구감소 지역의 '인프라 제거' 뉘앙스를 풍겼다. 인프라를 축소한다면(축소될 것 같다는 소식을 유포하는 것만으로도) 사람들은 지방(특히 농·산·어촌)에 산다는 것에 불안을 느끼고 지방 인구는 감소하게 된다. 물론 한정된 재원으로 너무 많은 인프라와 서비스를 계속 유지하는 것은 어려운 일이다. 하지만 그때 인구 집중 지역에는 공급하고 과소 지역에는 더 이상 재원을 투입하지 않는다는 인상을 주게 되면, 그 자체만으로 인구는 도시에 집중된다. 사실 인구와 인프라의 적정한 배치가 대도시로 집중되는 인구 이동을 막을 수 있는 가장 큰 과제이며 수단이 될 수 있다[하드한 인프라의 유지].

그런데 이런 하부조직을 확실하게 유지하는 것으로 전체의 균형을 유지하는 방식은 공간적인 인구 배치에 국한된 것만은 결코 아니다. 산업이나 계층의 인구 배치로도 가능하다. 산업별로는 어찌되었든 1차 산업의 소득을 확보하는 것이 필수적이다. 산업을 고차화하거나 대규모화하는 것으로 실현하고 있지만, 대규모화하면 농가 수가 줄어들어 이 분야의 인구 유출이 더욱 가속화될 것이다. 또한 가뜩이나 양질의 노동이 요구되는 농업 현장에서 공정을 고차화해 작업 분량을 늘리면 지금의 농민들은 그 노동을 감당할 수 없게 된다. 고차화를 꾀한다면 분업을 하는 수밖에 없다. 그리고 분업을 통해 기본을 갖춘 질 높은 농림어업 구조를 확보하려면, 역시 그 기본적인 노동에 소득이 보장되는 형태의 재분배를 실시하는 것이 필요하다. 그중에서도 겸업농가의 역할을 명확히 하고 그 입지를 구축하는 것이 중요하다.

농업뿐만 아니라 사회에 필수적인 노동은 모두 그 소득을 적절하게 보장하도록 설계해야 한다. 그것은 '약자 지원'이 아닌 '공생의 가치'을 감안한 '서로'의 관점에서 소득을 보장하는 시스템으로 구축할 필요가 있다.

그 방법으로는 기본소득의 도입과 특정 업무(농업이나 간병 등)에 대한 소득보장제도가 있다. 그러나 그런 직접적인 보전과는 별도로 과거의 아동수당을 부활 또는 확대하고 고등교육(고교·대학)의 무상화 등 전 국민을 대상으로 현물을 보장해 주는 인프라를 통해 모두를 보장하는 구조도 생각할 수 있다. 그렇게 하는 것이

'공생'에는 더욱 적합할 것이라고 나는 생각한다. 어떤 일에 종사하더라도 각자가 보내는 인생의 단계가 보장되어 불안에 빠지지 않고 현재를 살아갈 수 있는 길을 제대로 제시해 주는 것이 필요하다[소프트한 인프라의 충실].

이러한 최소한의 인프라 확보, 즉 사회복지 인프라와 사회보장에 따른 안심제도를 설계하는 것이 우선적으로 요구된다. 반대로 말하면 지금 부족한 것은 바로 이런 것들이다. 그리고 이것만 제대로 하면 그 외의 '선택'이나 '경쟁'으로 인해 발생하는 문제들은 많이 완화될 것이다. 제1장에서 논한 당시 이시바 장관의 "경쟁이다. 다만 최저생활수준은 보장한다"는 말은 '최저생활수준은 보장한다. 그다음은 경쟁이다'라고 했어야 했다.

모두가 부담하고 모두가 누리는 제도

하드/소프트웨어 인프라의 장기적·광역적 정비를 적절한 형태로 제도적 설계를 하기 위해서는 그것을 실현할 수 있는 재정 문제가 해결되지 않으면 안 된다. 이미 많은 빚을 지고 있고 당분간 지속적으로 인구 감소가 진행될 일본이라는 국가에서 그 재원을 어떻게 확보할 것인가? '인구 감소=재정난'이라는 악순환의 문제가 이미 시작된 것은 아닐까? 하지만 이 재정 부담의 문제를 풀기 위해서는 '인구 감소=재정난' 이외의 또 다른 상황에 있는 악순환에 손을 대지 않으면 안 된다.

앞에서도 언급했듯이 지금 국민들 사이에는 정치·행정에 대한 불신과 불만이 팽배해 있다. 게다가 '세금은 내고 싶지 않다. 하지만 서비스는 받고 싶다'라는 권리의식이 계속 강해지고 있다. 책임과 부담은 되도록 회피하고 권리만 주장하는 매우 이기적인 사고가 형성되어 있다. 그러나 국민이 행정 서비스에 필요한 경비를 부담하지 않으면 국가는 아무것도 대신해 줄 수 없다. 각자 사회가 필요로 하는 부담을 함께 짊어질 때 구성원 모두에게 이익이 돌아가고 자신의 생활도 안정되며, 모든 것을 자력으로 갖추는 것보다 훨씬 저렴하게 서비스를 누릴 수 있다. 세금을 내지 않으면 필요한 인프라도 없어진다. 세금의 부담과 제공되는 인프라 사이에도 악순환이 존재하는 셈이다.

반대로 말하면, 국민 스스로 무언가를 부담하려는 생각이 없어 증세는 하지 못하고(소비세 10퍼센트 인상은 이미 정해졌다) 필요한 인프라를 확충해야 한다면, 그다음은 당연히 '지금보다 더 벌어라'밖에 방법이 없다. 어떤 의미에서는 이러한 국민의 지나친 자기방어 의식이 반영되어 아베 정권의 로컬아베노믹스(지방이여, 벌어라!) 사업은 완성되어 가고 있다.

다시 말해, 이 정권은 수도권을 중심으로 한 대다수의 도시민에게 증세와 같은 채찍은 사용하지 않고 마술지팡이 같은 경기고용정책을 장기간에 걸쳐 단행해 왔다. 그것이 (내셔널)아베노믹스이고, 그 정책 효과가 기대대로 나타나지 않았기 때문에 결과적으로 이 지방창생정책은 현 정부의 지지율 확보에 필요한 선거대책용 당근이 되어버렸다. 그리고 덕분에 국민의 의존심은 점점 더 강해지고 있다.

이 악순환에서 벗어나기 위해서는 세금을 납부해도(비록 현재 내는 것 이상으로 증세가 된다고 하더라도) 그 세금이 소요되는 정책들이 어떤 형태로든 자신에게 되돌아온다는 확신을 갖도록 제도를 변경해야 한다. 그것을 위한 방안 중 하나가 이데 에이사쿠(井手英策)가 《일본 재정전환의 지침》(이와나미쇼텐, 2013) 등에서 주장하고 있는 "모두가 부담하고 모두가 누리는 제도로의 전환"이다. 즉 국민이 세금이나 공공요금의 인상이 있더라도 전체로서의 인프라를 전반적으로 유지하고 향유해야 한다는 의식을 가질 수 있는 제도가 요구된다. 인프라 확보와 관련된 행정 개혁은 당연히 세금이나 재원과 관련된 개혁이어야 한다(덧붙여 말하면, 2017년 10월 중의원 선거에서 자민당은 아마도 이데의 아이디어를 채용해 증세의 정당화에 성공했으므로, 이 개념의 중요성을 제대로 인식한다면 향후 세제 개선이 되리라 기대한다).

어떻게 사회를 회복시킬 것인가

이런 제도로 전환되기 위해서는 한층 더 구체적인 것이 필요하다. 자신이 무언가를 부담하더라도 그것이 돌고 돌아 자신에게 돌아온다는 확신을 국민 스스로 찾아야 한다. 그러기 위해서는 관념으로 '서로'를 알기 이전에 일상생활 속에서 '서로'를 실감할 필요가 있다.

어떻게 '서로'를 실감할 수 있을까? 첫째는 지역이고, 둘째는 직장이다. 여기에 학교는 포함하지 않아야 한다.

반대로 말하면, 가정이 무너져 '1인 가구'가 넘쳐나고, 지역이 무너지고, 행정에만 의존하는 시민이 양산되고 있다. 직장사회가 무너져 경영자는 효율성만 강조하고 노동자는 임금을 손에 넣는 것만 중요시한다. 또한 학교가 무너져 문제학생들이 생기는 등 악순환이 반복되어 사회가 무너져가고 있다. 그래서 모두 불안하다. 결국 우선 재산을 확보하려 하거나 '그래도 큰 도시에 살면 괜찮을 것'이라는 생각에 대도시나 도쿄로 모여든다. 그리고 그렇게 모여든 사람들은 정부에 고용보장을 요구하며 점점 자기방어력과 의존성이 강해진다.

반면 인구가 집중하는 도쿄는 마치 스스로 노력해서 사람과 상품과 자본이 모이는 것으로 착각한다. 지방과 농촌이 도쿄에 의존하기 때문에 이 나라가 위태롭게 되었다거나 '모든 마을을 구할 수는 없는 것'이라며, 아쿠타가와 류노스케(芥川龍之介)의

《거미줄》 주인공 칸타타처럼 사람들을 잘라내야 한다고 생각한다. 그 결과 경제가 침체되고 아이를 낳아 양육하는 것에서 등 돌린 사회가 되었다.

인프라와 사회보장을 두루 확보하고 이를 위한 제도를 제대로 설계하기 위해서는 전체로서의 '사회'를 만드는 것이 필요하다. 인프라 유지와 사회의 재생은 동시에 이루어져야 한다. 반대로 말하면, 적절한 사회를 실현하기 위해서는 적절한 제도와 인프라가 제시될 필요가 있다는 말이다.

'사회'의 회복에 대해서는 지금까지 주민 참여와 협력, 파트너십 등의 용어로 표현해 왔다. 이것은 1990년대 후반에 각지에서 시도된 것이지만, 2000년대의 개혁으로 그 동력이 상실되었다. NPO의 행정 하청화나 품질 향상이 아닌 비용 절감만을 위한 민간 조직이나 인력 등의 활용이 대표적인 사례다.

무엇보다 진정한 사회의 회복은 가족, 지역, 직장사회, 시민사회(NPO, 봉사활동, 시민운동 등)만으로는 부족하다. 더 중요한 영역은 바로 정치다. 사회의 회생을 위해서는 정치가 바람직한 방향으로 전환되지 않으면 안 된다.

정치 재생을 위해

정치인(국회의원과 지자체장 및 지방의회 의원)은 선출된다. 선택은 국민(주민)이 한다. 그리고 선출된 정치 지도자가 사회에서의 결정을 주관한다. 선거를 통해 국민과 정치인은 떼려야 뗄 수 없는 관계에 있다. 선출된 정치인은 모든 국민에 대해 책임이 있으며, 모든 국민은 정치 전반에 책임이 있다.

지금은 선거가 국민에게 정치인이 '무엇을 해주겠다'는 약속을 하는 자리가 되었고, 국민도 그것을 요구한다. 그리고 현실의 벽에 부딪혀 정치인들이 그것을 실천하지 못하면 규탄한다. 한편 정치인들은 당선되면 정치권력이 자신에게 맡겨진 것이라 생각하고 자신의 생각이나 가까운 지지자들만을 위한 결정을 내린다.

사회가 재생되기 위해서는 이러한 정치 리더십에 변화가 필요하다. 선거 공약은 지지자에 대한 약속이 아니라 '이것을 함께 하자'라는 국민 전체를 위한 제안이 되어야 한다. 그러므로 보다 중요한 것은 당선된 후의 국민과의 소통이다.

정치인으로서 실제로 무엇을 할 수 있었고 무엇을 할 수 없었는지, 거기에는 어떤 사정(그것은 종종 딜레마이기도 하다)이 있었는지 국민들에게 확실히 알려야 한다. 그리고 그 문제에 대한 이해를 구하고, 추가적인 문제 해결을 위해 다음에 무엇을 해야 하는지를 함께 생각하고 해결책 또한 함께 찾아가도록 유도해 나가는 리더십이 필요하다. 거기에는 당연히 '이 문제를 해결하려면 국민의 이러한 노력과 부담이 불가피하다'라는 협조를 요청하는 일도 포함된다.

따라서 정치를 지켜보는 국민들도 그 정치인으로부터 무엇이 실현되느냐가 아니라, 그 정치인에 의해 정치 과정이 어떻게 실행되고, 어떤 것이 자신들이 안고 있는 문제 해결을 향한 것인지를 평가하지 않으면 안 된다. 그리고 그 부담과 협조를 요청하는 목소리에 대해서는 적절하게 판단해야 한다. 그런 다음 올바른 요청에 대해서는 그 의무를 제대로 이행하는 능력이 요구된다.

이러한 국민과 정치의 관계를 실현하기 위해서는 그것을 지지하는 행정에 대한 그 어느 때보다 충실한 정보 수집력과 제공력이 필요하다. 정보 공개는 물론 그 정책에 어떤 의미가 있는지, 국민들과 어떤 관계가 있는지를 명확하게 보여주어야 한다. 그리고 무엇을 사회에서 부담하고 무엇을 행정에서 뒷받침하는지를 제대로 제시해야 한다. 이를 위해 정보 인프라를 구축하는 것은 중요한 과제가 된다. 또한 정보의 유통방식에 따라 정치인들에 대한 평가도 달라지고 선거판도 달라지게 된다.

이런 맥락에서 언론의 역할은 매우 크다. 특히 선거가 중요하다면, 그 무대는 각 지방이기 때문에 중앙 일간지 이상으로 각 지방 신문의 존재 의의가 크다. 그러므로 사회의 재생을 위해서는 인터넷 산업으로 흔들리고 있는 언론사의 경영을, 현재의 자유경쟁에서 압박하기보다는 공공정보 인프라로서 새롭게 확립해 나갈 수 있는 제도의 설계가 필요하다(다만 이 공공은 '국가'가 아니고

'public', 즉 '공개' '모두에게'이다). 또한 나는 지금의 신문/출판업계의 어려움이 정보 인프라 정책의 치우침에 의한 것이지, 신문이나 출판사의 경영 능력만의 문제는 아니라고 본다.

또 이제 이런 정치인을 선출하는 유권자의 대다수가 피고용인이기 때문에, 그 고용주/경영자와의 비대칭적 관계를 개선해 정당하고 자유로운 의사표현을 보장할 필요가 있다. 노동조합의 역할은 물론이고 그런 조직에서 벗어나 있는(비정규직 등) 피고용인들의 협력을 어떻게 확보할 것인지가 사회의 안정을 확립하는 중요한 소프트웨어 인프라 대책이 된다.

덧붙여, 사회의 균형을 회복하기 위해서는 원래 어떤 상태였는지에 대한 적절한 분석 데이터가 필수다. 거기에는 많은 변수가 관련되어 있기 때문에 다양한 연구자와 전문가의 참여가 있어야 한다. 일본에는 이런 문제해결 과정에서 중요한 역할을 할 수 있는 (지방을 포함한 전국) 대학과 연구기관이 있다. 연구기관의 연구자는 그것을 '돈벌이'나 특수한 기술에 의한 해결에 치우치지 않는 균형 잡힌 학술연구를 추구하는 자세를 갖출 필요가 있다.

분산과 순환의 사회

현재 일본의 정책은 너무 경제에 치중되어 있다.

'모든 것은 경제'라고 하는 이 상황은 70여 년 전 태평양전쟁 당시의 '모든 것은 군사'라고 했던 상황과 매우 유사하다.

이대로 가다가는 경제 문제를 해결하기도 전에 이 나라는 무너지고 말 것이다. 국가를, 국민을, 그리고 사회의 다양한 기관과 단체를 경제에서 사회로 되돌려야 한다. 이것을 어떻게 균형 있게 실현해 나갈 것인가가 현재 당면한 가장 큰 정책 과제이다.

경제보다 사회를 더 중요하게 여긴다는 것은 일단은 지금보다 생산력을 떨어뜨리는 일이다. 그것은 생활수준을 낮추는 것과 다름없지만 그로 인해 여유와 여가, 느긋함이 확보되기도 한다.

경제에 치중하고 도쿄로 집중하던 것을 일단 멈추고, 하나로 묶여버린 것들을 재분할하고 분산시켜 다극화하는 것, 집중을 통해 통합하는 것이 아니라 힘을 분산시켜 다수의 극을 형성하고 그것을 서로 연결하고 순환시켜 나가는 방식으로 전체적으로 서서히 통일되어 가는 것이다.

하지만 그렇게 하면 효율성은 낮아지고 생산성은 떨어져 인프라를 유지하는 국력의 상실에 대해 추궁을 당할지 모른다. 그런데 분산하고 순환하는 사회가 과연 생산성이 낮은 사회일까?

우리는 지금 직장에서 무조건적인 '생산성'을 요구당하고 있다. 마냥 쫓기면서 일하는 것으로 생산성이 올라갈 리 없다. 더 나은 생산성을 확보하려면 제대로 쉬어야 하고, 일이 아닌 다른 것을 하면서도 '이익과 행복 등 유리한 것을 추구하는' 무엇인가를 만들 필요가 있다. '이익과 행복 등 유리한 것을 추구하는' 것은 경제 순환을 오히려 좋게 하는 요소가 될 수 있다. 무엇보다 평소와 다른 것을 접하고 다양한 사람들과 교류하며 발상의 전환을 통해 새로운 것을 만들어내는 힘으로 이어질 것이다.

국가의 목표를 이루기 위해 국민의 힘을 한곳에 집중하려고 하면 할수록 그런 힘은 생겨나지 않는다. 힘을 집중시키기 위해서라도 우선 분산이 필요한 것이다. 분산하고 순환함으로써 힘이 쌓이고, 모아둔 힘이 합쳐짐으로써 강한 국가가 태어난다.

새로운 질서 형성을 유도하는 정치

모든 인프라의 유지·제공·활용을 통해 사람들의 흐름을 정상화하고 분산화를 도모하며 순환하면서 힘을 비축하고, 그것들을 합쳐 국가의 진짜 힘으로 재생해 나가야 한다.

경제 영역에서 제대로 버는 사람이 있으면 다른 한편으로는 그 사람들의 생활을 지탱하기 위해 지방을 지키며 식량이나 연료, 또 그외 산업 발전에 필요한 자원을 제공하는 사람들이 있다. 인생의 어느 시기에는 아이를 키우거나 또는 국가의 최전선에서 일하는 사람도 있다. 다양한 삶의 방식을 실현해, 무엇인가에 치우쳐 사람들이 모이거나 획일화되지 않도록 삶의 선택이 넓은 사회를 만들어가야 한다. 모두가 안심하고 꿈을 꾸며 일하고 여가를 누리며 살아갈 수 있도록 정치와 행정이 그 구조를 설계하고 보장할 필요가 있다. 이것이 지금의 정치와 행정에 요구되는 사항이다.

현재 사람들의 상황은 서로 의심하고 좌절하며 나만 좋으면 된다는, 그런 삶의 방법밖에 없다고 생각하는 듯하다. 스스로 새로운 일은 하지도 않으면서 무슨 일이 일어날지 살피고만 있다. 이런 상황을 바꾸는 것이 인구감소 사회를 마주하는 우리의 최대 과제다. 분명 불안의 요소는 여러 가지가 있지만(특히 세계 정세), 20년 동안 그렇게 큰 변화가 일어난 것은 아니다. 모두의 마음을 모아 활기차게 사회에 참여하고 기여하며, 서로에게 필요한 새로운 일들이 자연스럽게 만들어지는 상황을 만들어야 한다. 그것이 지금 지방창생을 위해 진정으로 필요한 일이다.

이러한 고찰을 통해 지금까지의 지방창생의 기본 방향을 반성하고, 앞으로 지방창생에서 할 수 있는 것이 무엇인지 좀 더 구체적으로 논의하고자 한다.

먼저 이미 5년째 접어든 지방창생의 중간평가가 중요하다. 이 정책의 PDCA에 대해(특히 평가에 대해) 다시 한 번 말하려 한다.

그리고 정부가 도입한 인구비전에 관련된 문제를 다룰 것이다. 나는 이 정책 초기에 도입한 인구비전이야말로 지방창생을 올바른 방향으로 인도하는 중요한 열쇠가 될 것이라고 생각한다. 그 방법을 다시 살펴보자.

현재의 아베 정권이 계속되더라도 정책의 일관성 측면에서 최소한 이 두 가지는 정상화되어야 한다. 그리고 이 두 가지에 대해 국가 정책의 원점으로 되돌아가 차근차근 다시 해나가는 것이 국가 재생의 지름길이라고 생각한다.

2. 지방창생의
문제해결 사이클

'지방소멸'로부터 4년을 맞이하여

2017년 12월에 발표된 "마을·사람·일자리창생 종합전략 2017
개정판"(이하 "종합전략 2017개정판")은 5개년 계획의 중간년도에
해당하는 2017년에 그때까지 지방창생사업의 효과를 검증했다.
검증은 '마을·사람·일자리창생 종합전략 KPI 검증팀'의 전문가
다섯 명이 2017년 10-11월 기간 동안 세 차례에 걸쳐 진행했다.
좌장은 일본창성회의 구성원이었던 게이오기주쿠 대학의 히구치
미오(樋口美雄) 교수와 마스다 히로야다. 그 결과는 "종합전략
2017개정판" 발표 직전 2017년 12월 13일에 〈마을·사람·일자
리창생 종합전략 KPI 검증 보고서〉로 정리되어 "종합전략 2017

개정판" 세 페이지에 걸쳐 소개되었다. 그 내용은 다음과 같다.

마을·사람·일자리 종합전략은 네 가지 기본 목표를 세우고 시책을 추진했다. 네 가지 기본 목표는 제4장에서 소개했듯이, 다음과 같다.

① 지방에 일자리 만들기, 안심하고 일할 수 있도록 하기.
② 지방에 새로운 인재 흐름 만들기.
③ 젊은 세대의 결혼·출산·육아의 희망 이루기.
④ 시대에 적합한 지역 만들기, 안전한 생활 유지와 함께 지역과 지역을 연계하기.

검증팀은 이 네 가지 목표에 대한 성과지표(KPI 120건)의 달성도를 비교하고 다음과 같이 결론을 내렸다.

기본 목표 ①, ③, ④의 시책은 어느 정도 진전되고 있다. 그러나 기본 목표 ②'지방에 새로운 인재 흐름 만들기'에 대해서는, 도쿄권에 전입한 수가 약 21만 명에 달해 사업 시작 전보다(약 10만 명) 도쿄로의 집중이 더 진행되어, '현재 시점에서는 (각종 정책의) 충분한 성과가 나타나지 않았다.' 하지만 ②도 매우 중요하기 때문에 목표를 달성하기 위해 계속 노력해야 한다.

KPI 검증표를 인용하면 〈표 5-1〉과 같다. 검증표를 보며 위화감을 느끼지 않을까 우려된다.

〈표 5-1〉 마을·사람·일자리 종합전략 KPI 검증 결과(2017년)

	성과지표	2020년 목표	기준치	현재값	진행
기본목표 ①	청년고용창출 수(지방)	5년간 30만 명	–	18.4만 명 (2016년도 추계치)	A
	젊은 세대(15~34세)의 정규직 노동자 비율	모든 세대와 동일한 수준	92.2% (2013년) 전 세대: 93.4%	94.3% (2016년) 전 세대: 94.5%	A
	여성(25~44세)의 취업률	77%	69.5% (2013년)	72.7% (2016년)	A
기본목표 ②	지방에서 도쿄권으로 전입	2013년 대비 6만 명 감소	466,844명 (2013년)	10,946명 증가 (2016년)	B
	도쿄권에서 지방으로 전출	2013년 대비 4만 명 증가	370,320명 (2013년)	10,398명 감소 (2016년)	B
	지방·도쿄권의 전·출입	전·입입 균형	도쿄권으로의 전입 초과 96,524명 (2013년)	도쿄권으로의 전입 초과 117,868명 (2016년)	B
기본목표 ③	안심하고 결혼·출산·육아를 할 수 있는 회사 모임을 달성하고 있다고 생각하는 사람의 비율	40% 이상	19.4% (2013년)	42.6% (2017년 2월 잠정값)	A
	첫아이 출산 전후 여성의 계속취업률	55%	38% (2010년)	53.1% (2015년)	A
	결혼희망실적지표	80%	68% (2010년)	68% (2015년)	B
	부부 자녀 수 예정(2.12) 실적지표	95%	93% (2010년)	93% (2015년)	B
기본목표 ④	입지적정화계획을 작성한 시정촌 수	150시정촌	4시 (2016년 9월 말)	112도시 (2017년 7월 말 시점)	A
	도시기능 유도구역 내에 입지하는 시설 수의 비율이 증가한 시정촌 수	100시정촌	–	2018년도 내에 진척을 파악	C
	거주 유도구역 내의 인구가 차지하는 비율이 증가한 시정촌 수	100시정촌	–	2018년도 내에 진척을 파악	C
	대중교통 편의 지역에 거주하는 인구 비율	(3대 도시권) 90.8% (지방중추도시권) 81.7% (지방도시권) 41.6%	(3대 도시권) 90.5% (지방중추도시권) 78.7% (지방도시권) 38.7% 2014년	(3대 도시권) 90.9% (지방중추도시권) 79.3% (지방도시권) 38.9% 2016년	A
	지역 공공교통 개편 시행 계획의 인정위원 수	100건	13건 (2016년 9월)	21건 (2017년 10월)	A

주) '진행란'에 대한 본문의 설명은 다음과 같다.
A. 목표 달성 및 실적치가 당초의 값보다 상승한 것.
B. 현시점에서 실적값이 A 이외의 것.
C. 기타(현시점에서 통계상 실적값의 파악이 곤란한 것 등).

위와 같은 분류에 따르면 KPI 120건의 내역 및 C를 제외한 비율은 A가 85건(87%), B가 13건(13%), C가 22건이다.

※ 출처: "마을·사람·일자리창생 종합전략 2017개정판"

잘못된 정부의 KPI 검증

우선 가장 큰 위화감은 여기에서 일본의 총 인구에 대한 검증이 아무것도 이루어지지 않았다는 것이다. 인구 감소에 조금이라도 제동이 걸렸는지 여부가 이 사업의 가장 큰 과제인데, 그것을 측정할 지표를 피해 네 가지 기본 목표마다 인구가 아닌 지표만을 선정했다.

기본 목표 ①'지방에 일자리 만들기, 안심하고 일할 수 있도록 하기'는 '청년고용창출 수'(지방)와 '젊은 세대의 정규직 노동자 비율'로 되어 있다. 그리고 그 평가(진행)를 A(목표 달성 또는 실제값이 초기값보다 상승)라고 하고 있지만, 여기에서 정말 중요한 것은 그 개선된 수치가 인구에 어떻게 플러스로 작용했는지일 것이다. 사업이 진행되었는지 여부를 그냥 확인만 하기 위해 KPI를 사용한 것 같고(KPI의 약점은 바로 그렇게 되기 쉬운 것이지만), 정부의 검증팀은 그것으로 검증을 끝내버려 무엇을 위해 지방창생을 하고 있는지 알 수 없게 되어버렸다.

이렇게 얽히고설킨 복잡한 상황이 또 다른 형태로 나타난 것이 '여성(25-44세)의 취업률'이다. 그런데 여성의 취업률이 높아지면 출산율이 오를까? 그 상관관계가 정말 있는 것일까? 아이를 낳을 환경이 제대로 갖추어지지 않은 일본의 경우, 여성이 취업을 하면 오히려 출산율은 더 떨어지지 않을까?

마찬가지로 기본 목표 ③'젊은 세대의 결혼·출산·육아의 희망 이루기'에 대한 검증도 이상하다.

여기서는 두 번째로 '첫아이 출산 전후 여성의 계속취업률'이 사용되고 있지만, 이것이 왜 '젊은 세대의 결혼·출산·육아의 희망 이루기'의 지표가 되는 것일까? 출산 전후 여성의 계속취업률에서 알 수 있는 것은 출산희망이 아니라 출산 후 취업희망을 이루었는지 여부다. 그런데도 계속취업률에 매달린다면 지방창생을 향한 희망출산율은 1.8(합계출산율)이기 때문에 계속된 취업이 둘째 아이의 출산으로 이어진 것까지 검증해야 한다. 그리고 일본의 현재 상황에서는 첫아이를 낳은 후 취업을 재개한 여성은 둘째 낳는 것을 포기하고, 취업하지 않은 여성이 오히려 둘째 아이를 낳을 가능성이 더 크지 않을까?

지방창생은 인구 감소를 극복하기 위한 정책이기 때문에 취업을 계속할 수 있는지 여부가 아니라 그 증가가 출생에 어떻게 긍정적인 효과를 가져왔는지까지 검증해야 한다. 그렇지 않으면 사업이 추진만 되고 있으면 '합격'이라고 해버리는 꼴이 된다. 목적은 뒤로한 채 수단이 얼마나 달성되었는지만으로 성과를 자랑하는 KPI 검증은 잘못되었다.

정부에 필요한 PDCA 사이클

이제 지방창생의 진정한 목적은 '로컬아베노믹스'에 있으며 인구 문제가 아닌 게 아닐까 하는 의구심마저 든다. 이미 목적(인구)과 수단(경제 및 고용)이 교체된 것 아닐까?

덧붙이자면, 저출산에 대한 최근의 수치는 다음과 같다.

일본의 출생아 수는 지방창생본부가 설치된 2014년 100만 3539명에서 다음 해인 2015년에는 100만 5677명으로 약간 상승했다. 그런데 지방창생이 본격적으로 시작된 후인 2016년에는 다소 감소세로 돌아섰고, 출생아 수 97만 6978명으로 100만 명 시대를 끝냈다. 게다가 이 감소 경향은 이후에도 멈추지 않고 2017년의 출생아 수는 더 줄어 94만 1천 명에 그친다는 뉴스가 나오고 있다.

반면 합계특수출산율은 얼마 전까지 계속 오르고 있는데, 출산이 가능한 여성의 수가 감소하고 있기 때문에 출산율이 올라도 출생아 수는 증가하지 않고, 일본의 저출산 흐름 역시 멈추지 않고 있다. 또한 이 출산율은 지방창생이 시작되기 전부터 상승 추세였기 때문에, 거기에 사업의 효과가 어느 정도 관련되었는지에 대해서는 제대로 된 검증이 필요하다.

도쿄일극집중(②지방에 새로운 인재 흐름 만들기)에 대해서는 앞선 KPI 검증에서도 있었던 것처럼, 도쿄권으로의 전입 초과수가 점점 증가해 도쿄로의 이동은 더욱 심해지고 있다.

각지에서 진행되고 있는 '버는 힘'을 창출하는 사업이 인구 증가로 연결될 수 있을지는 알 수 없다. 또한 사업비 투입으로 일시적으로 일자리가 만들어져 그 지역의 인구가 증가했다고 해도, 그것이 사업 종료 후까지 지속될지 여부는 미지수다. 경우에 따라서는 빨대효과로 인해 오히려 인구 감소로 이어질 수도 있다.

　이런 것을 확인하고 개선해 나가는 것이 본래의 PDCA 사이클일 텐데, 무작정 '돈벌이'와 일자리(로컬아베노믹스)가 강조되는 바람에 현재 진행되고 있는 사업의 효과로 일자리가 얼마나 늘어났는지만 중요하게 되어버렸다.

　모든 것이 '우선은 일자리부터'라는 대책이 결정타가 되어, '인구 감소와 도쿄일극집중' 대책 사업으로서의 지방창생에 대한 검증을 저해하고 있다. 더욱이 이 지방창생이 지금 아베노믹스를 추진하는 정책 안에 있고 아베노믹스에 의한 고용창출 유무가 현 정권 명맥의 전부라는 현실을 감안하면, 아베 신조의 눈치를 필요 이상으로 보고 있다고 할 수 있다. 아베 내각 주변의 긴장된 분위기야말로 '인구 감소를 어떻게 하면 멈출 수 있을까'라는 문제에 접근하는 것을 막고 있는 원흉이라고 할 수 있다.

　정부 스스로가 최초의 '결정타'라고 말한 함정에 걸려 있다. 이렇게 해서는 PDCA 사이클은 있을 수 없다. PDCA는 평가(C)를 거쳐 개선(A)이 되고, 처음 계획(P)을 변경하는 것까지 다루어야 함에도 불구하고 현 정부의 평가는 단지 처음 계획이 어디까지 달성되었는지를 확인하는 것에 불과하다. 더군다나 그 수치로 정책의 성취도를 자랑하는 것이 되면, 오히려 검증 자체가 그 정책을 평가절하하는 일이 될 것이다[동일본대지진으로부터의 부흥정책은 사실 그렇게 되고 있다. 《후쿠시마 원전사고 이후 7년, 부흥정책에 '이상한 변화'가 일어나고 있다》(현대비즈니스, http://gendai.ismedia.jp/articles/-/54779)를 참조하라].

제2장에서 말했듯이 원래 '인구 감소를 일자리로 해결'하겠다는 전제 자체가 잘못되었다. 거기에서부터 바로잡을 필요가 있다고 생각하지만, 정권의 사정으로 그것을 할 수 없다면 적어도 지금 추진하고 있는 사업들이 정말 효과가 있는지 제대로 검증할 수 있도록 정부 스스로 PDCA를 갖추고 모범을 보여야 한다.

인구의 PDCA는 더 적절한 형태로 이루어져야 한다. 사업마다 KPI를 설정하고 진행상황을 지켜보는 것만으로는 인구의 자연스러운 회복으로 이어지지 않는다. 사업에 따라서는 역효과가 있을 수도 있다. 인구는 더 민감하고 그 진행과정을 관리하는 것은 더욱 어려운 일이다.

3. 인구비전으로 해야 할 일

정부는 인구비전에 관심이 없다?

지방창생은 인구 감소를 저지하기 위한 사업이다. 그런데 그 목표가 매우 소홀히 여겨지고 있다.

그 중간지점을 지난 지금이야말로 사업의 방향을 재검토하고 사업의 본질을 되새겨 어떻게 인구 감소를 막을 수 있을지 진지하게 고민하는 계기를 만들어야 한다.

그 단서를 어디에서 찾으면 좋을까?

나는 그 단서가 지방창생을 시작할 때 정부가 각 지자체에 요청한 인구비전에 있다고 생각한다. 2014년 12월 "장기 비전"과 "종합전략"을 통해 지방창생을 실시하는 각 지자체는 각각 지방판 인구비전과 종합전략을 수립해야 했다(마을·사람·일자리창생법 제9조, 제10조).

인구비전은 그 당시 이미 각 지자체의 종합계획에 인구 목표가 계획되어 있었기 때문에 그것으로 충분하다는 의견도 많았다. 실제로 종합계획과 연동시켜 인구비전을 만든 지자체도 있었다. 또 지방판 종합전략도 빠른 설정을 요구하면서 많은 지자체가 컨설팅 회사에 통째로 맡기는 바람에 지방에 떨어질 돈이 결국 중앙으로 회수되었다는 비판도 적지 않았다. 그리고 실제로 그후 인구비전이 유효하게 활용되었다는 사례는 듣지 못했기 때문에 그 정도에서 마무리한 지자체가 대부분이었던 것으로 짐작한다.

그러나 인구비전을 제대로 설정하고 그것을 실현하기 위한 정책 및 사업을 진행시켜야 했다. 지금까지 이 책에서 정부의 지방창생정책을 비판했지만, 인구비전에 대해서는 비판보다는 다음과 같은 메시지를 전하고 싶다.

정부는 2060년의 인구 목표를 1억 명으로 내걸고 점차 인구 감소가 둔화될 것이라고 예상하고 있다. 이에 따라 각 지자체가 설정한 인구비전은 인구 감소가 멈추지 않는 현재 상황에서 '인구 하락이 멈추는 지점을 발견하라'는 것이었을 것이다. 그리고 그 지점을 발견했다면 그것을 위해 필요한 것은 무엇인지 각각 제안하고, 정부는 시행착오를 줄이기 위한 재원을 제공(지방창생은 원래 그런 계획이다)하리라 생각했을 것이다.

거기에 누군가가 '우선 일자리부터'라고 장난을 치고, 어느새 지방은 일자리 만들기 경쟁과 인구유치 경쟁을 하는 모양이 되어버렸다. 그래서 시정촌에서 올라온 제안이나 결과가 도도부현을 통해 위로 올라가는 올바른 PDCA가 진행될 여지가 없어져버린 것은 아닌지. 또한 인구비전도 결국에는 각 지자체가 만들게 하는 것으로 끝내버려 일본 전체의 인구 감소가 멈추는 지점을 정확히 파악하려는 의도가 처음부터 없었다고 말할 수 있다.

현 정부는 인구에 대해 아무것도 생각하지 않은 게 사실이다. 분명 정부는 인구 1억 명을 목표로 했고, 각 지자체도 정부와 마찬가지로 인구 감소가 멈출 것을 예상하고 각각 인구비전을 수립했다. 하지만 놀랍게도 시정촌의 인구비전을 통합해 인구 1억 명이 되는지 계산한 흔적이 없다. 아니 그 이전에 도도부현에서도 인구비전을 수립했지만 이 수준에서 시정촌과 연동해 인구비전을 만든 적이 없다(대부분 도도부현이 시정촌보다 먼저 인구비전을 수립했다).

인구비전만 만들었을 뿐 정부는 아무 관심도 없는 것이다. 1억 명에서 인구 감소가 멈출 것이라는 것도 구호일 뿐 아무도 점검하지 않고 있다. KPI 검증에서도 인구가 검증의 대상이 되지 않은 것을 확인했다. 애초에 어떻게 1억 명에서 인구 감소가 멈출 것이라고 단정할 수 있다는 것인지, 지방에서의 일자리 만들기 외에 정부는 아무 생각이 없어 보인다. 단순한 '희망인구 1억 명'뿐인 것이다.

결국 국가는(시정촌도 현도 마찬가지로) 근거도 없고 제대로 설정된 목표도 없이 맹목적으로 지방창생을 사업화해 추진하고 있다. 이대로 앞으로 2년간 계속한다고 해도 목표가 어디론가 사라졌기 때문에 KPI 등은 의미가 없고 PDCA 사이클도 작동되지 않을 것이다.

하지만 5년 전 일본창성회의에서 강조한 것처럼 인구감소 문제는 더 이상 미룰 수 없으며, 이 문제를 해결할 책임을 국가도 지자체도 매우 시급하게 받아들여야 한다. 모처럼 각지에서 수립한 인구비전의 내용을 검토하고, 전국 각지에서 인구를 둘러싸고 무슨 일이 일어나고 있는지, 무엇을 어떻게 하면 인구 감소를 멈추게 할 수 있는지 진지하게 생각하고 논의하는 것부터 시작해야 한다. 정부는 그것을 추진할 책임이 있다.

인구를 도시권 단위로 해석하는 것

각 지자체에서 수립한 인구비전이 담당할 역할은 인구 하락이 멈추는 지점을 명확히 인지하고 이를 위해 확실한 사업을 추진하는 것이다. 이것이 지방창생이 추구하는 본래의 방식이었다.

하지만 인구 하락이 멈추는 지점을 찾는다는 목표가 현실적으로 어려운 것이기도 하다. 각 지자체는 아마도 인구 하락이 멈추는 지점을 찾지 못해 인구정책에 실패할 것이라는 생각은 하지 못하고, 인구가 너무 많이 줄어들면 문제가 심각할 테니 그저 애매한 상태로 목표치를 설정한 것 같다.

단독 지자체에서 내놓은 수치만으로는 근거가 있다고 주장하기 어렵다. 각 지자체에서 나온 인구비전을 합하여 광역권(도시권)에서 또 도도부현에서 집약하고 조사하고 조정해 실태를 분석한 후, 각지의 인구비전을 조정해 나감으로써 '이 정도면 실현 가능하지 않을까'라고 하는 것보다 훨씬 현실적인 인구비전을 수립하고 제시해 나가는 섬세한 과정이 필요했다. 그것은 무엇을 의미하는가?

인구는 자연증감과 사회증감으로 계산한다. 먼저 자연증감에 관한 문제는 각 지자체에서 어떻게 해서든 태어날 아이의 수를 한 사람이라도 늘려 출산율을 2.0(남녀 두 사람당 두 자녀 수)에 접근하게 한다는 것이다. 그러나 실제로는 쉽지 않다. 일반적으로 출산력이 높은 촌락부와 도시, 그리고 더 낮은 대도시부로 나누면 대도시 지역에서 출산율 2.0에 도달하는 것은 매우 어려운 일이기 때문이다.

촌락부 역시 2.0은 말할 것도 없고 그 이상을 바라지 않아야 한다. 게다가 목표치를 생각할 때 마을만으로는 별 의미가 없다. 적어도 광역자치단체 수준에서의 협의가 필요하고 중요하다. 그리고 거기에는 사업을 추진하기 위한 비용을 누가 어떻게 부담할 것인지에 대한 수단도 마련되어야 한다.

또한 인구는 사회증감(전·출입 수)에도 영향을 받는다. 인구이동은 마을에서 취락으로, 마을에서 마을로, 마을에서 중소도시로, 중소도시에서 대도시로의 흐름, 현청 소재지에서 도쿄로의 흐름 등 전국적 인구 흐름으로 사회 증감이 결정된다. 인구 흐름에 따른 사회 증감을 측정할 때 도시나 광역권은 인구 유입을 기준으로 하고, 지방은 인구 유출을 기준으로 하기 때문에 각 지자체에서 인구비전을 조정하기 위해서는 사회증감 측정 시 자연증감과는 반대되는 계산방식을 적용해서 출산율의 지역별 적정치가 나오도록 해야 한다. 또한 일반적인 흐름과는 다른 흐름도 출산율을 높이고 낮추는 데 영향을 끼치기 때문에, 단지 인구이동의 흐름을 멈추거나 늘리는 것이 아니라 어느 방향으로 인구가 흘러가는 것이 적절한지 판별하는 것도 중요하다.

교외의 사람과 인프라

이런 가운데 인구가 교외의 신흥 주택단지에 집중된다는 것은 제3장에서 언급했다. 육아세대가 자신의 시정촌 교외 주택에 전입해 오는 것은 그 지자체 입장에서는 인구가 증가될 뿐만 아니라 아동 수가 증가하는 것이기 때문에 고마운 일처럼 보인다. 그러나 실제로 육아세대를 둘러싼 이런 현상이 가족과 사회의 형태를 왜곡해 저출산으로 연결될 가능성이 있다는 것도 언급했다.

이러한 교외 주택으로 사람들이 전입해 오는 것이 이 장의 서두에서 언급한 인구와 인프라의 균형이라는 면에서 어떤 문제를 안고 있는지 계속 논의해 보자.

교외에 거주하는 사람들은 대부분 직장을 도심에 두고 있어 일상적으로 장거리 이동을 강요당한다. 따라서 아이들은 거주지에 있지만 부모들은 낮에 다른 곳에 일하러 가기 때문에 양쪽 지자체에 부담을 걸치고 있는 것이 된다. 게다가 맞벌이 가구가 증가하고 있기 때문에 방과후에도 학교에서 보육을 담당해야 하고, 이에 따라 아동 수는 줄어드는데 행정 부담은 계속 증가하게 된다. 뿐만 아니라 부모들의 원활한 출퇴근도 실현되지 않으면 안되기 때문에 여기에 필요한 인프라가 보통 이상으로 요구된다. 게다가 그 비용은 부모들도 부담해야 한다(예를 들면, 어린이집뿐만 아니라 학교에 입학하고도 방과후 교실이나 학원 등 시장 서비스가 필수적이다). 그렇기 때문에 종합적으로 이런 장소에 육아세대가 집중하는 것은 지금까지 전례가 없을 만큼 집중적인 인프라의 공급에 의해 이루어지고 있다고 볼 수 있다.

언뜻 보면 같은 세대로 이루어진 교외 주택단지의 인프라 대응은 효율적으로 보인다. 하지만 실제로는 일상적으로 사람들의 움직임이 많아 관리가 쉽지 않다. 더구나 인구변동에 휩쓸릴 가능성이 크고 이에 따라 필요한 인프라의 변화도 크다. 이런 뉴타운은 수십 년 뒤 쉽게 올드타운으로 변할 것이며, 실제로 오래된 교외 주택단지에 노인들만 거주하는 사례로 나타날 가능성도 높다.

도시의 교외는 인프라의 과잉 투자를 통해 형성되지만 그곳도 인구 감소가 진행될 가능성이 있다. 그러나 인구감소 시대에 주택 개발이 요구되는 새로운 교외 지역에서는 지금도 인프라 투자가 계속 이루어지고 있다.

'사회의 축소'란 관점에서 보면 일부 사람들이 비난의 대상으로서 산촌 마을의 존속을 언급하지만, 사실은 교외의 주택단지를 적정하게 축소하는 것이 가장 큰 과제다.

인구의 적정규모·적정배치를 위한 인프라 정비

지금까지의 내용을 토대로 정리하면 다음과 같이 말할 수 있다.

인구의 극단적인 편향이 다양한 문제를 야기하고 있다. 그리고 그것이 인구 감소의 원인이 되기도 한다.

한 세대가 어떤 장소에 모여 살고 있다. 혹은 같은 직업을 가진 계층의 사람들이 같은 장소에 너무 많이 모여 있다. 각지에서 지역 구성원의 다양성이 사라지고 단일화가 되고 있다. 그렇게 됨으로써 어떤 지역에서는 인프라가 모자라는데 또 다른 지역에서는 인프라가 있는데도 쓸모가 없는 상황이 발생한다. 게다가 주택 수요는 멈추지 않고 있으며, 부족하다는 이유로 새로운 마을을 통째로 만들어 인프라를 공급한다. 그러나 그러한 지역은 유통기한

이 있기 때문에 잇달아 새로운 수요가 또 생겨난다.

그 중심에 도쿄가 있다. 도쿄에는 젊은 인구가 너무 많이 모여 살고 있고, 치열한 경쟁 속에서 아무래도 결혼·출산·육아가 점점 어려워지고 있다. 한편 지방이나 농·산·어촌은 풍부한 육아 자원이 있음에도 그것을 이용하는 사람이 희박한 상황이 되어버렸다.

즉 인구의 적정규모·적정배치가 보장되지 않는 것이다. 적정 규모·적정배치는 문부과학성이 사용하는 '공립 초등학교·중학교의 적정규모·적정배치'를 참조했다. 여기서 말하는 인프라 중에서 특히 학교가 중요한데, 그 문제에 대해서는 또 다른 기회에 논의하고 싶다.

어쨌든 행정에서 부적절한 인구 배치에 의해(혹은 부정적인 배치를 적극적으로 유도해) 인프라를 구축해 왔기 때문에 전체적으로 인프라 과잉 상태가 되었다. 인구 과소 지역에서는 인프라(대중교통이나 학교, 어린이집, 진료소 등) 투자를 제한했기 때문에 인구가 더 줄고, 과밀 지역으로 인구가 집중하는 현상이 반복됨으로써 인구와 인프라의 불균형이 더욱 악화되었다.

인구와 인프라의 균형을 유지하기 위해서는 변화하는 인구 배치를 쫓아 인프라의 규모와 배치를 결정할 것이 아니라, 그 전에 인구의 적정규모·적정배치가 이루어지도록 해야 한다. 지금은 과소 지역이지만 인구가 유입될 가능성이 있는 장소(혹은 유입되어야 할 장소)에는 그에 맞게 인프라를 정비해 나가고, 갑자기 쏟아져 나온 도시 교외는 도시 인프라 전체의 유지가능성이라는 현실을 감안해 장소에 따라 재건을 포함한 조치를 취할 수 있도록 준비해야 한다. 그리고 교외는 교외로서 전체의 균형을 유지하기 위해 필요한 부분도 있기 때문에 어떤 배치가 전체의 생활에 좋을지 적절하게 따져보고 축소를 유도해 나가야 한다.

즉 인구의 현실 변화에 따라 인프라를 결정해 나갈 것이 아니라 인구의 적정배치를 내다보고 인프라의 배치를 적절히 조절해 전체적으로 균형을 맞추어야 한다.

이때 가장 중요한 것이 그 지역의 지속가능성이다. 이것은 곧 인프라의 지속가능성이기도 하다. 그것은 차세대를 형성하는 지속성과도 관련이 있다. 어쨌든 아이를 낳아 키울 수 있는 가장 적합한 장소는 어디인가. 그리고 다음 세대에게 물려주어야 할 지역은 어디인가. 가능한 한 행정에 의존하지 않고 다른 지역과의 공존을 통해 서로 자립하고 존속할 수 있는 장소는 어디인가. 그런 장소를 정해서 그곳을 제대로 재생해 나가는 것, 그런 투자를 통해 미래의 인구가 유지되고 그로 인해 출생아 수가 늘어 인구 1억 명이 현실에서 유지될 수 있다면, 굳이 인프라를 축소 또는 공급하는 등의 인프라 문제 해결을 목표로 삼지 않아도 될 것이다.

광역에서 인구배치의 최적화 발견

인구와 인프라의 적정한 모습을 파악하기 위해서는 시정촌 단위에서 단독으로 인구정책 PDCA 사이클을 운영해서는 안 되며(더구나 그 결과를 두고 경쟁하는 것은 터무니없다), 도시권 단위(통근·통학권 등)에서 인구의 적정화가 추구될 필요가 있다. 또한 대학 진학이나 취업 등으로 도쿄로의 집중적인 이동이 이루어지기 때문에 그 문제를 통해서도 전국 수준에서의 검증과 개선이 검토되어야 한다.

인구의 PDCA 사이클을 실현하기 위한 절대조건은 어디에서 인구가 생산되어 어디에서 소비되고 있는지를 정확하게 파악하는 것이다. 그리고 본래 재생산되어야 할 인구가 어디에서 어떤 이유로 인구 재생산을 멈추었는지, 어디에서 인구가(재생산되지 않고 사뭇) 소비되었는지를 밝혀내지 않으면 안 된다. 아마도 현재 상태로는 그 소비의 장소가 대도시이며, 수도 도쿄일 것이다. 물론 도쿄가 수도로서 많은 인구를 필요로 하지만, 거기에 지나치게 많은 사람이 밀려들기만 하고 태어난 사람이 없게 되었다. 그곳에서 사람들을 구해 내지 않으면 경제를 지탱할 최소한의 사람조차 없어져버릴 것이다. 이 현실을 어떻게 마주하고 적정한 순환이 이루어지도록 할 수 있을지가 중요하다.

각 지자체들이 경제성장을 목표로 열정을 다해 질주하고 있는데, 어느 순간 정신을 차려 보니 아무도 아이를 낳지 않게 되어(아이를 낳을 수 없게 되거나) 멈추지 않는 인구 감소에 직면하게 되었다. 이 현상을 타파하기 위해서는 비록 경제성장을 저해하고 개인의 자유와 권리가 다소 제한되더라도, 가족과 지역이 각 사람들의 손에서 지켜질 수 있도록 가족재생과 지역재생을 목표로 하지 않으면 안 된다. 정부가 지금까지 추진하고 있는 방식에 대해 나는 이렇게 생각한다.

공간과 시간의 적정한 관리

정부의 인구 PDCA 사이클은 이대로는 확립되지 않는다. 정부는 인구 문제를 '돈벌이'로 해결할 수 있다고 으름장을 놓고 그것을 억지로 굳혀버렸지만, PDCA는 결정하기가 쉽지 않다. 제1장에서도 말했듯이, PDCA는 시행착오이며 실패와 실수는 필연적인 것이기 때문에 실수를 인정하고 보다 적절한 정책으로 유도할 수 있어야 한다. 나는 인구 문제를 경제 문제로 오인한 것이 지방창생에서 오류를 일으킨 근원이라고 본다. 빨리 이 상황을 개선하고 제대로 된 정책 형성의 과정을 찾아야 한다.

인구 감소는 잔재주로 막을 수 있는 사안이 아니다. 결코 '이렇게 하면 좋다'라는 하나의 해결책이 있지 않다. 어떤 정책이 한때는 문제를 해결한 것처럼 보여도 다음에는 또 다른 형태로 생각하지 못한 문제를 발생시키기도 한다. '이렇게 될 것'이라고 생각했던 정책이 전혀 다른 전개를 보이는 경우도 있다. 바로 PDCA 사이클에 의한 시행착오가 요구되고 있는 것이다. 살아 있는 사회, 살아 있는 도시, 살아 있는 마을을 산 채로 궤멸시키지 않고 존속해 나가는 것, 그것이 앞으로의 지자체와 도시, 그리고 국가에 요구되는 일이다.

그때 이 공적 경영에 요구되는 것을 이렇게 말할 수 있다. 우리가 해야 할 일은 각 지역을 초월한 도시권에서의 '공간과 시간 관리'이고, 그곳에 사는 사람들의 생활 관리이다. 관리에 실패하면 과보호가 되고 의존을 낳는다. 또는 사람들을 구속하고 살아가는 힘을 빼앗게 된다. 그러나 이대로 관리하지 않고 내버려둘 수도 없다. 적정한 관리가 필요하다. 그렇다면 적정한 관리는 어떻게 가능한가.

관리를 적정화하려면 어쨌든 그 집단의 규모가 거대화되는 것을 막고, 가능한 한 분할해 각 단위에 권한을 부여하여 분산시키는 방법으로 관리할 수밖에 없다. 지금 일본 사회는 1억 2천만 명의 단일 집단이 된 것 같다. 언뜻 보기에 이 큰 집단은 효율적으로 보이지만 사실은 실패가 숨겨져 있고, 실패가 드러날 경우 걷잡을 수 없을 정도의 큰 문제를 가져오게 된다. 거대한 사회는 그것만으로 커다란 리스크가 숨어 있는 셈이다[나의 책《위험·사회이론: 리스크·커뮤니티론》(홍문당, 2008)을 참조하라].

이 리스크에서 벗어나려면 지방분권을 통해 지방자치, 지역자치를 확립해 나가는 방법밖에 없다. 우선은 각 시정촌이 주체적으로 문제에 대응할 수 있는 환경을 조성할 필요가 있다. 쇼와 · 헤이세이의 합병에 의해 단위가 지나치게 커진 곳도 있기 때문에 한 단계 아래인 구정촌 단위의 재활성화도 필요할 것이다(경우에 따라서는 정촌의 재분리를 생각하는 편이 나은 지자체도 있을 것이다).

무엇보다 이러한 지구별 계획화 및 행정화는 지금까지 각지에서 시도되어 온 것이라고 생각한다. 문제는 이런 '지구 분할'을 통한 공간 관리에 어떻게 시간축을 더해 중첩해 나갈 것인가이다.

사회의 시간 관리는 세대에 걸쳐서 하는 것이 적당하다. '지구 분할'과 세트가 되는 또 다른 아이디어가 '세대 분할'이다.

사람들을 시간축으로 구분해 분석하고, 각각의 집단으로 취급하며 필요한 정보를 제공함과 동시에 적절한 대응방안을 찾아가는 것이다. 세대는 '출생'으로 구분할 수도 있고(코호트), 생애 단계로 구분할 수도 있다(독신, 결혼, 육아, 포스트육아 세대 등). 대도시 거리에서 볼 수 있는 세대 집단은 이제 학교의 학부모회나 졸업생들의 동창회 정도밖에 없지만, 마을이나 전통적 도시의 거리에서는 대체로 반상회나 지구회의 집행부(장년 남성)를 중심으로 어린이회, 청년단, 젊은 부녀회, 부녀회, 노인클럽 등의 성별 · 연령별 집단화가 이루어져왔다. 이것도 일종의 시간관리 방법이라고 볼 수 있다.

세대가 지구 집단과 같은 '집단'이 될 것인지 아닌지의 여부와는 별개로 적어도 행정계획에 대해 각 세대에 필요한 것이 무엇이고 무엇을 바꾸어나가야 하는지 '세대'를 통한 사고 체계를 구축하는 것은 바람직하다. 각 세대의 라이프사이클에 관한 정보를 바탕으로 그런 정책과제를 찾아내 사업을 진행시켜 나가는 방법을 모색할 필요가 있다.

그리고 무엇보다 도시계획 및 농촌계획 그리고 주택 배치를 포함한 인프라 배치와 정비계획은 단순히 지금의 인구(인구 수 및 구성 내용)로만 판단해서는 안 되며, 그 지역이 가진 세대 간의 지속가능성(거기에 거주할 인구의 향후 변화 가능성)에 의해 진행되어야 한다.

이를테면 각 지역의 세대를 종합하고, 거기에서 미래에 대한 예측을 거듭해 문제가 나올 법한 부분에는 대비하여 문제를 해결할 준비를 하거나 또는 주민 스스로 해결책을 제시하고 스스로 방어(자발적인 안전망의 실현)해 나가는 그런 계획화가 가능하고 필요하지 않을까 하는 것이다. 그 안에서 반드시 출산율을 회복하는 조건(출산율을 저하시킨 요인)도 발견되리라고 생각한다.

세대별 라이프사이클과 행정계획 및 제도와의 연동

행정계획에 세대 개념을 도입하는 것이 필요하다. 그것은 기존 행정계획의 시간은 단지 행정의 시간이고 그곳에 살고 있는 사람들의 시간이 아니기 때문이다.

행정계획은 종종 "종합계획"으로 대부분 10년 단위로 제시된다. 하지만 이런 계획을 관심 있게 보는 시민들은 거의 없다. 왜 그럴까? 자신의 삶과 마을의 미래와의 연결이 "종합계획"(또는 인구비전이나 종합전략 등)에서 전혀 보이지 않기 때문이다.

예를 들어 고령화율의 경우, 이를 아무리 숫자로 표현해도 주민들에게는 그것이 스스로 무엇인가를 할 수 있는 형태로 보이지 않는다. 실제로 고령화율 40퍼센트라는 수치를 제시해도 '큰일'이라고 잠시 걱정하다 끝난다.

하지만 고령화율이 50퍼센트라고 해도 그들이 건강하고 지역에 활성화된 장소가 있으며 친척과도 연결되어 활발한 활동이 가능하다면 큰 문제가 되지 않는다. 그 준비는 젊을 때부터 그것도 스스로 해두면 좋을 것이다. 젊었을 때부터 준비할수록 더 풍성한 노후가 마련된다. 그리고 그에 따라 필요한 행정이나 제도가 무엇인가라는 방향으로 발상을 바꾸면 고령사회의 문제 해결도 보다 수월해질 것이다.

저출산 사회에서 우리는 구체적으로 어린이집이나 유치원, 초·중학교 입지의 적정화, 고등교육 장소의 설계, 직장과 생활의 관계, 평생학습과 의료·복지의 장소, 그리고 이를 실현하기 위한 공공시설과 교통계획의 연동 등을 요구하고 있다. 이런 것들을 해결하기 위해서는 지금 현재의 인구배치에 머무르지 말고 그 너머에 있는 세대 간 지역 공존의 실태에 대한 설명과 미래 예측이 필수적이다. 이를 세대별(예를 들면 단카이 세대와 단카이주니어 세대, 그리고 그다음의 헤이세이 세대 등) 분석을 거듭해 라이프사이클에 대한 시뮬레이션을 실시하고 분석하는 것에 그치지 말고, 20년 후, 30년 후(한 세대 뒤)까지 포함하여 종합하는 등 세대 시뮬레이션을 반복해 나감으로써 계획이나 미래상까지 큰 변화를 줄 수 있어야 한다.

'세대별 인생설계'와 '행정계획 및 제도'의 연동이 필요하기 때문이다. 다시 말하면 사회와 행정의 연결이 요구되는 것이다. 개인·가족·지역·직장·기업·행정서비스를 적절히 연결해 가는 것에서 '인구와 인프라의 균형'이 구체적으로 보일 것이다. 그리고 사실 그 구상을 제시하는 것만으로 시민의식은 크게 달라져 지금 상황에서 더 호전되지 않을까 생각한다.

'세대' 개념을 도입해 행정을 하게 되면 더 나은 미래 예측이 가능하며, 개인도 자신이 어떻게 사회에 참여하고 어떤 미래를 준비하면 좋을지 예측할 수 있다. 한편 정치적 측면에서도 '여기만은 절대로 지켜야 한다'는 기준이 분명해져 자원을 동원하기 쉽고 함부로 인프라에 소요되는 예산을 깎지 않아도 된다. 미래를 위한 준비를 적절히 효과적으로 할 수 있게 되는 것이다.

이런 세대별 인생 설계와 행정계획 및 제도의 연동이 작은 마을 단위에서 '마을점검'*이라는 주민참여형 문제해결 프로그램의

---

* 농·산촌 지역의 현황과 과제, 가능성을 종합적으로 파악하고 진단하기 위해 'T형 마을점검' 등의 선행연구·조사 기법을 기반으로 마을 주민들의 관점으로

실험이 축적되어 성과를 올리고 있다[《T형 마을점검과 생활사에서 보는 가족·마을·여성의 저력》(도쿠노 사다오 외, 농·산·어촌문화협회, 2014)을 참조하라]. 작은 마을에서만 가능한 방법이지만 그 개념은 도시에서도 동일하게 적용할 수 있을 것이다.

신자유주의라는 저출산의 원흉을 넘어

지금 나타나고 있는 현상들은 2000년대 개혁에 대한 국민들의 부적응이다. 원래 이 시기에 발생해야 했을 제3차 베이비붐의 부재가 지금 멈추지 않는 저출산의 원인인 것이다. 이 시기 개혁의 가장 큰 문제는 사람을 중심에 두지 않고 돈을 중시하여, 삶을 배려하지 않고 재정이나 경기의 변동만을 중요하게 여긴 인식과 태도에 있다.

정부의 지방창생도 결국 이런 신자유주의적 사고에서 이루어졌다. 지금 이대로라면 이 잘못된 인식과 태도로 계속 진행하게 되어 사태를 더 악화시킬 것으로 보이다.

이러한 정책은 적당히 하고(그러나 이제 곧 개선될 수도 있지만) 각 지자체에서는 자신의 지역을 지키기 위한 인구감소 전략을 세우고 해야 할 일을 제대로 해나가야 한다. 그리고 그것은 지역을

이루어지는 참가형 조사 방법이다.

초월한 협력을 전제로 각 지역 주민들의 생활과 행정 시책을 확실하게 연결하고 협력해 지역을 만들어가는 노력에서부터 시작해야 한다.

모처럼 시작된 지방창생의 구호이지만 인구 감소를 저지하기 위한 시도는 아직 시작되지도 않은 것 같다. 하지만 많은 사람들과 지역에서 지금 당장 해야 할 중요한 일로 깨닫기 시작해 정책 시행 이후 최근 몇 년 동안 사회에 큰 전환이 일어나고 있는 것도 사실이다. 이러한 흐름 속에서 시간과 공간의 적정한 관리를 가족 단위, 지역 단위, 지자체 단위에서 연계해 어떻게 제대로 실현할 수 있을까? 분권과 자치를 확립하고 시민과 행정의 협력으로 다양한 문제를 함께 해결해 나가는 체제를 만들어갈 수 있을까? 사람들 사이에 사회가 재생되고 세대 간의 보다 좋은 관계가 재생되어 현재가 과거와 미래에 적절하게 연결될 수 있을까?

이러한 질문에 대한 해답이 저출산 시대를 끝내기 위한 진정한 정책의 조건이 된다. 앞으로 지방창생—인구 감소와 도쿄일극집중의 극복—이라는 이 나라의 근간에 관련된 중요한 과제를 풀어갈 확실한 가치와 제도가 실현되기를 간절히 바란다.

마치며

나는《지방소멸의 올가미: '마스다 보고서'와 인구감소 사회의 정체》를 출간한 이후 그 해에 시작된 '지방창생'과 관련해 쓴 글들을 바탕으로 2018년 3월부터 이 책을 쓰기 시작했다.

그동안 제3기 아베 정권을 둘러싼 모리토모학원 문건조작사건, 경제 문제, 방위성의 이라크 파견 활동보고서, 후생노동성의 데이터 조작 문제 등 일반적인 상황이라면 서너 번의 내각 총 사퇴로 이어질 만한 사태가 연속으로 발생했다. 이 책의 원고를 인쇄소에 넘긴 2018년 5월의 분위기로는 9월에 있을 자민당 총선에서 아베 신조의 재선이 불투명한 상황이었기 때문에, 이 책에서는 그 때의 상황을 똑바로 응시하여 후반부인 '바람직한 지방창생'에 그 내용을 가능한 한 추가했다.

물론 '인구 감소와 도쿄일극집중' 문제는 일본 역사에서도 흔치 않은 사태이며, 이것을 어떻게 시대적인 과제로 풀어낼 것인지에 대해 이야기하는 것이 다소 무리인 것도 사실이다. 이것은 한 명의 연구자가 모두 담아낼 수 없을 정도로 다양한 변수가 서로 밀접하게 연관되어 있다. 그렇기 때문에 추측에 추측을 거듭한 내용으로 기술된 것도 있다. 과학적으로 입증하기 전에 입증할 만한 가능성이 있을 것 같은 줄거리를 찾아가는 것이 현대 사회를 연구하는 연구자로서의 책무이며 신념이라는 생각에서 이러한 기술을 할 수 있었다.

되도록 많은 건설적 비판을 통해 보다 확실하고 올바른 지방창생의 길을 찾아가기를 바란다.

이 책의 토대가 된 원고는 다음과 같다. 신작이라고 해도 좋을 책이지만 어떤 부분은 그대로 인용하기도 했다. 또한 《지방소멸의 올가미》와 일부 논리가 중복된 부분도 있다.

- "지방창생에 씌워진 올가미: '소멸쇼크'로 시작된 '지방침공 전략'의 정체", 〈新潮45〉 2018년 3월호, 신초사, pp. 97-103.
- "지방소멸이라는 예언이 일본을 멸망시킨다: 적극적 철퇴론과 CCRC의 올가미", 〈新潮45〉 2015년 7월호, 신초사, pp. 112-119.
- "인구감소 시대의 지역 재생: 도시와 농촌, 중앙과 지방의

건전한 관계 재구축부터", 〈RESEARCH BUREAU 論究〉
2015년 제12호, 중의원조사국, pp. 39-48.

- "수도권에서 바라본 지방창생", 〈현대비즈니스〉 2017년 2월
  9일[초판은 〈도쿄자치〉 102(2016), 도쿄자치연구센터, pp. 2-11].

- "'지방은 관광으로 벌어라'라는 것이 말도 안 되는 요구인 이
  유: '큐레이터는 암 같은 존재'라는 발언의 바탕에 깔린 것",
  〈현대비즈니스〉 2017년 4월 26일[초판은 "관광진흥이 지방
  을 구하는가: 교류에서 시작되는 관광과 이 나라의 힘", 〈관광문화〉
  232(2017년 1월호), 일본교통공사, pp. 10-13].

- "인구감소 사회의 실상과 도시자치단체의 역할: 적정한 인
  구와 인프라의 지속적 배치는 얼마나 가능한가", 〈제79회
  전국도시문제회의: 사람이 이어가는 도시의 매력과 지역창
  생전략, 새로운 바람을 탄 마을 만들기〉, 2017년 11월, 전국
  시장협회, pp. 19-22.

- "정부는 인구 감소에 무관심? 지방창생이 지방을 망치는 미
  래가 온다", 〈현대비즈니스〉 2018년 5월 8일.

- "일본이 심각한 인구 감소를 해결할 수 없는 근본적인 이
  유", 〈현대비즈니스〉 2018년 5월11일[이상 두 논문의 초판은
  "인구감소 사회와 마을 만들기: 인구의 적정 규모, 적정 배치를 어떻
  게 실현할 것인가", 〈시정연구〉 199(2018년 봄호) 오사카시정조사
  회].

이 책의 편집과 관련해서는 《한계취락의 진실》을 읽고 연락을 준 후, 도시인을 대상으로 한 지방론 설명서를 좀처럼 집필하지 못하고 있던 나를 4년 동안 끈기 있게 기다려준 니시무라 타케시 (西村健)에게 많은 신세를 졌다.

원래는 좀 더 가벼운 책을 생각했는데 깊이 있게 들어가면서 그러지 못한 것이 아쉽다. 그러나 지금 일본이 처한 상황은 생각보다 복잡하고, 지금 나에게는 이것이 최선이다. 시간이 좀 더 지나면 더 간결하게 기술할 수 있을지도 모르겠다. 그래도 지방창생의 큰 전환이 있을 것 같은 예감이 드는 시기에 책을 낼 수 있는 것에 나름 의미가 있다고 생각한다.

이 책의 출판을 허락해 준 PHP연구소에 깊이 감사드린다.

그리고 이 책을 쓰는 동안 함께하지 못한 아이들에게 미안하다고 말하고 싶다. 하지만 우리가 지금 이 상황을 제대로 마주하지 않으면 정말 힘들어지는 세대는 이 아이들 세대다. 그 준비가 되는 논의가 이 책으로부터 조금이라도 시작되면 좋겠다.

도시와 지방은 공존한다

지방 상실의 시대

지금 우리 사회가 해결해야 할 가장 시급한 과제 중 하나는 '불균형'이다. 그 불균형을 단순히 지역과 계층만으로 구분하기엔 너무나 다양하고 복잡한 형태로 표출되고 있다. 이렇듯 극심한 불균형이 초래한 도시와 지방의 양극화는 '지방 상실의 시대'라 일컫는 것이 결코 어색하지 않을 정도가 되어버렸다.

인구와 자본의 수도권 유입은 멈출 기미조차 보이지 않고, 지방 인구 유출은 취학 아동이 없어 초·중·고 통폐합을 넘어 폐교가 일상화되는 등 공동체의 소멸을 걱정해야 하는 지경에까지 이르렀다.

2015년 우리나라에 '지방소멸'이라는 용어가 처음 등장했을 때, '드디어 올 것이 왔구나' '이제는 더 이상 피할 수 없구나' 하는 우려를 현실로 받아들이는 분위기가 연구·행정·정책 등 지방과 관련된 거의 모든 분야에서 형성되었다. '지방소멸'이 지방의 과소화로 인해 벌어질 수 있는, 충분히 예측 가능한 것이었지만 그 누구도 먼저 꺼내지 못하는 금기어가 된 시점이 그 때가 아닌가 싶다.

그후 연구자들은 '지방소멸'에서 다룬 공식을 활용해 소멸 가능 지자체를 발표하는 등 일본 못지않게 우리나라의 '지방소멸'을 대대적으로 다뤄왔다. 최근에는 좀 잠잠해진 듯 보이지만, 소멸될 것으로 거론된 지자체들은 이를 극복하기 위해 많은 노력을 기울였다. 때로는 구체적인 목표와 비전 없이 어떻게든 검증되지 않은 정책수단을 무분별하게 동원해 지방소멸과 사투를 벌이는 안타까운 모습을 보이기도 했다.

최근 몇 년 동안 유행처럼 그려지고 있는 '지방소멸지도'가 현실이 되어 실제로 사라져버리는 지방이 생겨난다는 것은 생각만으로도 끔찍한 일이 아닐 수 없다.

지금 지방은 새로운 도전에 직면해 있다.

도시의 정의

이런 위기감을 느끼고 있던 차에 이 책을 접했다.

이 책의 원제는 '도시의 정의가 지방을 파괴한다: 지방창생의 난관을 뚫고'이다. 야마시타 교수는 이 책에서 경험과 사례를 통해 아베 내각이 추진하고 있는 지방창생정책의 문제를 정면으로 비판했고(심지어 '지방소멸'이라는 충격요법을 이용해 아베노믹스를 강화하려 한다고 주장한다), 이에 대한 인터뷰 기사가 "'뭔가 이상하다' 지방창생 4년째의 진실"이라는 주제로 2018년 8월 4회에 걸쳐 〈NET-IB NEWS〉에 게재되었다. 야마시타 교수는 이전에도 《한계취락의 진실》(限界集落の真実), 《지방소멸의 올가미》(地方消滅の罠), 《부흥이 빼앗아간 지역의 미래》(復興が奪う地域の未来)라는 책을 비롯해 많은 칼럼과 기고문을 통해 아베 내각이 추진하는 지방창생정책을 논했다.

야마시타 교수의 이런 비판을 관통하는 것이 지방정책에 스며든 '도시의 시각'이다. 그는 도시의 시각에서 지방정책을 계획하고 도쿄의 관점에서 지방창생을 추진하는 문제를 냉혹하게 비판한다. 그리고 그것을 '도시의 정의'라고 칭한다. 더 심각한 것은 그 '도시의 정의'가 '폐쇄적인 도시의 정의'가 될 때다.

도시의 시각으로 추진되는 지방정책을 경계해야 하는 이 시기에 오히려 '폐쇄적인 도시의 정의'가 스며든다면, 지방뿐만 아니라 도시는 물론 우리 사회 전체가 다양성은 사라지고 계층 간의 이동이 불가능한 획일적 사회로 고착화될 것이다. 이 책은 그런 것을 경계하고 있다.

또한 지방소멸은 도시와 지방의 문제를 사람과 가치의 시각으로 바라보게 한다. 그동안 지방소멸이라는 용어에서 받은 충격에 휩싸여 지방의 문제를 정면으로 받아들이지 못하고 회피했던 것은 아닌지, 그리고 마스다 히로야가 선두에서 주장하는 '지방소멸'을 무비판적으로 받아들였던 것은 아닌지 지난 시간에 대한 반성이 복잡 미묘하게 느껴지던 시기에 야마시타 교수의 인터뷰 기사를 읽고 번역을 결심하게 되었다.

〈마스다 보고서〉를 토대로 《지방소멸》이 출간된 이후 일본에서는 이 보고서에 대한 비판과 반론이 있었다. 그러나 우리는 그에 대한 반론을 펴기보다는 결국 지방이 소멸되리라는 편향된 생각에서 지방의 문제를 바라만 보고 있는 것은 아닌지, 이제는 생각해 봐야 할 때가 아닌가 싶다.

이 책은 지방은 결코 소멸하지 않는다는 관점을 담고 있다. 이것은 지금까지 막연하게 한계마을이나 과소 농촌을 우려하며 바라보던 지방의 문제를 다른 시각으로 볼 수 있게 해준다. 또 지방의 지속가능을 외치며, 지방의 문제를 지방의 관점에서 바라보지 않고 도시의 정의를 그대로 적용하고 있는 것은 아닌지 돌아보게 한다. 그런 점에서 이 책은 도시화가 지속가능한 사회가 아닌 단절된 사회를 가속화시키는 이유를 명쾌하게 알려준다. 또한 우리가 진정으로 지방을 살리기 위해서는 알게 모르게 익숙하게 받아들이고 있는 '도시의 정의'로 지방을 바라보는 가치관에 변화를 주어야 한다고 주장한다.

지방은 지방의 눈으로 바라보고 생각해야 한다.

포용의 시대

도시와 지방은 공존한다. 지방이 있기에 도시가 존재한다. 그런데 지금은 도시를 위해 지방이 존재하는 것처럼 되어버렸다. 도시화가 진행되던 시기에는 도시 형성에 필요한 인구와 자원이 지방에서 나왔다. 그런데 그렇게 지방의 지원으로 형성된 도시가 지금은 지방을 파괴하는 원흉이 된 것 같다.

어떻게 해야 할까?

이 책의 저자 야마시타 교수는 '공동체의 정의' '지방의 정의' '농촌의 정의'를 제시하며, 열린사회의 다양성을 강조한다. 분산과 순환이 자유롭게 이루어지는 사회, 이것이 미래에 우리가 마주해야 할 사회의 모습이어야 한다. 그리고 그 방식으로서 '포용'을 제안하고 있다. 경쟁이 난무한 지금 우리가 추구해야 할 가치는 포용이 아닌가 생각해 본다.

이 책이 나오는데 도움 주신 분들께 감사의 마음을 표하고 싶다. 이 책의 저자인 야마시타 교수는 아무 인연도 없었던 우리들이 번역과 관련해 보낸 메일을 받고는 흔쾌히 수락하고 열정으로 응원해 주었다. 그리고 원고 마감을 끈기 있게 기다려준 이상북스에게도 고마움을 전한다.

이 책이 농촌과 지역을 위해 힘쓰는 지역활동가, 연구자, 그리고 정책가들에게 도시와 지방이 균형을 갖고 공존하는 지속가능 사회를 위해 해야 할 것과 할 수 있는 것이 무엇인지 해답을 찾는 길라잡이가 되길 기대한다.

2019년 늦가을,
번역자를 대표해 변경화 씀.